民族文字出版专项资金资助项目

贵州省民族古籍抢救推进计划

贵州省民族古籍经典系列编委会

主　　任：石松江

副 主 任：黄　荣

编　　委：邓兆桃　王泉松

执行编务：杨小明　龙小金　王荣尧　敖　翔

　　　　　梁　亮　王荣禄　杨通才　徐　娇

彝文文献经典系列·肘霍数·畜牧篇

主　　编：黄彩云

副 主 编：禄　桑

编　　译：王运权　王仕举

点　　校：黄彩云

总 策 划：陈光明

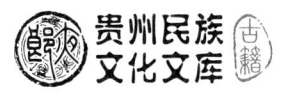

贵州民族文化文库
贵州少数民族古籍经典系列

彝文文献经典系列

肘霍数

畜牧篇

贵州省民族古籍整理办公室 ◎ 编
黄彩云 ◎ 点校

贵州出版集团
贵州民族出版社

图书在版编目（CIP）数据

肘霍数：畜牧篇：彝文、汉文对照/贵州省民族古籍整理办公室编；黄彩云点校. -- 贵阳：贵州民族出版社, 2021.12

（彝文文献经典系列）

ISBN 978-7-5412-2683-0

Ⅰ.①肘… Ⅱ.①贵… ②黄… Ⅲ.①彝族-畜牧-文化研究-中国-彝、汉 Ⅳ.① K892.28

中国版本图书馆CIP数据核字(2021)第245260号

彝文文献经典系列
YIWENWENXIAN JINGDIANXILIE

肘霍数·畜牧篇
ZHOUHUOSHU XUMUPIAN

贵州省民族古籍整理办公室　编
黄彩云　点校

出版发行	贵州民族出版社
地　　址	贵阳市观山湖区会展东路贵州出版集团大楼
邮　　编	550081
印　　刷	贵阳德堡印务有限公司
开　　本	787毫米×1092毫米　1/16
印　　张	19.75
字　　数	390千字
版　　次	2021年12月第1版
印　　次	2021年12月第1次印刷
书　　号	ISBN 978-7-5412-2683-0
定　　价	128.00元

前　言

贵州省民族古籍整理办公室对彝文古籍的关注，始于20世纪80年代。那时民族古籍工作百废待兴，人才奇缺，经费紧张，我们还是积极促成彝族的有识之士，把彝文古籍文献巨著《西南彝志》《彝族源流》申报为国家"七五"期间古籍整理、出版项目，并获得成功。

《西南彝志》《彝族源流》《贵州彝族咪谷丛书》《彝文典籍图录》《彝族古歌》等国家级、省级古籍整理出版项目彝汉文对照本套书、丛书的相继出版，为贵州彝文古籍整理出版奠定了基础，积累了经验；结束了贵州出版史上没有彝文出版物的历史，培养了一批彝文文献翻译专家，推动了彝族历史文化研究的步伐。为加强民族团结、促进民族和谐，增强民族自信心和自豪感起到了积极的作用。

三十年的彝文古籍整理、翻译、出版历练，使我们的经验积累、人才储备、资料占有都上了一个新台阶，又逢"各民族文化大繁荣、大发展"的盛世，民族古籍整理、出版的资金扶持力度也在加大，彝文古籍整理、出版必须向分门别类的方向迈进。

随着彝族民间藏书的不断搜集、发掘，彝文文献的精华逐步问世，彝文古籍整理翻译理论与实践的研究水平的提高，以及三十年来彝学研究的进一步深入，贵州作为彝文文献最集中、最丰富的省份，整理、翻译、出版专业性、系统性较强的彝文古籍的条件、时机已经成熟。为此，我们从文献学的广义角度出发，策划了《彝文文献经典系列》这套书，内容包括法律篇、历法篇、农事篇、军事篇、教育篇、地理篇、经济篇、礼仪篇、医药篇、诗文论篇、哲学篇、谱牒篇、诗歌篇、谚语篇、畜牧篇、预测篇、解冤篇、指路篇、献辞篇、史籍篇等二十种三十余本，以彝文原著精选精编、注音、意译对照，文尾注释的体例出版。

这是我们总结三十年彝文古籍整理、出版经验与教训后的一次尝试，以期在专业性、系统性上有所突破，并争取在国家"十二五""十三五"期间完成。这套书的整理、翻译、出版，应有助于填补彝族古代文明史文献积累领域的空白，丰富中华文化宝库，揭开中国西南彝族历史文化甚至西南民族史的许多不解之谜。

贵州省民族古籍整理办公室
2015年9月28日

目　录

导读 ··· 1

ꇰꑳꌋꑘ寻马根源 ··· 1

ꏃꂶꑳꇇꑘꑘ论寻马种 ··· 59

ꑳꄉꆹꑮꈲꑘ打开紫马尾层次 ··· 77

ꒉꄻꅑꃀꅝꇂꎭꁍꑘ俄索二十四匹父本马 ····································· 92

ꑳꆃꑘꇖꅇꑘ红鬃紫马 ··· 152

ꑳ　ꈜ　ꀕ一群好马 ··· 203

ꆏꒉꁧ牛的来历 ·· 263

ꆏꐥꁧ论牛圈 ··· 265

ꃤꆏꈭꑳꇇ天下最好的德家牛 ··· 268

ꇁꎮꆏꅑꑘ色投的牛群 ··· 276

ᠬᠣᠨᠢᠨ ᠤ ᠢᠵᠠᠭᠤᠷ 绵羊的来历 ………………………………… 279

ᠭᠠᠬᠠᠢ ᠶᠢᠨ ᠢᠵᠠᠭᠤᠷ 猪的来历 …………………………………… 281

ᠠᠯᠠᠭ ᠴᠠᠭᠠᠨ ᠨᠣᠬᠠᠢ 花斑白犬 ……………………………… 283

导 读

彝族是我国西南地区历史悠久、文化底蕴深厚的一个民族。在漫长的历史发展中，由于交通运输、生产生活和战争等各方面的需要，彝族形成了独具特色的传统畜牧业。

《肘霍数·畜牧篇》收录了彝文文献中关于养马、牛、狗等的文献十余篇，有较高的史料价值和多学科研究价值。彝族喜爱养马，本书中大多是讲有关马的事，或出重金购买良种马，或设场驯育良种马。有时为了马，引起纠纷，引起亲友反目，甚至引起战争。

本书中《寻马根源》《论寻马种》《花斑白犬》选自《西南彝志》第十八卷，《打开紫马尾层次》选自《西南彝志》第二十卷，《俄索二十四匹父本马》《红鬃紫马》《一群好马》选自《西南彝志》第十九卷，《牛的来历》《论牛圈》《天下最好的德家牛》《色投的牛群》《绵羊的来历》《猪的来历》选自《西南彝志》第十五卷。这些选本内容多与动物有关。内容简介如下。

《寻马根源》：彝家各色马种应有尽有，东西南北方都是产马之地，大家倾其所有，争相养好马。有的人一年四季在外奔波忙碌，只为筹集资金去买好马；有的人为了一匹好马大动干戈，如卓洛举和武陀尼；有的人为名马立偶像，为马偶像修建庙宇。

在众多好马中，有三匹最有名，分别是维阿堵、何莫能、史伍匠。

《论寻马种》：糯氏君长那知阿施的马就像闪电一般，跑得飞快。益费布杰、局宗额德等四位大臣为了找马种，特来观看赛马。局宗额德说，德楚君长在世时曾经说过，要辨别好马的父本，马种不能乱杂交。支格阿鲁查天查地时骑的是苟祖的白花龙马，此马繁衍了许多马。天马是尼马种，地马是能马种。马先出自北方，在益密侯饮水。德歹濮卧家阿府鲁歹君长有黑头大马，米帕代卧地的卓雅洛举听说后举兵争夺，失败而归。阿府鲁歹骑着黑头马，在维维取史博筑巢而居。糯君那知阿施是富有之家，也因为寻马种受了冤屈。

《打开紫马尾层次》：仆代布娄是编马尾的工匠，苟卒阿姆有三百匹好马要编尾。苟卒阿姆要仆代布娄讲有关编马尾的故事，如果讲得好，苟卒阿姆就脱下手镯给他。苟卒阿姆不仅精于编马尾，还对编马尾的来历很清楚。苟卒阿姆讲述了关于编马尾的传说和编马尾的好处，并给仆代布娄讲述了很多名马的故事。

《俄索二十四匹父本马》：慕俄勾家有父本好马，纪俄勾家君长夫人想要，但慕俄勾家既不愿给也不肯卖。最后纪俄勾家想方设法终于得到了二十四匹父本好马，既用它繁殖良种好马，又用它来打仗，进行各种外交活动。

《红鬃紫马》：鲁陀益地的仆直阿宰，在牧场看见一匹红马和其他许多马，这些马都是能益森马种，还有罢能迪马种、能维马种。在众多好马中，有两匹红鬃紫马，是属于红鬃马种。在战争中，红鬃马足迹遍及俄补地方。在战场上，红鬃如水獭游湖中，

导读

如鲤鱼跃龙门，如白鹤投乔木，如林海中繁花，又如疾风显扫荡威力。

《一群好马》：娄娄俄勾家额直米勺是有名望之人，他来到贝额找良犬、良马种。德楚仁额在南方的法雅博德、叟侯博尼之间驯育身强力壮的马，在北方选地驯育身强力壮的马，三年之后，好马多如星。其中阿伍德乍的青嘴枣骟马，德乍鲁额的明眼枣骟马，朴菜博姆的宝贵黑马，阿泰阿伍的黑嘴枣骟马最好。为求得好马种，要备好辔鞍，备好财物。德楚仁额有匹大白马。德额辉有匹好马，像洗净的白鹞子。妥阿哲家上自姆独能，下至祖依代，左至塔布博，右至赤能益节，划作养马区，有专人养马。上自君长，下至大臣布摩，都有专人养马，大臣、布摩的马多至上万匹。但养的马，没有任何一家超过妥阿哲家。

《牛的来历》：牛本来自"天上"，在人间到处游荡，后来人们把牛收拢，喂养起来，作祭祀之用。

《论牛圈》：讲述尼能氏选择地址，砍伐木材，修建牛圈，在修建牛圈时也提到修建其它家畜圈的大小。

《天下最好的德家牛》：妥雅尼透出去征集好马以对付来犯的耿侯兵，路上找回了丢失的牛。妥雅尼透在路中遇见了猛虎，就牵牛御虎。德施家得到了实苦和洛普一带的好牛，骑着神龙马放牧牛羊，牛多如林中的鸟。牛的用途多，祭天祭地要用牛，祭祖要用牛，议事、会盟、出征都要用牛，耕地也离不开牛。

《色投的牛群》：古时色吞舍色喂养了一群牛，多达600头。

《绵羊来历》：羊来自"天上"，羊除作祭祀用外，人们还

可以利用羊毛制作羊毛制品。

《猪的来历》：猪来自"天上"，猪降到地上后，出现黄、白、黑三种猪，人们用猪作祭品。

《花斑白犬》：重点讲述闻名遐迩的猎犬花斑白犬（取吐基古）的故事。

mut dzeel sol jul
寻 马 根 源

alsol zɿ mɨt gal lul ssol
远古实米嘎娄好，

ni mɨt gal lul ʑi
尼米嘎娄繁荣；

ni mɨt gal lul dzee
尼米嘎娄好，

mi mɨt gal lul ʑi
米密嘎娄繁荣；

mi mɨt gal lul dzee
米密嘎娄好，

sa mɨt ʑi gal ʑi
沙米利嘎繁荣；

sa mɨt ʑi gal dzee
沙米利嘎好，

li ʑa fa bu ʑi
利雅法补繁荣；

li ʑa fa bu dzee
利雅砝补好，

te tso'o bu l bu ʑi
代错博补繁荣[①]；

te tso'o bu l bu dzee
代错博补好。

hu lu vei bu tou
洪鲁维补地，

lu kɨ zu kʰə bu
洛举人多技，

tɕ'i ʑa t'a i tʰu
家里儿媳美，

ni vɨ tuu gu ʑi
穿绿又披红，

mi ʑi mi nuu bu
缝绿布红布，

寻马根源

1

肘霍数·畜牧篇

铺红绿褥子，
盖红绿头帕，
金耳环摆动，
银苔金叶，
上等甑和碗，
卜示富永传，
催收藏物忙，
山岭上松柏，
青翠而高大，
山岭旁边，
他住在那里。

斯人穿白衣，
里人系黄带，
遍布斯嘎娄，
遍布里嘎娄。
走过天下地，
走过地上，
看代错实益地，
山岭旁平地，
各处尼能人，
聚集并结合，
生一个能人，

ɕit zut aɯ ʑut
能 人 阿 武，

tʼitmutʟiuʈʐitmeɪ
他 因 此 得 名。

ʑitmitgaʟɯtndʑɯt
尼 米 嘎 娄 好，

nuʈmitgaʟɯtʑiɛ
能 米 嘎 娄 繁 荣；

mitmitgaʟɯtndʑɯt
米 密 嘎 娄 好，

tɯʈmitgaʟɯtʑiɛ
投 密 嘎 娄 繁 荣；

tɯʈmitgaʟɯtndʑɯt
投 密 嘎 娄 好，

ʟɯʈmit tɕʰoʂʟɯɪ
娄 密 卓 索 繁 荣；

ʟɯʈmit tɕʰoʂʟɯɪ
娄 密 卓 索 好，

ɣoʈmutʟɯtdzɯtʑiɛ
俄 姆 能 卒 繁 荣；

ɣoʈmutʟɯtdzɯtɯ
俄 姆 能 卒 好，

ʑitʟotguɪdʑoitʑiɪ
女 洛 勾 几 繁 荣。

ʑitʟotguɪdʑoitʑotɯ
女 洛 勾 几 地，

ʟutdʑɯʈdutkʰut
洛 举 人 多 技。

ŋɛtʑuttʼutndʑɯt
更 额 吐 也 好，

tsatʐutɕitʦʼot
首 先 忙 卜 算，

suɪŋdɛtɛʔotɣotkʰueɪ
反 复 卜 多 次，

hitʟu tɕʰɯtʔot
反 复 查 多 次，

tsʰutkut ndʑɯtʐatdzɯt
各 处 都 很 好，

tutʔutɕetɕutʑotit
银 筒 和 金 链，

ŋɛtɣatloʔotʐuɪ
占 卜 处 献 水。

ʑitvtɯtguɪtit
绿 衣 套 红 披，

肘霍数·畜牧篇

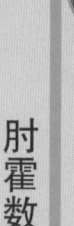

tɯɭpɑɬtɛlil zɶl
投帕云缭绕。

ʑil ɭoɬ dil kɛʃ
女洛外面拴，

lɯʈʂmɯʈʂʼbɯŋgol
出白花龙马。

mɯʈʂɳɟoɛʈŋʈɯŋ
马出自西方，

tɛʈʂo'bɯŋ bɯŋʑl
出自代错山旁，

tɯɭpɑlxɯʑɳidʑɶp
在投帕侯尼饮水，

ʂɯʈʂɳidɑʈʂɶɻ
过省伍达迟，

ʑil ɭoɬ zil
出女洛益，

lozɯɳtoiɳɟɯɳɻzgl
相随于更额吐。

di ʈsɯ ɳɯ lil di
智者你来说，

zoʊlil sɯɳlɯlɭoɛ
我为此而来。

ndʐʰkoɽɳilɻkoɻŋ
卓雅洛举们，

zoʊlʰikɛpɯɳstɯɳɭoɛ
希望留给洛举。

pɯɳ zɯɳ ɑɻ ɻɯɻ
能人阿武，

lɯɭkoɽ dil lɯɻzɯɳ
洛举有福禄，

di sɯɳɳɯdʐɑɻmɛɻ
人们这样说：

xɛɻ ʋɯ lxɯpɯ lɯɻzɯɳ
穿华服有福禄，

ʑiɻtɕʼiɻ zɯɳ lɯɻzɯɳ
神院子繁衍，

dɑɻtsʼodil lɯɻzɯɳ
造戟有福禄，

tɕʰoɻpʰɯɑɻɳɯɻdɑɻ
用盾牌挡戟。

mbɛɻɟɯɳdil lɯɻzɯɳ
射箭有福禄，

ʈut bɯ ʂe ɲu tɕi
银袋与金箭，

la gɑ ʂe dʑe he
手上生金根，

mbe pu ʂe ɲu ʈo
腰挂金箭袋。

hu dze tɕi lu dʑɯ
骑马有福禄，

lu mu nu tu di
龙马长独耳，

zi ɲu dʑi lu dʑɯ
观之有福禄。

ɲe kiɔ tso tsɿ te
占卜设水碗，

ɲe ɲu dʑi lu dʑɯ
卜之有福禄，

ɲɑ kɯ ɣɑ tɕɯ kɯ
会看又会求，

se ɲu tɕi lu dʑɯ
知道有福禄，

ɲɯ ɣo dʑi lu dʑɯ
施家有福禄。

mɯ sɯ ho ɲɯ zɯ
捉三个月的马，

mɯ tɕʰo ho ɲɯ tsɿ
备六个月的马，

mɯ kɯ ho ɲɯ zɯ
牧九个月的马，

ɣɯ di dʑi lu dʑɯ
有力有福禄。

du pu zi ɲɯ tʰu
德布里武吐，

ŋo lɯ mi pʰu tɕe
拉物如闪电，

ɲu ɲɯ dʑi lu dʑɯ
五行福禄全。

ɡɑ mi ɣo hi pɑ②
啥米卧迪②，

xo pʰu kɯ tsɿ dʑɯ
雄象九十对，

mi tʰɑ ɲɯ tɕʰo
一天就捕获。

mi tʰɑ hɑ ɣɯ tʰu
就一夜之间，

寻马根源

5

肘霍数·畜牧篇

ȿɿ ɣuɪ ʑi dʑoi lɯ
打猎获福禄，

tɕa ho tɕi ʑuɪ ɣuɪ
能猎多只熊，

tʰa pʰʑ tsuɪ zeɪ naɪ
一次猎十豹，

lɯ tɕi dʑoi lɯ dzuɪ
增添了福禄。

luɪ tva ɣuɪ ɪtɕ
四鲁旺之外，

lo ɣui puɪ ɣuɪ ʑui
武德布境内，

pʰuɪ meɪ kuɪ tsuɪ tɕo ɣ
有许多好地，

ɣo dʑi ɣu ʑuɪ dil
去讨好财宝，

tɕui lɪ tɕʰu dʑi ʑi kil
各种福禄都有。

luɪ dʑoi lɯ ɣuɪ dzuɪ
洛举有福禄，

luɪ dʑi tʰo ɲi ɣu
洛举与陀尼处，

luɪ muɪ nuɪ kil
龙马长独耳，

luɪ doɪ dʑi luɪ dzuɪ lɪ keɪ
由洛举来骑。

tʰo pʰi laɪ tɕʰ doɪ ɣ
陀尼六只手，

dzuɪ no tsɯ ŋge tʰo muɪ dʑ
能者造长矛，

tɕo muɪ lʲo daɪ tɕʰo lʲo ɣ
造一根粗戟，

tɪuɪ duɪ meɪ tɕʰi dzuɪ
地边火焰升。

luɪ pʰi kʰo muɪ lɪ
能多箭齐发，

ho tsɯ zaɪ luɪ suɪ
如倾盆大雨。

luɪ dʑoi lɯ ɣu dzuɪ
洛举有福禄，

ho pʰiŋ ɣu ŋge ɣu muɪ
造铁矛与刀，

lɪ tʰi muɪ tɕi muɪ muɪ lʲo
奔驰于天下，

6

ɮɯ˧ ʐʷæ˧ ʈʂʰɯ˧ mv̩˩ li˩
勇者来势猛，

dʑɯ˧ ʐʷæ˧ ʐv̩˧ ʈʂʰɯ˧ mv̩˧ li˩
勇者势如虎，

tsɯ˧ ʨi˧ ie˧ ko˧ ʐɑ˩ mv̩˩ li˩
来到愁列中③。

dʑɯ˧ ʐʷæ˧ ɣɯ˧ tɑ˧ mv̩˧ li˩
勇者势如鹰，

te˧ mei˩ tsʅ˩ ɣɑ˩ li˧
从云边蹦来，

tʰo˧ ȵi˧ kʰv̩˧ ʁɑ˩ o˩ʔ
陀尼六只手，

ŋɡɑ˩ li˧ dʑe˩ ɣɯ˥ tʰe˧
阵上被赶跑。

hv̩˧ ʨi˥ li˩ kʰe˧ pʰv̩˧
洛举打胜仗，

te˧ tsʰo˧ ʨi˧ v̩˧ ku˧ mv̩˩
代错地威高，

ʈʂo˧ lv̩˧ ʨi˩ kʰe˩ pʰv̩˩ o˩ʔ
卓洛举治理④，

ʁo˧ ɯ˩ ɮɑ˧ ʁɑ˧ ʁo˧
碧水净如江水，

ʈʂo˧ lv̩˧ ʨi˧ kʰe˧ pʰv̩˧ li˩ o˩ʔ
卓洛举饮此水。

sɯ˩ mɑ˩ ɣo˧ tsɯ˩
升麻俄奏，

ndʐo˧ li˩ kʰe˥ pʰv̩˧ ɣɯ˩ŋɡv̩˩
卓洛举治理；

t'u˧ ɣɯ˧ kʰe˥ mv̩˩ li˩ tsɯ˩
吐额举娄奏，

ndʐo˧ li˩ kʰe˥ pʰv̩˧ ɣɯ˩ŋɡv̩˩
卓洛举治理。

nɑ˥ ŋv̩˩ ʨi˩ li˩ ʐəŋ˩
你五家相连，

te˧ tsʰo˧ ʈv̩˧ ɳi˧ ʔɑ˧ ʁɑ˩
代错禄之内⑤，

mi˧ dʑɯ˧ hi˩ tsʰɑ˧ mɑ˧ do˧ ɣɯ˩
打雷不修房，

bæ˧ ʨi˧ tʰv̩˧ mɑ˩ vei˧
水上有鸭无树叶，

ɣɯ˥ mi˩ tɕɯ˩ ʁɑ˩ li˥ mv̩˩
文化延续长，

vei˩ ʔo˩ tɕʰi˩ ʔo˩ tɕʰi˩ di˩
做的都成功，

寻马根源

7

肘霍数·畜牧篇

ndzultkophlitmu
卓洛举做的，

mutsupngutfhavmu
做的是洛举。

lopkhephlopzhu
所有卓洛举，

mu hu hu
养了许多马，

loplupldidzatvi
这就足够了。

lupmupnuptupdi
龙马生独耳，

gitzuatyuttzet
能人阿武骑。

t'apzoitdeptluptzi
设法起变化，

lupmitmidzit
娄米密尼，

dzepholtmutmilzapho
升去之后，

lopkhepmilzopzho
卓雅洛举呢，

nupmipzitluphut
在彝地四方，

lupmitmutpudguti
样样都做尽。

lipdeptzitputhot
后来益德说，

t'itlutmutjutbutgot
那白花脸龙马，

huptlutgutitndzut
经过山岭林脚，

buthaibutmutkiutuptdat
吃茂盛青红草，

mitlmithopzituxitlhie
在米利侯舍饮水，

t'utludgutptet'dholmdzut
跟随灰色鹿，

tgutduptmitfotsitut
迁迹落南方。

hutnutadnetittdzut
额努阿耐听见，

muthatzittsotkat
识马人去辨认，

8

满三年之后，

牧马人，

送来准确话，

一匹枣骝马，

头顶着雾霭，

脚下撒雨水，

行如疾风流动。

在南方北方，

如直线起飞；

在东方西方，

如古赠叫跳⑥。

牧人说完话，

额努阿耐，

对牧马人说：

你的马出现，

是出在何处？

牧马人说：

马出自南方，

出自赤雅尼阁，

在侯尼饮水；

马出自北方，

出自堵伍妥德，

寻马根源

肘霍数·畜牧篇

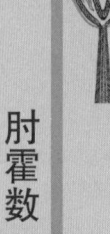

naˉʔuˉmuˊʝuˉʔaˋ
经过那伍姆。

luˉbuˊxuˊɣoˉtieˊʝuˉluˊ
在鲁补侯舍饮水；

muˉbuˊmiˉʒoˉluˉ
马出自西方，

luˉdzzˉgaˉʝuˊbuˉ
出自鲁则嘎，

kuˊʝuˉkuˉgaˋʐɿ
越过古额苦嘎；

muˉbuˉfiˉʝuˉbuˉ
马出自东方，

dzɿˉbuˉkɯˉgaˉbuˉ
出自局补勾嘎，

muˉʅˉloˉʂɑˉtʰɑˋʔɑˉ
经过姆卓托，

kuˊɣɑˉxuˊbiˊʝɑˉʔiˉluˊ
在古雅侯尼饮水。

loˉdzoˉhuˊɣɑˉhiˉ
站在洛作洪，

teˉtʰuˉteˉnaˉkɯˉʔɑˉ
上有黑白云过。

luˉɣmiˉtmiˉʒiˉ
娄米密尼，

luˉsuˉkʼeˉliˉsuˉ
山岭上面，

tɕɿˉzuˉtʰaˉmoˉkʼɿˊʝɑ
像有一赤汝，

loˉluˊʝɑˉtɕoˊzuˉhuˉ
洛作赤汝洪，

tʰiˊliˊɕiˉʝuˉmieˉ
因此而得名。

ʝuˊhuˉaˉneˉliˉ
额努阿耐呢，

kuˊbuˉxuˉʝoˉtʼeˉ
献祭够补侯⑦，

dɕiˉluˉxuˉluˉtʼeˉ
福禄到了侯，

tɕɑˉʔɑˉtɑˉmeˉʝuˉʐɑˉɕi
舞动笼头缰绳，

muˉzuˉtʰaˉmoˉkʼuˉ
得了一匹好马，

yiˉɑˉduˉmɑˉdzɿ
不超维阿堵，

10

赤汝生一子，

额努阿耐为首。

额努阿耐，

为维阿堵求名。

侯苦侯热，

额努阿耐，

祭奠母亲，

阿卓赤勾⑧，

赤子的三边，

祭场不断供。

赤嫡子赤阿姆，

带领九十骑，

用九十件好礼，

维阿堵来祭。

赤庶子赤鲁那，

带领六十骑，

带六十件好礼，

到维阿堵处。

赤季子赤阿娄，

带领三十骑，

用三十件好礼，

到维阿堵处。

寻马根源

11

肘霍数·畜牧篇

ɣɯɿnɯtɑɿnetʑit
额努阿耐呢，

ʐoɿʝmɯtʋitɑɿdɯɯ
我的维阿堵马，

ɡeɿbiɿtɕitʑiɡeɿ
给嫡庶心碎，

leɿbiɿnzɿmɑtʑiɿ
给季子心不甘。

huɿtɕɑɿmoɯtɕɑɿ
用皮绳鬃绳，

ʐoɿbitˈɑɿtɯɯzeɿ
取一把冬青，

tɕɑɿmeɿhuɿŋɡeɿ
拴在缰绳上，

ɣɑɿtɕʰeɿɡeɿɣɑɿtʰɿ
解织布经线，

ɣɑɿkʰoɿdɯŋɡoɿʝi
取织机坐棍，

tɕʰɯɯmoɯtʐoɿɣɑɿʐ
赤的大官家，

huɿtɕɑɿmoɯtɕɑɿ
握皮绳鬃绳，

tɕʰiɿtɯɿtʃʰiɿmŋɡɯ
抬腿骑上马，

ʋitɑɿdɯɯmɑɿʐoɿ
未得维阿堵。

ʐoɿʂzɿʝɜɿmʋoɿ
我是早说过的，

mieɿʐɿʝɿɯtʂɿ
开始叫嚷嚷，

huɿʝɯɯŋɡʐɿkˈeɿ
动手要拴紧，

kˈɿmiɿʝɯɯɿɯɯ
天昏地不明。

huɿʝɯɯŋɡʐɿkˈeɿ
动手拴绳时，

ɡoɿnɑɿtɕʰɿzɯtʂɿ
勺那启汝说：

tˈɑɿkʰɯɯziɿkʰɯɯtɕeɿ
一口两口地滗，

bɯɿhoɿmoɯɡeɿʝiɿ
补洪莫舍益，

tˈɑɿneɿʐiɿnetʰɯɯ
饮了多个春，

12

拴绳断成团，

套马脚的绳，

像朽蓑衣片。

这样的事情，

俄额德果听见。

俄额德果呢，

脱下手镯，

送给牧马人，

问马出自何处？

牧马人说道：

马出自南方，

出自侯苦侯热⑨，

在博叩侯那饮水⑩；

马出自北方，

出自堵伍妥那，

在妥补侯尼饮水；

马出自西方，

出自头柴代，

在勺作侯尼饮水；

马出自东方，

出自洛课补洪，

在尼类侯那饮水。

寻马根源

肘霍数·畜牧篇

ȵi˧ ɣuɯ˧ bɯ˧ ʐu˧˥
尼娄博上面，

sɿ˧ne˧ li˧ ma˧ dʑi˧
不长香味树。

ko˧ pʰɯ˧ xɯ˧ ʐɑ˧ʐi˧
向各补侯献祭，

ȵi˧ ɣuɯ˧ bɯ˧ dei˧
尼额山下面，

zoi˧ ʐe˧ li˧ ma˧ ʐi˧
没有甘甜水，

dʑi˧ li˧ xɯ˧ ʐɑ˧ tʰe˧
湖中有福禄。

ȵi˧ ɣuɯ˧ luɯ˧ kʰe˧
到尼额娄凯，

hi˧ luɯ˧ tʰɯ˧ v̩˧
停下站着了。

ko˧ pʰɯ˧ xɯ˧ ʐɑ˧ʐi˧
向各补侯献祭，

mu˧ tɕɑ˧ mɯ˧ vɑ˧ luɯ˧
马缰绳末端，

zoɯ˧ tʰɯ˧ v̩˧ ma˧ pʰu˧ʐɿ
必须紧握住，

ɣo˧ ɣuɯ˧ duɯ˧ ko˧ li˧ pʰu˧ʐɿ
俄额德果握住。

ɣo˧ ɣuɯ˧ tʰɑ˧ ʐi˧ tʰuɯ˧
后来有一天，

ɣo˧ ɣuɯ˧ duɯ˧ ko˧
俄额德果，

ʑi˧ tɑ˧ duɯ˧ ȵi˧ dei˧
骑着维阿堵，

dzuɯ˧ ɣuɯ˧ kʰuɯ˧ gɑ˧
往卒额苟嘎，

te˧ dzuɯ˧ ɣuɯ˧ ʐɑ˧ luɯ˧
到他住地去。

ɣo˧ ɣuɯ˧ tʰɑ˧ ʐi˧ tʰuɯ˧
后来有一天，

tɕʰɿ˧ luɯ˧ ɑ˧ mu˧
赤娄阿姆，

tɕʰɿ˧ ɣuɯ˧ ʐɑ˧ bɯ˧
赤的城上面，

mi˧ tʰu˧ mo˧ tɕʰi˧ dʑi˧
咪吐莫取地方，

ɣo˧ ɣuɯ˧ duɯ˧ ko˧
俄额德果，

ʋi˩a˧ dɯ˧,
骑着维阿堵，

mɯ˧tɕʰi˧hu˧ʝa˧di˩
到姆启去聚会，

ne˧mi˧ ʋi˧a˩ dɯ˧
春天维阿堵，

tɕʰo˧tɕʰa˧dzɯ˧ʝɯ˧kʰɯ˩
拴在一棵松树下，

tɕʰo˧kɯ˧dzɯ˧ʝɯ˧hɯ˩
所有松发亮，

dɯ˧ʝɯ˧mi˩tsɯ˧zo˩
祝地美发女，

tɕʰo˧tɕʰa˧dzɯ˧ʝɯ˧mbu˩
被一棵松盖着，

tɕʰo˧kɯ˧dzɯ˧ʝɯ˧ɲu˩
所有松都美。

tɕʐ˩hi˩a˩mu˩ʑi˩
赤娄阿姆，

ti˩ ne˩ mu˩
他的这匹马，

ʋi˩ a˩ dɯ˧
维阿堵，

ʑie˩ʝɯ˩ʑi˧to˧ɣi˩
很快往回走，

tɕe˧ʐi˩ʑo˩ti˩ɑ˩hi˩
再烈我也要骑。

dɯ˧ʝɯ˧mi˩tsɯ˧zo˩
祝地美发女，

hi˩zo˩ʑo˩ti˩tɕe˩
站着我要娶她，

ma˩hi˩zo˩ti˩ʋi˩ʝa˩di˩
不站我也娶她。

mɯ˩tɕe˩tsɯ˩tɕʰɯ˩hu˩
主人和马移动，

ɣo˧ʝɯ˧mɯ˩kɯ˩ɡo˩
回赤的城里，

ti˩ʝɯ˧tɯ˩ʝa˩ʋi˩
事成这样子。

dɯ˧ʝɯ˧mi˩ʝa˩zo˩
祝地美发女，

ma˩hi˩te˩ɲɯ˩mei˩
不站被娶为妻，

tɕa˩pʰa˩ŋɯ˩sɯ˩bɯ˩
边走边哭着，

肘霍数·畜牧篇

ʐuɿnaɿmuɿiuɿlɯɯ
哭得眼昏花。

neɿmuɿviɿaɿduɿ
维阿堵此马,

maɿʑeɿsoɿt'iuɿt'iuɿ
烈性变温顺,

koɿdzeɿlɯɿʐaɿloɿ
走进跑马场,

ndɯhiɿmɯɿmaɿtoɿʐuɿkɯɿ
站着不肯走。

tɕ'aɿmɯɿɣuɿloɿɿ
赤娄阿姆:

loɿtɕɯɿduɿkoɿŋaɿ
俄额德果呀,

buɿɲoɿtɕiɿʑeɿ
牧羊会捉羊,

ɯɿʑoɿɯɿpʰiɿloɿ
妻放妻知道,

naɿmɯɿnaɿkoɿliɿdiɿ
你来骑一趟。

mɯɿʑɯɿviɿaɿduɿ
维阿堵马,

ɣoɿtɕɯɿdɯɿkoɿliɿdzeɿ
俄额德果来骑。

ʐɿtɕɯɿt'aɿkoɿ
首先跑一次,

tɯɿmiɿtɕ'oɿtmaɿkɯɿ
冬天天不晴,

neɿdʑoɿdoɿmaɿdeɿ
春日出不满,

sɯɿʑɯɿtɯɿmɯɿkoɿ
马是这样跑。

tɯɿʐɯɿɲaɿmɯɿLɯɿ
又跑第二次,

ɣɯɿmɯɿkoɿlʑoɿt'iɿmɯɿ
面前树木散开,

tiɿdeɿt'ɯɿt'iɿʐɯɿʑiɿ
两面树木倒下,

sɯɿʑɯɿtɯɿmɯɿkoɿ
马是这样跑。

meɿʑɯɿt'aɿdoɿkoɿ
又跑第三次,

taɿtɯɿmiɿɢuɿɯɿ
天空只有飞鹰,

ta˧ʐa˧ ve˩ lɯ˩ sɯ˩
马像鹰盘旋样。

dɯ˧ ʐɯ˧ lɯ˩ tsɿ˧ ʑi˧
祝地美发女，

tɕ'o˧ k'ɯ˧ lɯ˧ ʐɑ˩ hi˩
站在篱笆边，

ɣo˩ ɣɯ˧ dɯ˩ ko˩
俄额德果，

lɑ˩ le˩ lɯ˩ ʐɑ˩ ŋgɯ˩
要伸手去牵，

mɯ˩ dɯ˩ me˧ ɣɯ˩ bɯ˩
骑在马后背。

nɯ˧ tʰo˧ a˧ dʐɤ˧ ti˧
彝地阿卓迪，

hɯ˩ tsʻe˩ ʐo˩ hɯ˩ tsʻe˩
拦截又拦截，

kɯ˧ ɣɯ˧ lɯ˩ bɯ˩
在古额鲁补，

hɯ˩ tsʻe˩ ʐo˩ hɯ˩ ɑ˧
拦截攻击完。

ʂɑ˧ mi˧ mɤ˧ ɣɤ˩
啥米默侯嘎，

sɯ˩ dɯ˩ hɯ˩ tsʻe˩ tsʻe˩
三处来拦截。

lu˧ ɭ˧ va˧ ʐɯ˧ nɯ˧
四鲁旺之外，

tʻo˧ ȵi˧ ɑ˧ hɯ˧ lo˧ do˧
陀尼随后出兵，

tɕʻɯ˧ lɑ˧ ɑ˧ mɯ˩ ʐ̩˧
在赤娄阿姆，

mɯ˩ to˩ kɯ˩ hɯ˧ ʐɯ˧
用九匹公马，

tsʻɿ˧ nɑ˧ kɯ˧ ʐɯ˧ ʐɯ˧
驮九坨青盐，

tʻo˧ ȵi˧ dʑo˧ ʐi˧ ʐɑ˧
送到陀尼城。

ne˩ hɑ˩ mi˧ tʂʻɯ˩ ne˩
到春天来时，

ʐo˩ hɯ˩ mɯ˩ mɑ˩
我的兵马，

nɑ˧ ʐi˧ tsɑ˩ li˩ lɯ˩ ŋgɯ˩
要来你那里。

tʻo˧ ȵi˧ lo˧ mo˧ ʐɿ˧
陀尼的臣子：

寻马根源

17

肘霍数・畜牧篇

这次来的是赤娄，
只像一条线。
陀尼外族天君：
是我说的话，
取九驮豆种，
用九头象驮，
送到赤娄处。
到春天之时，
你的兵马士卒，
贡到我这里。
你若不来呢，

我的兵马，
要去到你那里，
到你那里去了。
拿一匹布剖开，
剖成四幅布，
写成四本大书，
托四阿哲传送，
送到地四方。
布送到赤处，
要灭了赤娄。
外族德布阿哲：

aʤɯɟkɯɯtɕitmiʔ
阿额人众多，

maʤɯtmɯɯlaxeʔ
带领着兵马，

sɯtmitfiɟɯɯlɯɯ
向东方走去，

xoʔmoʔɣeʔndiʔ
合莫妥迪。

kɯɯliʔlɯɯʤoŋɯɯ
快要到达时，

xoʔmɯʔŋɯɯɣeʔ
把合莫围三圈。

tʰiɟɯɯhiʤatlɯɯ
他站在那里说：

ʐalhikdzatɕaʔlʤɛtitmalfɯʔ
我建房与他无关，

kɯɯlɯɯtloʔdzoŋɯɯ
来者议正题。

golɯɯɣotsɯɯtɕit
急忙转回去，

ʐotʰitmɯʔitɣatdiʔ
我要这样做，

ʤetpɯʔtmɯʔhoŋɯɯ
忙骑马回去。

tʰoʔbitɕitaʔtʰiaʔoʔ
陀尼希阿哲，

maʤɯtmɯɯlaxeʔ
他带着兵马，

sɯtmitʐoɣɯɯtmɯɯ
往南方去了。

lɯʔkʰendekʰulkʔitlɯɯ
到了鲁开德洪，

iɟitfiʔitdɯlʤeatlɯɯ
斯里出来说：

ʐalhikdzatɕaʔlʤɛtitmalfɯʔ
我建房与他无关，

kɯɯlɯɯtduʔdzoŋgɯt
到者议正题。

tʰitlɯɯɣotsɯɯtɕit
急忙转回去，

ʐotʰitmɯʔitɣatdiʔoʔ
我要这样做。

ʤetpɯtmɯɯlpoʔ
调转马头而去，

寻马根源

19

肘霍数·畜牧篇

ʐuɪ˧ ʐɯ˧ liəp˧ tɕʰɿ˧˥
加快步伐走。

sɿ˧ ʐuɪ˧ ŋu˧ a˩ tɕʰe˧˥
色的五阿哲⑪,

bi˧ tɕa˧ kuɪ˧ tɕi˧ mi˧
号令众兵马,

ma˧ mi˧ mu˧ luɪ˧ xe˧
带着兵马,

suɪ˧ mi˧ tʰo˧ ʐuɪ˧ mi˧
往西方去了。

luɪ˧ ʐuɪ˧ tsɿ˧ kʼe˧
鲁伍载克,

tʰi˧ ʐuɪ˧ kuɪ˧ li˧ luɪ˧
他来到了,

guɪ˧ guɪ˧ fi˧ huɪ˧ ma˧
林地见费洪。

tɕɿ˧ ʐɯ˧ ʐuɪ˧ luɪ˧ tɕʰɿ˧˥
是赤就先杀,

ʐuɪ˧ xe˧ tʰa˧ dʑo˧ tɕa˧ ʐuɪ˧
准备所需甲,

ʐuɪ˧ da˧ tʰa˧ dʑo˧ tsɿ˧ ʐuɪ˧
准备所需载。

tʰɿ˧ ʐɯ˧ li˧ li˧ ma˧ ʐuɪ˧˥
来者不是赤,

fi˧ huɪ˧ mu˧ tɕa˧ ʐuɪ˧ li˧
来者是费洪,

luɪ˧ ʐuɪ˧ tsɿ˧ kʼe˧
鲁伍载克,

tʰi˧ mu˧ luɪ˧ ʐuɪ˧ mie˧
因此而得名。

ʐuɪ˧ ʐɯ˧ liəp˧ luɪ˧ zuɪ˧
加快步伐去,

du˧ to˧ du˧ a˩ tɕʰe˧˥
德朵堵阿哲,

tɕʰɿ˧ ʐɯ˧ kuɪ˧ kuɪ˧ tɕi˧ mi˧
赤征服众人,

ma˧ zu˧ mu˧ luɪ˧ xe˧
带领着兵马,

suɪ˧ mi˧ kʼe˧ ʐuɪ˧ mi˧
往北方去了。

tʰo˧ ni˧ ʂɿ˧ tʰo˧ tɕa˧
陀尼诗吐且,

dze˧ de˧ suɪ˧ mu˧ xe˧
带着打鼓人,

ɣɯ˧ɭ̃˧ɕo˧ɲ̍˧ʑɯ˥
武的六腮额[12],

ʐæ˧xɯ˧ɲɯ˧tʂo˧tɕʰɯ˥
带会听鼓音之人,

tsʰɯ˩ ti˩ ʑi˩ tsʰɯ˩
愁 迪 益 奏。

kʰɯ˧ li˧ tsɯ˧ dʑɯ˥ ɲ̍˩
快 要 到 达 时,

ʑi˧ do˧ ɭi˧ bɯ˧ tɕʰi˥
似 水 满 山 间,

tɯ˧dɯ˧tʰi˧le˧bɯ˥
江 水 滔 滔,

ʑi˧tsʰɯ˩tʂʰa˩˧kɯ˧lɯ˧
水 涌 发 响 声,

ʑi˧tsʰz̩˩dɯ˩pʰu˩ɡɯ˧
水 流 起 泡 沫,

ndʐɯ˩li˧tɕʰo˩pʰe˧bɯ˥
随 者 多 如 松 堆,

tɕʰi˧ɣɯ˩tɯ˩ɲɯ˩ɻɯ˩tɕʰi˩
从 者 需 要 多,

tɕʰi˧dzɯ˧ndʐɯ˧dzɯ˥tɕi˥
整 顿 随 从 者。

tɕʰi˧li˧ɲi˧ndʐɯ˧li˥
随 者 尼 珠 子,

ndʐɯ˩li˧ɲɯ˧tʰi˩ndʐɯ˧li˥
从 者 能 珠 子。

tɕʰi˧ li˧ tɕe˧ bo˥
随 者 有 根 源,

ndʐɯ˩li˧tɕe˧ma˧bo˥
从 者 无 根 源。

tɕʰi˧tɕe˧ɲi˧tʰɯ˧bɯ˥
随 者 尼 能 根,

ndʐɯ˧tɕe˧tʰɯ˩na˩lɯ˩tɕe˥
从 者 连 着 黑 白 根。

ʑi˧ ti˥ i˩ xɯ˧ ndʐɯ˧
四 方 收 集 武 器,

ndʐa˧ɯ˧ʐe˧tso˥ɯ˧
先 查 人 声 势,

mie˧ ɻæ˧tɕo˧ɯ˧mɯ˧
吼 叫 声 不 断,

ma˧mɯ˧kɯ˧mi˩xɯ˥
带 领 众 兵 马,

pʰi˩la˩ tɕʰi˧ɯ˧vu˧
号 令 部 众 转 移。

寻马根源

21

肘霍数·畜牧篇

tɕoʔ mit hu ŋgu
转勿密伍渡河，

na tɯ ndzɯ kʰeʔ
那娄部众连成行，

xɯ kɯ dzɯ tɕiʔ
持各种兵器，

ndzoʔ li tɯ ndzɯ
等候着随从，

ndzɯ li tɯ pa
来帮助的随从。

mu ma kɯ tɕi tso
众多的兵马，

tiʔ mu tʰiʔ ŋɡɯ
同他渡河去。

tʰo ni lia gai ne
陀尼用手推算，

tɕʰi mu tʰi lu ʔɡi
赤人马去了那齐，

ʑe li tse ɣai no
观察后知道，

ma mu sɯ ɡe tu
兵马在省舍堵，

kɯ ŋɡɯ tɕi ŋɡɯ lo
是渡河过去。

sɯ ɡe tu ʑi di
既称省舍堵，

tɕʰi ɡe tu ʑi di
又称启舍堵。

sɯ tʰi di dʑa yi
人们这样说，

hi ɣa phiz nɯ lo
后来益德说。

tʰi lɯ fa nɯ
在赤勾砝能，

du mo lɯ ŋɡɯ za
见蜂取蜂糖，

tʰi du mie ta ʔo sɯ
蜂像吼叫出来，

tʰa za di ma no
叫别取也不听。

mo kɯ to ma fi
老人话未传，

mo˧ ku˦ tom˦ fi˧ no˦
老人传了话，

mo˧ ku˦ kʼu˦ ʑu˦ te˦
要考虑老人话。

tiꜛ kʼu˦ mai˦ dai˦ fa˦
他说岩不能动，

ma˦ ndzɿ˦ fu˦ mu˦ tu˦
说的不错乱。

mo˧ ku˦ ʐa˦ liꜛ viꜛ
青年听老人话，

ʐa˦ ku˦ kʼa˦ ʑui˦ tu˦
青年当作宝贵话，

ka˦ ku˦ ʐa˦ kʼo˦ tiꜛ
宝贵话救青年命，

di˦ su˦ nu˦ ʐa˦ me˦
人们这样说。

ʐu˦ tʼe˦ mpʼ a˦ tʼu˦ vu˦
后来蜂巢多，

tsʼo˦ do˦ ma˦ pʼoꜛ pʼoꜛ
人不再来此地，

za˦ ʐu˦ di˦ dʐa˦ lu˦
取蜂事如此。

ma˦ zu˦ ku˦ tɕi˦ tso˦
众多的兵马，

ʑu˦ liꜛ ze˦ ʑu˦ liꜛ
被鲁围困住，

tsʼoꜛ tu˦ ze˦
人们也来围。

ʑu˦ ʑu˦ fa˦
鲁 的 岩，

ti˦ mu˦ lu˦ ʐu˦ me˦
由此而得名。

tsʼo˦ ɡu˦ fa˦ nu˦ du˦
赤勾红岩蜂，

nai˦ mo˦ liai˦ ma˦ liꜛ
只看而不取，

di˦ su˦ nu˦ ʐa˦ me˦
人们这样说，

ɣo˦ ʑu˦ tɕi˦ tɛ˦ di˦
后来益德说。

mai˦ mi˦ ʐe˦ ʑu˦ tɕo˦
兵丁向左转，

a˦ dʐo˦ tsʼo˦ ɡu˦
阿卓赤勾，

寻马根源

23

肘霍数·畜牧篇

tɕi˧ dzui˧ ʑi˧ ʝu˧ zɑ˩
向赤住处出发。

tɕi˧ lui˧ ɑ˩ mui˧
赤娄阿姆，

ʑi˧ kɤ˩ ʑɣɯ˧ pʰui˧ liɑ˧
有在水中迹象，

zo˧ tɕɤ˧ lɑx vɤ˧ fiɑ˧
在水浪花中找；

fa˩ tɕui˧ dzɤ˩ pʰui˧ diʔ
有在岩里迹象，

fa˩ tsɯ˩ lo˩ lui˩ dzɑ˩ sui˧
掘开岩去找；

du˩ tɕui˩ dzɤ˩ pʰui˧ liʔ
有在洞里迹象，

mi˩ dui˧ tsui˧ fiɑ˧ liʔ
挖地刨土找。

tɕi˧ lui˧ ɑ˩ mui˧
赤娄阿姆，

tsui˧ kɯu˧ tsɑ˩ tɕiui˧ kɑ˩ ɖi˧
在九丈深泥里，

tsui˧ kɯu˧ tɕɯu˩ tui˩ fi˧
除九丈深的土，

ʝu˧ fu˧ tɕɑx tɕui˧ ɣɛ˩ liʔ
把家臣带来，

tɕi˧ ɣo˩ tui˧ zɯ ʝi˧ zou˧
用有镫的鞍，

zo˧ kui˧ fu˧ ʝi˧ liɑ˧
到水里寻找，

tɕi˧ lui˧ ɑ˩ mui˧ hui˧ sui˧
把马还赤娄阿姆，

sui˧ loʔ ɑ˩ mui˧
还给了阿姆，

sui˧ tɕɑx hui˧ oʔ tɕɑ˩
还赤骑的马，

sui˧ li˧ tʰɑ˩ tsui˧ diʔ
人们有此一说。

tɕi˧ ʝi˧ ʝu˧ zɯ ʝi˧
还鞍镫与马，

tɕɛ˩ tsɯ˩ hui˧ tɕi˩ mɑ˩ sɛ˩
君长不知此事，

sui˧ tʰi˧ diʔ kui˩ vi˩
人们会这样说。

tɑŋ˧ ʑɯ˧ tɑŋ˧ fɑ˩ buɻ˩ kui˩
糖碗里蘸糖，

24

tɕʼɿ lɯɿ a mɯɿ tɕʼɿ
给赤娄阿姆吃，

hɯɿ La mɯɿ tɕʼi tɕʼi tɕʼi
问阿姆甜不甜。

tɕʼɿ lɯɿ a mɯɿ zɿ
赤娄阿姆说：

tóm zɿ zɛ ŋuɿ kǐɯɿ
深菁丛林边，

va hɯɿ kɯɿ beʴ dzɯ
猪选青枫果吃，

tɕi pi tɕʼi tɕʼi tɕʼi
也是甜甜的，

ɡoʴ luŋ tɕǐ lo ɾoʴ
起身转回程，

ŋɡu dzɯ hu ŋɡu tɕɯ
往顾住地去。

ŋɡuɿ Lɯɿ hɯɿ ŋɡi
顾额娄侯，

Lax mɯɿ tʼa tɕʼi tɕɯ
带着妻子家人，

tɕóʴ duŋ ŋɯɿ zi hɯɿ
观看顾行动；

ŋɡuɿ Lɯɿ hɯɿ ŋɡi
顾额娄侯，

Lax mɯɿ tʼa tɕʼi tɕɯ
带着妻子家人，

tɕóʴ duŋ ŋɯɿ zi hɯɿ
观看乔行动。

ŋɡuɿ Lɯɿ hɯɿ ŋɡi
顾额娄侯说：

tɕʼɿ lɯɿ a mɯɿ ɲi
赤娄阿姆呀，

ŋoʴ pai Li zɿ piŋ
鸟飞靠双翅，

dut ɔʴ msuŋ mɯɿ ŋɡ
先扇三次翅。

ʑoʴ ŋɿ tǐ Li oʴ
依我的看法，

sɿ lɯɿ pʼa hi zɿ
别管树林边，

sɿ lɯɿ dzɯ pʼi zɿ
企图管林边，

zi ŋuŋ ŋuŋ dzɿ
家畜会消失，

寻马根源

25

肘霍数·畜牧篇

kɿʔ ʑui̯ ŋuʔ mai̯ liz
野兽不消失；

tɕui̯ ʑi ti̯ʔ ʑui̯ luŋ
别动地脉龙，

tɕui̯ ʑi ti̯ʔ ʑui̯ luŋ
动了地脉龙，

du ʑi̯u ŋuʔ di̯
笃可能消失，

gu ʑi̯ui̯ muʔ mai̯ liz
姑不会消失。

ɲui̯ ʑui̯ feʔ tɕʰi ʑui̯ hu
管好自己的家，

di ʑi ni tmu mɑʔ tou
说了你不听，

ai̯ mi̯eʔ ɴui̯ ʑi ho
现在这时候，

ʑui̯ koʔ koʔ tu
是否还有生命，

ɣu i̯a beʔ ɲi ŋui̯
已失去力量，

tʰu nai̯ ɣi deʔ
失去了面子，

sui̯ tsuŋ tsui̯
如西斜太阳。

mba ʑi̯u ʑui̯ gu
传说典故，

gu ʑi̯ ʑui̯ ʑui̯ ʑui̯
像白鹤明亮，

o tɕui̯pe mɑ mu ʑou
看去啥也没有，

tʰu ʑi li ʑui̯ tɕeʔ i̯ui̯
陀尼脱长袖衣，

tɕʰi ʑui̯ a tu bi
给赤娄阿姆。

tɕʰi ʑui̯ a tu bi
赤娄阿姆，

toi̯ ʑui̯ ʑui̯ hui̯
独自忖度，

hu a ʑi pʰɿ ɲi ʑɿ
加上削的木，

tʰi la toʔ ʑui̯ i̯ʔ i̯u
手脚垂向南，

toi̯ ʑui̯ nou mai̯ tuŋ
他不肯离去。

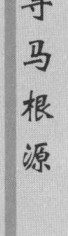

ꏂꂓꀽꃀꀉꍲ
dut꜀ꆂtʂhutꆦa lʐɿ
德朵布摩阿哲，

ꇤꑘꅍꑘ
ɣ꜀mutꑌdʑꑌ mut
又锯又割，

ꊒꑍꇙꃀꉿ
dzɑ꜀ꊰꐎꅉmutꇙꊰ
如鹡子成群，

ꃬꅓꇓꑌꅍ
ʔutk'e꒑ꆦ la꒑t'ɔtmut
砍头又剔手。

ꄀꅬꀐꑠꅂꀜ
ꑌꆦꅍꅺꃀhitꀜtꆦꁈ
到了陀尼的城，

ꀜꅬꁧꇐꅉ
t'ɔꑌ nit ɡa꒐mɿꉿtꆦit
陀尼大臣说：

ꇁ ꑍ ꐚ
su꜀ lit tꐎꅺ
有人来说，

ꊒꑍꃤꋍꇁ
hustꆂʐꀽꄮꆦit'oʐ
我已听到了。

ꁨꅍꁨꇁꏭ
ꑌꅉtꆂʐꌒtꆂʐmutꅉtꆂʐ
生活景况好，

ꃀꉆꉚꀻꀺ
vit'ɔꁈ lutꒉꇙkꆂꅺ
穿着都很美，

ꄦꃤꋍꏦꉿ
t'ɑtʐꆂmutꑑ lit vit
是这样的人。

ꊒꅘꏑꋏꑱ
ʐꆂ lit lit ꑘut hut
依我来说呢，

ꅨꃄꅞꐎꅍ
ʐut futꑌdʑut xe꒒ it
家臣全带来，

ꄙꆀꁨꅉꁨ
t'iꅺ tꍿ thit ꐞtmut li꒒
一班人帮助，

ꊒꅍꅉꑲꉿ
ʐꆂ lit mut lit hut
这是我的做法。

ꁱꒉꎭꑥꒉ
ʔutꀹꋺʐit mut li꒒
武失去权力，

ꁴꅒꎭꑥꒉ
ʔutmꅉ lit mut li꒒ꅺ
武闭紧嘴巴，

ꄀꌋꋍꆪꉿ
dutꒉsutmut ɣa꒐me꒒
人们这样说。

ꇤꑍꅍꑍ
ɣ꜀ mutꑌdʑꑌmut
又锯又割，

ꊒꑍꇙꃀꉿ
dzɑ꜀ꊰꐎꅉmutꇙꊰ
如鹡子成群。

ꏂꂓꀽꃀꀉꍲ
dut꜀ꆂtʂhutꆦa lʐɿ
德朵布摩阿哲，

ꃬꅓꇓꑌꅍ
ʔutk'e꒑ꆦ la꒑t'ɔtmut
砍头又剔手，

寻马根源

27

肘霍数·畜牧篇

ɑ˧mu˧kɯ˩bo˩ʑi˩tʂɿ˧
阿姆扣博已知悉。

ɑ˧mu˧kɯ˩bo˩tʂɿ˩
阿姆扣博说：

ɑ˩dʐo˧tsʰɿ˩ŋɤ˧tɕy˧
阿卓赤额家，

mi˩tʂu˩ʈʂʰɿ˩tɕy˩hĩ˧
在过去时候，

hi˧ʐ̩˩tɕʰɿ˧dʑɤ˩lɿ˧
绸缎谷子多，

ʐɿ˧tɕy˧ʈʂo˧mɑ˩tɕu˩
吃穿用不完。

to˩ȵi˩ʑi˩ɣɑ˩mu˩tʂo˩
陀尼的大臣，

mi˩tʂu˩vi˩ɑ˩du˩
维阿堵马，

tɕʰi˧ʐ̩˩dzo˩vi˩li˩ɣɑ˩
会派人去捉。

pʰu˩ɣu˩nɑ˩gu˩dzɤ˩
地是那娄根基，

ȵu˩ɣu˩du˩ko˩gɿ˩
后来德果死，

ɑ˩dʐo˧tsʰɿ˩ŋɤ˧pʰɿ˧
阿卓赤俄勾，

to˩tɕy˩tsʰɿ˩tɕy˩lɿ˩
赤的世系中，

tsu˩lu˩ȵu˩pʰo˩lu˩
任用着能人，

to˩tɕy˩to˩ʑi˩lɿ˩
他得到了能人。

lɑ˩tɕʰpu˩tɑ˩dʐo˩ʌ˩
阿卓敬重他，

de˩pʰu˩lu˩ȵi˩dɿ˩
想要边界地，

dɤ˩ʑi˩tɕi˩ɻo˩ȵi˩
要消灭大臣，

ɑ˩nɤ˩du˩dʐe˩ŋɑ˩
请阿纳笃节[13]，

pʰu˩ɣu˩nɑ˩gu˩dzɤ˩
那娄根基地，

mo˩dʐɿ˩mu˩li˩vi˩
大臣用钱财，

ɻɤ˩ dʐɤ˩ pʰɤ˩ mɤ˩
维遮迫麦，

pʉɿbuɿdʐɿmuɿxei
带领着奴仆，

aɿnɛɿduɿdæɿbiɿ
给阿纳笃节，

nuɿʃuɿɣaɿɣoɿmuɿ
彝当外族臣，

diʃuɿtiɿŋɿviɿ
人们这样说，

ɣoɿɿæɿpiəɿmuɿdiɿ
后来益德说。

tiɿ muɿ ʃuɿ
那匹紫马，

viɿaɿduɿliɿtɕ'ʉɿ
与维阿堵同种。

ʂiɿiuɿraɿɣmuɿtiɛɿ
四鲁旺之外，

tʰoɿɲiɿmæɿŋɤɿmæɿ
陀尼麦额麦，

mæɿgoɿgoɿɣmuɿtɕ'ʉɿ
和麦果果同种。

tʰoɿɲiɿmæɿnaɿtoɿ
陀尼有黑马。

ɣaɿʃuɿbeɿpʉɿaɿ
外族的主子，

ndɯɿ buɿ luɿ
君长补鲁，

duɿ pʉɿ tsɿ duɿ
德补再堵，

muɿtoɿɣoɿmɿtuɿ
有何莫能马。

biɿ nuɿ aɿ loɿ
细努阿罗⑭，

muɿ tɕiɿ nuɿ guɿ
有花鼻白马。

ʂiɿɿuɿraɿɣmuɿtiɛɿ
四鲁旺之外，

nuɿhuɿmɿɣɿnuɿ
养马多如柏，

tɕʰɛɿtʰoɿtʰuɿnuɿtʰɛɿ
养马多如星。

muɿ suɿ ʑiɿ
名贵的马呢，

寻马根源

肘霍数·畜牧篇

muɪ ʂuɪ ʐi a ʨu
是维阿堵马，

ɦo ɣuɪ ʐi dei dʑi
后来益德说。

tʰo ȵi mei ŋɯ mei
陀尼麦额麦，

mei go ʨi tʂʰi tʰo ʐuɯ
和麦果基同种，

mu na tɕi ȵu ma
出现青眼马，

mu na tɕi ȵu ma
是青眼马种。

tʰo ȵi pu a mu
陀尼布阿姆，

mu na gu lu tʂʰi
与黑马是近亲。

ɕi tʰu a lo
细努阿罗，

mu tʰu kʰo ȵi ɦu
有铜蹄白马。

pu ʐa se pu tʰu
腮伍吐偶像⑮，

pu luɪ gu
在偶院里，

ʐei ɦi lou ʐei
众偶围大偶，

du ʐa ȵi dʐa
坐在洞里面。

ku a ʂɿ ɦi se ŋei
九阿史八腮额⑯，

na ɦie pʰa mu
又化那娄草，

xo pa tsu ɦu
庙里用羊作祭，

du ʐei mi pʰu
地边雷电闪，

tʰa li ɦu mu lu
这样做了一次。

su ʐei xu na gu
披黑毡青年，

mu na me kʰu ʐei
骑盘尾黑马。

我真的来了，

他的后面有影子，

过了一会儿，

细努阿罗，

骑铜蹄黑马，

好的我全带来，

到九十匠场去，

伸出了两袖，

端正站立着。

九个阿史，

八个腮额呢，

坐在洞里面，

用九锄的背，

挖着九丈土，

伸一次锄刀，

打着偶的鼻，

腮伍吐的偶，

偶像剩半鼻，

偶像有爪子，

在九丈洞里，

狠狠地掏着。

在代错弥卧，

寻马根源

31

肘霍数·畜牧篇

zoɿ tsəɿ miɿ
建 庙 宇，

buɿ tuɿ miɿ ɣaɿ tuɿ
立 偶 像。

ɕiɿ nuɿ aɿ loɿ
细 努 阿 罗，

hu˧ me˧ əɿ du˥ di˧
为 了 好 马 种。

zoɿ lɯ˧ ŋɯ˥ mɯɿ vɿ
是 这 样 流 传，

ɣoɿ ʐu˧ zoɿ deɿ di˧
后 来 益 德 说。

ɕiɿ nuɿ aɿ loɿ
细 努 阿 罗，

mɯ˧ na˧ kʰɿɿ ʑe˧ ʐɯ˥ ɬɿɿ
有 铜 蹄 黑 种 马。

ŋɯɿ ɣa˥ lu˧ ɿɯɿ lo˥ʐa
卓 雅 罗 纪 家，

mɯ˧ ʑɯ˥ lu˧ tɕu˥ lɿɿ
紫 马 挂 龙 铃，

do˧ hu˧ li˧ ɿɿ˥
出 现 两 种 马。

ŋɯɿ ɣa˥ lu˧ ɿɯɿ lo˥ ʐa
卓 雅 罗 纪 家，

mɯ˧ du˧ ɣo˥ ma˥ nu˧ ɣɯ˥ do˧
有 何 莫 能 紫 马，

mɯ˧ ɣɯ˥ lu˧ na˧ kʰɿɿ ɣu˥ ɬɿɿ
青 马 鲁 那 支 种。

mɯ˧ du˧ ɣo˥ ma˥ nu˧ ɣɯ˥ do˧
有 何 莫 能 青 马，

ti˥ ʑu˧ vu˥ du˧ pu˥
东 方 武 德 布，

dzoɿ lu˥ baɿ liɿ loɿ
前 来 袭 击。

dzoɿ ʐaɿ loɿ dəiɿ
卓 雅 罗 纪，

mɯɿ tɕɿɿ ʑu˥ na˥ tɕɿɿ
骑 青 马 鲁 那 支，

mɯɿ ɣu˥ nu˧ tɕu˥ ʐu˧ dzəɿ
骑 挂 龙 铃 紫 马，

xuɿ dzuɿ nəuɿ ŋɑiɿ
到 侯 奏 拟 各，

duɯ puɯmbuɯ liɯ k'ut
责骂德布入侵，

t'ɔɪ nɤɯ hət liɯ t'ɔɪ
制止陀尼侵犯。

nuɯ sɔɪ ŋit
人们这样做，

muɯliɯ diɪ tɯɯɪguɯɪ diɪ yit
就是为了马。

t'iɪ muɯ nɯɯɪ ɡuɯɪ liɯ muɯ tsuɯɪ ɡuɯ t'ɔɪ
青马何莫能的种，

ƙʻỷiɪ fui ɣəi yui
曲府雅武，

muɯnuɯɪ liɪ yui hiɪ
紫马利乌恒，

muɯ t'uɯt tei ɡuɪ puɪ
白马代谷补，

t'iɪ ɳʑiɪ muɯ tɯɯɪ dɔt
出了此两马，

muɯ t'ʼiɪ eɪ ɡuɯ puɪ tsiɪ ɣuɯ
白马代谷补种。

duɯ ʑiɪ dʑəɯ
笃益止家，

muɯ t'uɯt nuɯ ɡuɪ hɔɯ puɯ t'uɯ
出了诺沽白马。

duɯ ʑiɪ dʑəɯ
笃益止，

muɯ t'uɯt nuɯ ɡuɪ hɔɯ
骑诺沽白马，

liəɪ hɔɪ hiɪ ɣəi liɪ hiɪ
扬名到四方，

diɪ hɯɯɪ t'ɔɯ hət tsɯɯɪ nuɯ
体型有力量，

ɣuɯɪ tsuɯɪ muɯ nʑit sui
是最好的马。

muɯ liɪ tɯɯɪ ɡuɯɪ vit
就是这种马，

ɣɔɪ ɣuɯɪ ʑit deɪ dʑit
后来益德说。

duɯ yuɯɪ nuɯ puɯ nəɯ ɣəɯ liɪ
独耳紫马的种，

寻马根源

33

肘霍数·畜牧篇

muɪ xoɟ ıoɟ dzoɟ
姆何罗佐，

tɑɟduɟnuɟɣoɟ
有马大独努，

tɑɟduɟfuɟɣutɕuɪ
属大独吐种。

ɣoɟ fuɪ ɣoɟ fuɪ
卧府俄府，

muɪɣoɟhuɪbuɟnuɟɣoɟ
有马洪布努伍，

huɟɣɑɟ nu ɟbuɟɣoɟ
是洪额努布种，

tɕiɟ tuɪ ndzuɟ ɣɑɟ fuɪ
纪斗卒雅府，

muɪnɑɟ tɕiɟ ndzuɟ puɟ
黑马纪卒补，

ɑɟʂɯɟ muɪ duɟ ʂeɟ lɑɟ keɟ
阿史紫马舍腊盖。

suɟkɑɟ tɕoɟ poɟ
素卡妥博，

muɪndzixɯbuɟɣɑɟ fuɪ
有花马赫布维，

suɟʑiɟmuɪʑiɟdzeɟ
四人骑四马，

ɣuɪnɑɟmɑɟhuɟʐuɪ
带着家兵去，

ɣuɪkuɪdoɟɣuɪzɑɟ
到武古笃处⑰。

kuɪʐuɪdzuɟɣuɪtɕiɟ
来到苦尤卒，

ɣuɪkuɪdoɟɣuɪmɑɟ
武古笃的兵，

toɟmeɟhɯɟʈuɟmuɪʐoɟ
风扫落叶般逃去：

nkɯɟtweɟpuɟ ɑɟteɟ
君长杰卓阿代，

suɟʑiɟmuɪʑiɟdzeɟ
四人骑四马，

tuɟnɑɟ t'ɑɟndzuɟmɯɟ
像一簇大马蜂，

ʐoɟiɟtɕɑɟt'ɑɟndzoɟ
套绳如车转，

koɟdoɟt'ɑɟɦoɟdeɟ
古笃的人马。

往高处转移,

大动人马的人,

为了好马种,

是这样流传的,

后来益德说。

君长阿府寻权,

权在外族地方。

笃益止家,

有独耳马种。

君长有努谷布马,

骑努谷布马,

带众多兵丁,

到德歹濮卧,

在侯的朵恒舍,

打三次就转回。

这样做的人,

单是为了马,

后来益德说。

阿府君长,

有努谷布马种,

寻马根源

35

肘霍数·畜牧篇

ɕɿ kʻu tʻo hum,
施苦妥姆,

zoi ȵu mpʻa mpu kʻo,
益额麦苟卧,

ȵu mpu tʻo tʻʂu mʐa,
有额赤朵马,

zoi ʑu mpu tʂu mpʐa,
骑额赤朵马,

pu mu gu pʻu ʑɿ,
越布姆林野,

ho ɬu mu ȵa tɕi,
大臣在荒地转,

pu dʑi tʻo tu hu,
布的妥度洪,

mu ʐit ȵu tai,
来讨要好马。

mu su ʐit,
这样做呢,

hu mɛ zɿ li am hu,
为了好马种,

liv mpʻu tu mi tʻio,
是这样流传的,

liv pi la mʐu li,
后来益德说。

loɛ mpu la mu kʻo,
益麦苟卧,

ȵu mpu tʻo tʂu mpʐa ʑu,
有额赤朵马种,

tsʻu tɕʻa pʻu ku,
愁查仆构,

mu mpʻa ʑi lu na tɕi,
有青马鲁那支,

mi kʻe tʻo pi tʻa,
北边有地方,

ȵu nu hu,
养马多如柏,

tɕʻɿ nu hu lu lu,
养马多如星,

mu su ʐit,
这样做的人,

loɛ mɛ mpu kʻo,
益麦苟卧,

36

ɣuɯ tɕʅ ndeɹ
为马额赤朵，

ʑi ji ʈʂuɯ ʐuɯ vi
是这样流传的，

ɣo tɕɯ ȵi ddeɹ di
后来益德说。

muɯ tɕʅ loɹ dʑɑ
支洛佐马，

tɑɹ ddɯ tʰuɯ ɣuɯ
是大独吐种。

ɕeɹ pʰuɹ sɑɹ ɣo
邪仆啥俄，

muɯ tɕɯ ddʑɯɯ meɹ pʰuɯ
有珠麦舍种马。

suɹ kʰɑɹ hɯŋ poɹ
素卡恒博马，

muɯ tɕʅ xeɹ buɹ ʑi
是花马赫布维种：

tsɿ duɹ ɣuɯ dʑɑ
赠独额卓，

muɯ tɕʅ tʰuɯ ddɯ seɹ pʰuɯ
有青马度德决。

ɕeɹ pʰuɹ sɑɹ ɣo
邪仆啥洪，

muɯ tɕɯ ddʑɯɯ meɹ ɕeɹ ɣo
种马珠麦舍回归，

tsʰuɹ tiɹ pʰuɹ ndeɹ
愁底朴德地，

muɯ tɕɯ huɯ nɑ tɕʅ
青马鲁那支，

tiɯ kʰuɯ ɣuɯ ho
都说是借来的。

tsɿ duɹ ɣuɯ dʑɑ
赠度额卓地，

muɯ tɕʅ ʐuɹ duɯ tɕeɹ
种马伍德决，

tɑɹ huɯ ɣo tʰuɯ tɑɹ
这马退回去了。

tɕi ʑi ɑɹ dduɹ tɕʅ ho
维阿堵马，

mi hɑŋ tʰuɯ ʐuɯ vi
成了财富。

寻马根源

37

肘霍数·畜牧篇

后来益德说。

北边有地方，

养马多如柏，

养马多如星，

情况是这样。

从前留的马种，

去了妥烘苟，

为妥烘苟迫种。

到南方去了，

这里出三种马。

姆那俄维，

君长耿阿杰，

养着一群马，

南方这种马，

养马多如柏，

养马多如星。

这样做，

妥烘苟迫马，

变成了财富。

阿史德补，

sui ɣe tɕi tɬi kɯ
打开长书卷，

na lu nde dai tɕɔ
又化那娄草，

se zu ho zu tɕi
派有知识的人，

tɯ mɯ ɕi mu
往大地四方，

lu mu hi jo lu
卜龙马在处。

ʑi zu ɖi
四个灵巧人，

xɯ se la
八个巫师，

lo lu mo tɕu mu
去寻找龙马，

lu mu tɬi ma jɯ
没找到龙马。

lu mu ɣɯ
龙马的影子，

fa ɣu xe ɣɯ vi
在坚岩之上，

mu ʐo mo sui vi
作祭马之用。

tɕo ʑi ɣe ʐa tɕo
用纸绘马图，

ŋɡu tɕu ɬi ʑu ŋɡu
插四道盐肤木，

mi ʑi du
地上四方，

mu tɕu lɯ ma tɕɯ
马不能经过，

mu ɟo sɯ mu
牧马人可经过。

ho ɡu mu ɟɯ
那来牧马人呢，

mu lo dʐo ku lɯ
传马的消息，

mu ʐa ba tɕu
马去了别处，

ʐou ʑi mu dzɯ
马能够去，

ɬi ʑu mu ma dʐɯ
却不能回来。

寻马根源

39

肘霍数·畜牧篇

洛举人多智,

龙马希的命,

人四处捉拿,

在大地四方,

索要金与银。

春 三 月,

理想的时候,

一片叫嚷声,

白花龙马呢,

因听见人声,

叫着跑过来,

过省伍达迟,

洪 娄 侯,

纳的马被困,

四件白蓑衣,

只能给马披,

后来看湖中,

像湖中白泡。

愁 娄 侯 吐,

渐近黄昏,

花脸白龙马,

只见它在行走,

ɣo˧ lɯ˧ i˧˩ dɯ˧ dʑi˧
后来益德说。

ti˧ tʂʰo˧ ȵɯ˧ lo˧ tɕy˧ ni˩
那卓雅洛举呢，

mɯ˧ hɯ˧ fi˩ ʐɯ˧ hɯ˩
到东方选马。

mɯ˧ pʰy˧ o˧ tɕo˧ hɯ˩
马出在西方，

fi˩ tɕo˧ lo˧ ke˧ i˩
东西南北都有。

mɯ˧ zɯ˧ tɕʰy˧ tɕʰɛ˧ hõ˩
有一匹白马，

hõ˩ lɑ˧ ɑpʰo˩ ʂʅ˧ hɯ˧ i˩
和月犬在一起，

lɯ˧ dʐo˧ tʰi˧ mɑ˧ mɯ˩
洛举没看见，

ȵɑ˧ tʰu˧ tɕi˧ kʰɯ˧ tsʰɯ˩
白马落桥边，

ɕi˧ mi˧ ɑ˧ mbu˩ li˩ tɕo˩
席米阿补得到，

kʰuɑ˧ ɕe˧ xɯ˧ ʐu˧ lɯ˧ tɕʰɯ˩
挎邪赫汝来卖，

dzi˧ mu˧ ɕi˧ kʰɑ˧ pʰo˧
纪姆希卡来贩卖。

kʰuɑ˧ ɕe˧ xɯ˧ ʐu˧ ni˩
挎邪赫汝呢，

pʰo˩ dʑɑ˧ sɯ˧ ɣɑ˧ jo˩
是马的所有者。

ɑ˧ lɯ˧ tʂɯ˧ vi˧ mu˩
阿娄额维姆，

ɣi˩ ʂu˧ tu˧ lɯ˧ li˩
来到维署斗娄。

lɯ˧ lɯ˧ ɣo˧ gu˩
娄娄俄勾[18]，

tɕo˧ ɑ˧ lɯ˧ lɯ˧ ʐɛ˩
卓阿娄去买马[19]，

mɯ˧ pʰu˧ mi˧ bi˩ ʐɛ˩
出高价买马，

lu˧ tɕʰe˧ tɕɯ˧ bi˧ bu˩
鲁勒九山岭，

tsʰɯ˧ dzɯ˧ mi˧ ɕe˧ kʰuɑ˩
倾其所有银。

寻马根源

41

肘霍数·畜牧篇

见银就喜欢，
地上开道门，
出高价收买。
此事做完后，
他下马来，
让马止汗休息。
在益塔和铺，
洛举出巨资，
作买马资金。
马名史伍匠，
归卓阿娄所有，

满足了心愿。
在鲁旺之内，
彝人买马的方法，
外族照样做。
卓雅洛举人，
十骑驮十捆，
驮买马银箱来。
他卓阿娄呢，
阿娄额维，
阿维带五匹马，
来到古雅鲁姆。

ŋɔȵtkɯɨpɣnitɿɣɔʔ
卓雅洛举人，

ŋɯdʑɯtsɯŋɯȵtɕʰɯtsɿŋ
斟酒又添酒，

tɕʰɯpʰɑnatɕʰɯtsʐuŋ
酒杯如黑鸟飞，

tɕʰɯtɕʰɯlʅmpʰʅtʰɯtsʐu
敬酒如鸽点头。

tɕʰɯtɿŋɡɯdʑɯlopʰɯtsʰɿŋ
饮用完了酒，

tɕuʔalɯȵʅvi
卓阿娄额维，

tiʔ lopɯ ʐɯŋ
饮酒醉了，

suŋtɿȵizɿlopɯŋ
有些飘飘然。

ȵumbuȵumatsal
鸡叫未叫时，

kɯȵɯŋɡopʰɯŋɡoŋ
在古门前转；

mɯtɕʰʅȵmɯmɑtɕʰʅŋ
天明未明时，

kɯȵɯtlɯmɯŋ
越过古城门。

ȵudʑɯmɯmɑtsal
雾升霭未降，

kɯȵɯŋkɯŋɡʅŋ
在古额苟嘎，

tʰɑʔkɯŋmieȵtɕɿŋ
大声吼叫着，

tʰɑʔkʰopʰtʰɑpʰtʰɿŋ
脸对着路，

lɑtɕʰʅtʰɑpʰmɑtɕʰʅŋ
手脚不跟路。

ȵuŋɡɯŋtsʅtsuŋtɿ
雪飘没冬地，

saltɕʰʅɣtɕʰiŋmɯŋɡɿ
风吹雪盖地。

zolmuŋdʑɯlɯtɕuŋ
我的马像有本领，

tɕeʔɡɯmɑȵuŋlɯŋ
长睫毛在动，

moȵlɑtɕʰʅɣdʑʅtɕʰit
尾巴在摇动。

寻马根源

43

肘霍数·畜牧篇

ti˧ mɯ˧ dʑo˧ tsʰo˧ ɭo˩
梯姆斗索之南,

ti˧ tʂɯ˧ hi˩ dʑa˧ lɯ˩
他站在那里。

ndʐo˧ ʝa˧ lo˩ tɕo˥ pɯ˧
卓雅洛举人,

mɯ˧ kʰo˧ tɕo˧ ʝa˩ sɯ˥
凡善驰之马,

ɭo˧ dʐɯ˧ tʂʰa˧ lɯ˩ ɕi˧
拆箍鞍绳样死去。

ndʐo˧ ʝa˧ lo˩ tɕo˥ pɯ˧
卓雅洛举人,

se˩ no˧ mɯ˧ ʝe˩ lɛ˧
知者买马易,

ma˩ se˩ no˧ mɯ˩ ve˩ ɡu˧
不知者买马难。

na˩ mɛ˧ pɯ˧ tsa˩ li˧
你递马价来,

pʰɯ˧ mɯ˧ pɯ˧ tsa˩ ma˩ nɯ˧
主人不接钱。

a˩ lɯ˧ ʈʂɯ˧ vi˩ ʑi˧
阿娄额维呢,

mba˩ tɕi˧ di˩ dø˧ lɯ˩
他说出话来:

hɯ˩ me˩ ɕi˧ ko˥ mba˩
马价七锭银,

dʑɯ˧ ʝa˧ ɕi˧ mɯ˧ tɯ˧
需要准备足。

na˩ mɯ˧ ʝɯ˩ di˧
你若要卖马,

tɕʰɯ˧ ta˩ lɯ˩ ti˧ nɯ˩
他卓阿娄呢,

zo˩ mɯ˧ li˩
我 的 马,

ɕi˧ zɯ˧ lɯ˩ mɯ˧ tɕʰɯ˧
是神龙马种,

dʑɯ˩ dʑɯ˧ ɕi˧ di˩
全身有神气。

a˩ lɯ˧ ʈʂɯ˧ vi˩ ʝo˧
阿娄额维呀,

na˩ a˧ ɕi˧ ɣo˩ vɯ˧
你我相距远,

hi˧ dø˩ xɯ˥ kʰa˧ pʰa˧ nɯ˧ dɯ˩
在湖边建房,

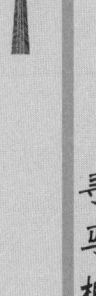

ꃅꄀꋌꑊꊨ
muɪ du˦ ʂi˦ ʂu˦ dzu˦
以后用来关马。

ꃅꊈꏸꀜꐚ
mu˦ zu˦ tʂuˀ tʼa˦ mo˦
这匹小白马,

ꅓꁧꈌꃅꋬ
ne˦ mo˦ kʼo˦ mu˦ tsa˦
鬃尾都很美,

ꑛꈌꎭꐚꋬ
ʐe˦ kʼɯ˦ tʂʼi˦ ʂuˀ tsa˦
像洗过的线圈。

ꄪꐚꈌꌰꇱ
tʼa˦ ʂu˦ gu˦ dzo˦ su˦
此马关院内,

ꈻꐚꇷꀕꐛ
kʼo˦ ʂu˦ ge˦ lu˦ di˦
别的放外面,

ꎰꂷꇩꐚꋊ
ɕɿʔu˦ ɯdʐa˦ ʂu˦ tɕ'i˦
属史伍匠马种。

ꊖꁧꐚꀕꐛ
bo˦ dʐa˦ ɕi˦ ɯ˦ di˦
还有别的马。

ꄷꇪꀊꑔꀨ
tʼi˦ tu˦ ʐi˦ ma˦ bu˦
不只是这些。

ꇉꀸꄣꁘ
ɪu˦ tʂʼi˦ tˤo˦ ʐi˦
鲁赤陀益,

ꁈꍣꀊꈌ
pu˦ dʐe˦ a˦ ke˦
仆直阿垓,

ꃅꇤꋌꑊꊨ
muɪ do˦ ʂi˦ ʂu˦ dzu˦
是产马之地。

ꃅꊈꍂꄿꃀ
mu˦ zu˦ tʐu˦ tʼa˦ mo˦
这匹小红马,

ꎭꐚꇉꍝꌠ
ʐi˦ ʂu˦ ʐo˦ li˦ tsˤɿ sɯ˦
像卖家放养的。

ꃺꅓꇪꐥꏸ
lu˦ ɕi˦ ʐi˦ gu˦ gu˦
神龙马满院,

ꄪꐚꈿꂷꐛ
tʼa˦ ʂu˦ kʼo˦ mɯ˦ di˦
每匹马的种,

ꎰꂷꇩꐚꋊ
ɕɿʔu˦ ɯdʐa˦ ʂu˦ tɕ'i˦
都是史伍匠马种。

ꊖꁧꐚꀕꐛ
bo˦ ɕi˦ ɯ˦ tʼi˦ di˦
还有别的马。

ꄷꇪꀊꑔꀨ
tʼi˦ tu˦ ʐi˦ ma˦ bu˦
不仅是这些,

ꇉꀸꄣꃀ
ɪu˦ tʂʼi˦ kʼu˦ mu˦
在鲁赤苦姆,

ꁈꃴꇉꉻ
pu˦ vu˦ ɪu˦ hu˦
在布伍鲁洪,

寻马根源

肘霍数·畜牧篇

ꃀꂿꑌꉜꑸꅀ
muꭎ mi˩ i˩˩ ɣuꭎ dzaꭎ
是产马之地，

ꃀꆹꑘꐞꂾ
muꭎ li˧ tɕ'u˩ tɕ'aꭎ mo˩ ndʐuꭎ
是一种好马种。

ꂿꐷꂿꌠ
mi˩ dʐɿꭎ mi˩ ʐɿꭎ
天地之间，

ꃅꇯꐯꋌꌐ
ʑi˩ ɣu˩ nu˩ tsɿ˩ sɿꭎ
像卖家放养的，

ꄉꄷꀋꃈꅑ
ta˩ ti˩ hɯꭎ o˩ h nuꭎ
凡在一处的，

ꈬꑍꇯꀕꁹ
k'o˩ ɣɿ mu˩ tɕ'u˩ hnɿ
都是一样的种。

ꎭꎫꄮꑍꆹ
ʂɿ˩ ʔu˩ tɕe˩ dʐuꭎ mu˩ li˩
是史伍匠种，

ꀻꒃꉈꉬꃤ
bo˩ ɣuꭎ di˩ ɣa˩ viꭎ
的确是有的，

ꎭꎫꄮꃅꆹ
ʂɿ˩ ʔu˩ tɕe˩ dʐuꭎ mu˩ hɯ˩
史伍匠马种，

ꌕꑋꊨꃤꐨ
suꭎ mo˩ tsɿ˩ viꭎ tɕ'uꭎ
留三四来用。

ꆈꃀꇬꊰꁈ
naꭎ muꭎ ɣu˩ muꭎ huꭎ
你只是卖马，

ꑳꐛꆉꃀꂝ
niꭎ dʑo˩ li˧ ma˩ diꭎ
亲爱的阿娄，

ꊨꆈꒉꅩꅇ
mei a˩ nuꭎ tɕ'i˩ nuꭎ
麦阿努他呢，

ꃀꆹꃏꇉꂽ
muꭎ li˧ tsa˩ li˩ tɕ'ɯꭎ
接种繁殖马。

ꆈꅩꊂꀉ
aꭎ luꭎ ɣuꭎ viꭎ
阿娄额维，

ꆅꏜꅋ
ʔu˩ ʔuꭎ ɣeꭎ
首先是头大，

ꑌꆹꑌꀁꅷ
guꭎ tɕ'u˩ guꭎ ɣeꭎ luꭎ
种大身就大，

ꇊꆹꇊꁸ
k'u˩ tɕ'u˩ k'u˩ ɣeꭎ
凡大种者，

ꐈꄷꒇꄷ
mei p'iꭎ mo˩ p'iꭎ
鬃尾都值钱。

ꄮꅉꇓꅍ
t'iꭎ dzuꭎ ɣeꭎ dzuꭎ
备齐金银，

ꋍꆹꅊꆉꂴ
t'iꭎ ɣuꭎ ni˩ mu˩ luꭎ
金银要多备，

ꅩꊂꆹꑟꂎ
huꭎ mei tɕ'iꭎ t'a˩ luꭎ kuꭎ
别断好马种，

拿出金和银。

买史伍匠马，

外族主子的山，

它也要用完。

史匠马之母，

不知还在否，

他这样问道。

阿娄额维说：

史伍匠之母，

还是留着的。

在过去时代，

管理马种，

所有的好马，

像马桑根延伸，

像弹弓配帘子。

但只有一样，

此时此刻呢，

大臣要攻打，

破繁殖马地，

是这种情况，

外族人来要。

史伍匠马呢，

寻马根源

肘霍数·畜牧篇

mot ɣat guɨ tam
母马不肯入院。

lut dəɨ zuɨ kʰiɨ huɨ
洛举人多智，

hiɑ tɕi liəɨ ɣat luɨ
派尼能益来，

ɨm fi nɨɑ ɣat huɨ tɕʰi
要史伍匠马，

tʰa tɕʰɑ tut nɨɑ kʰɑ
自己来拴马。

huɨ fi tʰa pʰa tʰiɨ lɨ
史伍匠马呢，

zɑ mɨ ɣut mut tsaɨ
它识自己母，

zɑ zɑ tʰit huɨ tɕit
自己死在圈里。

ɕi mut lut mut tʰi tʰa ʑit
神马龙马种，

tʰi lɨ mut xɯ ɨm pʰi
要繁殖这种马，

ɣot lut pi lət ma lɔ
后来益德说。

tʰi a mut lɔ hut
这一匹种马，

tʰa tɕʰɑ ɣuɨ tɕɑpʰi huɨ
被强迫入园，

mɨ tndəɨ mɨ lɔi lɨ tʃpʰɨ mɨ
马冲上天空，

lɨ lɔi lɨ nɨ lɨ mɨ
龙马去南方。

mɔ ɕət luɨ bɨ
在蒙舍洛边[20]，

al ʂɨ sɨ tʃɨ tɔ
阿史素节得到，

zɔi ɻ bɨ tʂʰɔ mɨ
降在庙房边，

tʰi a lɨʂɨ tɕʰɔ tɔ
属阿史素节所有。

mɨ tɕʰi tʰa hɨ tɕʰɔ
建一间马厩，

tɕʰi ŋɔ liɨ mɑ tʰi
不要安厩门，

hi hɨ lɨ tɕi tɨ vit
挖地建大厩。

ɑɭ ɕɿ˧ sɯ˧ tɕe˧ tɕy˧
阿史素节建，

sɯ˧ tɕe˧ ɑɭ dɯ˧ tɕy˧
素节阿德建，

ɑɭ dɯ˧ pʼy˧ zu˧ tɕy˧
阿德仆汝建，

pʼy˧ zu˧ ɣɯ˧ lo˧ tɕy˧
仆汝额罗建，

ɣɯ˧ ɭɑ˧ ʂɿ˧ ȵi˧ tɕy˧
额雅舍尼建，

tsʼɿ˧ ɭy˧ tɕy˧ ɭɯ˧ ɭo˧
每一代都建。

tʼi˧ ly˧ nɑ˧ ɣɯ˩ ɱɯ˧ ȵa˥
为南方龙马偶像，

tɕe˧ lɑ˥ ɬɑ˧ ɣɯ˧ tɕʼa˧
因此建大厦。

ɣy˧ sɯ˧ ɲɑ˧ ɣɯ˧ ɭo˧
过了三个月后，

pɯ˧ ha˧ mɯ˧ bɯ˧ kɯ˧
德布来收马偶像，

mie˧ ȵɿ˧ ɕɿ˧ ɣɯ˧ ɭo˧
吼叫着就来，

zo˧ dzɯ˧ nɑ˧ ɣɯ˧ ɭo˧
经过我住地，

zo˧ dɑ˧ ɣɯ˧ pʼɯ˧
侵犯我土地，

kɯ˧ ɣɯ˧ ly˧ mɯ˧ bɯ˩
遍古额鲁姆。

hɯ˧ ɣɯ˧ oɭ ȵɯ˧ mɯ˩
用何莫能马，

tʼɑ˧ mo˧ ɣɯ˧ tomɯ˧
专向我攻击，

de˧ ma˧ bo˧ su˧
一直不停止，

nɑ˧ mɯ˧ ɣɯ˧ ɣɯ˧ ɲi˧
为南方龙马湖，

tɕʼɿ˧ ɣɯ˧ ɕɿ˧ mi˩ ʐa˩
这是原因呀。

ɑɭ so˧ ly˧ tɕʼɑ˧ lɯ˩ mɯ˩
从前鲁赤鲁伍马，

pɯ˧ uɭ lɯ˧ ɣo˧
在布伍鲁洪，

寻马根源

49

肘霍数·畜牧篇

ꂈꊨꐯꁈꌦ
mu˧tsu˥tə˥mi˩mi˧do˧
马多如天上星。

ꄜꂾꉎꍏꀕ
tʰa˧mo˧zo˩li˧li˧tʰa˩
一匹马生长，

ꋍꅑꋍꁮ
mi˧dʑo˩mi˧nu˥
在天地之间，

ꑼꇴꃤꎹꐗ
ʐi˧ʀu˧nu˧tsɿ˧tsu˩
如卖青备红，

ꄉꑭꋊꇁꁌꀕ
tʰa˧ʐi˧tsu˩la˩pʰi˩li˧li˧
识马者辨认，

ꉇꅉꅉꅉꀕ
pʰo˩pʰu˥mu˧tsu˩ə˧
频频来辨认。

ꂈꇇꐯꁈꌐ
mu˧tsʰu˥tə˥mi˩tu˥
马种多如星，

ꊉꄉꑼꇭꃀ
tʰi˧tʰa˧ʐi˧kuo˧hu˥
每天做得快。

ꀳꃅꅝꉷ
pu˧vu˧lu˧hu˩
在布伍鲁洪，

ꇻꍝꀕꃅꉷ
lu˩ʂɿ˩ɮə˩tʰə˧hu˩
用花骟牛皮，

ꈌꄮꀉꒆꒆ
kʰu˧tɿ˩li˩ɢi˩ɢi˩
绸缎来迎接。

ꀿꊰꈌꑴ
lu˧le˩kʰu˧i˧
在鲁勒苦姆，

ꀥꊰꀋꋠꁤ
be˩le˩ɻ̩˩dʑi˧dʱi˩
在播勒下坝，

ꄜꒀꈌꋍꀿ
tʰi˩ʐu˧ku˧ʐi˩lu˩
他在跑场观看。

ꃤꇤꌋꎥꉷ
lu˩kʰɿ˩tsu˥dʐo˩ko˩
女赞三次美，

ꊋꇤꌋꇻ
ʐa˧kʰɿ˧tsu˧ho˩dʐə
男赞三次好。

ꃅꇲꌋꂄꉎ
mu˧la˩ku˥su˧i˧lu˩
用马跑三次，

ꌋꇤꁦꌦꅑ
su˧to˩tʰu˩tʰu˩ku˩
只跑了三次，

ꉙꂲꉌꁯꋠ
nu˩nu˧li˧ʔo˩
像雾霭罩头上，

ꅑꉷꎷꑞꀕ
pu˩hu˩tɿ˩ɣa˧tɿ˩
像淫雨飞掠过，

ꇻꃤꇴꀉꅑ
mu˥ɣa˩hi˧to˥tsu˩
像有疾风跟随，

ꄷꁈꂓꏰꋌ
ʐi˩dʑi˩ho˩bu˧su˧
像太阳月亮，

k'o˧ ɣɯ˧ dʉ˧
不 见 出 处，

k'o˧ ɣɯ˧dʑi˧ lɑ˧mɯ˥ t'o˥
也 不 见 落 处，

tɕ'i˧ lɯ˧ ɣɯ˧mɯ˧tsɯ˩
就 到 棚 院 去 了。

ɑ˧ gɯ˩ du˩ dʑe˩ bi˩
阿 谷 笃 节 呢，

tɕ'o˧ zɯ˩ tʰɑ˩ dzɯ˩ tɕi˩
派 两 个 随 从，

ʐi˩ mɯ˧ no˧ ɣɯ˧ tɕi˧
作 为 看 守 者，

pɯ˧ ɣɯ˧ lɯ˧ hɯ˧ lo˥
布 伍 鲁 洪 呢，

mɯ˧ ve˧ tʰɯ˧ hɯ˧ mɯ˧
想 买 到 马。

pɯ˧ ɣɯ˧ lɯ˧ hɯ˧ ʐi˩
布 伍 鲁 洪 呢，

sɯ˧ mɯ̈˩ dɯ˩ bo˩
有 买 马 的 钱，

sɯ˧ mɯ̈˩ hɑ˩ mɑ˩ tsɯ˩
他 睡 不 好 觉，

dʑi˩ ʐɑ˩ mɯ˩ mɯ˩ tsɯ˩
就 像 说 的 样。

mɯ˩ dʑi˩ dʑo˩ tʰɯ˩ tsɯ˩
出 了 快 马 种，

ʑi˩ dʑo˩ gɯ˩ tɕɯ˩ tɕɯ˩
放 开 腿 跑 路，

ne˩ sɯ˩ ho˩
春 三 月，

dʑo˩ ɡe˩ zɯ˩ zɯ˩
日 光 明 亮；

ʑi˩ sɯ˩ ho˩
夏 三 月，

ɣe˩ ʐi˩ mbɯ˩ gɯ˩ gɯ˩
江 水 滔 滔；

tɕ'o˩ sɯ˩ ho˩
秋 三 月，

sɯ˩ ɣɯ˩ ʐi˩ dʑɯ˩ sɯ˩
树 林 像 花 皮；

tɕi˩ sɯ˩ ho˩
冬 三 月，

ze˩ ʐi˩ ʐi˩ dzɯ˩ sɯ˩
林 像 花 色 织 成。

寻马根源

51

肘霍数·畜牧篇

tɕʰa¹ kʰo³¹ ʑi³¹ tsʰq³¹
一年四季，

mɯ³¹ tɕa⁵⁵ ȵi³¹ pʰi³¹ ho²¹
才得一匹马。

tʰi³¹ pu⁵⁵ tɕo²¹ la⁵³ ȵo³⁵ mpʰi⁵³
德布就来要马，

mɯ³¹ tɕy³¹ ma³¹ mbɯ³¹ tɕi³¹
马种还不多，

ɕi³¹ mɯ³¹ lɯ³¹ mɯ³¹
神马龙马，

tɕa³¹ tɕy³¹ tʰi³¹ xɯ³¹ tɕʰi⁵⁵
要繁殖这种马，

ɣo³¹ ʑɯ³¹ ȵi³¹ dei³¹ di³¹
后来益德说。

tʰi³¹ lɯ³¹ le³¹ mo³¹ ʂe³¹ tɕe³¹
鲁勒莫舍节，

pʰɯ³¹ dzæ³¹ ŋu³¹ dɯ³¹
仆折额度，

mɯ³¹ zɿ³¹ tɕi³¹ tɕʰa³¹ ho³¹
有一匹白马，

tsʰɯ³¹ lox⁵⁵ ɕo³¹ ɕɯ³¹
全身像洗过。

tɕʰa³¹ mo³¹ lo³¹ tɕo³¹ mo³¹
和马在一处的，

lɯ³¹ le³¹ mo³¹ ʂe³¹ tɕe³¹
鲁勒莫舍节，

tʰi³¹ ʑɯ³¹ pʰu³¹ tu³¹ lɯ³¹
他已盯住了，

ȵi³¹ mo³¹ me³¹ ʂe³¹ tɕe³¹
家畜见而摇尾，

ȵi³¹ mo³¹ tɕi³¹ dza³¹ mba³¹
野兽见而踏碎步，

tʰa³¹ lɯ³¹ ʑɯ³¹ vi³¹ di³¹
是这样的马。

tʰi³¹ me³¹ ʑi³¹ lɯ³¹ ȵo³¹
到了后来，

tʰo³¹ tu³¹ tɕo³¹ zu³¹ mie³¹
妥堵钟声响，

xɯ³¹ tɕɯ³¹ tɕo³¹
是侯的钟声，

mi³¹ mi³¹ tɕi³¹ ʑɯ³¹ tsɯ³¹
像应到天上去。

这匹宝马，

像善飞的鸟，

如鼠躲在城里，

如虎躲到愁列。

德歹尼家，

寻马者叫嚷嚷，

播勒人向后跑，

如水不停退。

别到南方去，

牧人五箭齐发，

延伸到住地山，

情况是这样。

禽兽抓不到，

至于我呢，

我能抓野兽。

朴折额度，

能赶上野兽。

鲁勒莫舍节，

建一个马厩，

先建好马厩，

形式有变换，

上下都一致，

寻马根源

肘霍数·畜牧篇

dzuɿ˧ lu˧ suɿ˧ɣeɿ˧ hu˧˥
猛虎来过三次，

suɿ˧ɣeɿ˧dʑɑɿ˧ɣɑɿ˩ ɿ˧
情况是这样。

mu˧ɣɑɿ˧ ʂɿ˩ lu˩ ɡeɿ˧
亩阿史去牵马，

mu˧ mɑɿ˧ kiɯ˧
兵马到了，

mu˧tʂɑ˧ tɕɯ˧ tɕʰu˧
只有一匹马。

ɑ˧ xuɯ˧ xuɯ˧ dzɿ˧
阿侯侯旨，

mu˧tɕʰi˧ du˧ɣɑɿ˧ʔo˧
出岜堵马，

mu˧tɕʰi˧ du˧ mɑɿ˧ tɕi˧
是岜堵马种。

ɑ˧ lu˧ ɣɯ˧ bu˧
阿娄阿补，

mu˧nɑ˧bu˧bu˧ i˧tɕʰi˩ʔo˧
出白蹄黑马，

mu˧nɑ˧bu˧bu˧ tiɯ˧ mɑɿ˧ tɕi˧
是白蹄黑马种。

pu˧ɣu˧ mɑɿ˧ do˧
布额麻夺，

mu˧ʂe˧tʰu˧pɑɿ˧suɿ˧ʔo˧
出獭头白鼻马，

ni˧pɑ˧suɿ˧ ɣu˧tɕi˧
是白鼻马种。

ɑɿ˧ ku˧ su˧ lo˧
阿古苏罗，

lu˧ le˧ hu˧ ŋɯɿ˧ lu˧
出鲁勒洪更马，

lu˧ le˧ hu˧ ɣu˧ tɕi˧
是鲁勒洪马种。

tʰo˧ ɣɑɿ˩ ɿ˧
妥 雅 施，

mit˧ tiu˧ ko˧ ɣu˧ ʔo˧
凡天下的马，

mu˧nɑ˧tɬe˧tɕi˧t tɕi˧
都是粗颈黑马种。

mo˧ ɣɑɿ˧ ɑɿ˧ lu˧
莫伍阿娄，

mu˧tʂu˧tɕɯ˧ɣɑɿ˧lo˧ʔo˧
出巨遮紫马，

是巨遮紫马种。

莫伍阿娄,

出枣骝吐更马,

是枣骝吐更马种。

益直益费,

出全身花雄马,

是花雄马种。

益觉哈汝嫁,

住溁吐珠益㉑,

阿局益苦,

阿局热娄之母。

阿局热娄,

有花雄马种。

阿局益苦,

有高贵的马。

热娄阿德,

有全身深黑马,

是深黑色马种。

阿德额启,

在天空之下,

阿毕补克,

嫁利遮洪姆,

寻马根源

肘霍数·畜牧篇

tɕi˧ ly˧ ŋɤ˧ o˧ ʑa˧
住纪俄勾家，

duɯ˧tsu˧pi˩ ʑe˧tɤɯ˧
德楚仆迭之母。

mu˩ dʐɯ˩ lu˩ hu˧ ŋa˩
黑马史鲁洪，

a˩ bu˩ bu˩ do˩
出阿补补地，

mu˩ dʑu˧ndzu˧ma˩
看见此好马。

bu˩ dzu˩ bu˩ tɕi˩
补则补至，

xɤ˧mei˧dʐo˧ ʂe˧tɕi˩
嫁到赫默珠舍，

ɣɯ˧ lɤ˧ ɣɯ˧ kɯ˧ mo˩
额折额构之母。

mu˩ dʑu˧ ho˧ dʐu˧ ʑe˩
别的好马种，

ʑu˧ tɕu˧ tɕi˩
好的就要。

ɣɯ˧mo˧hu˧ŋu˧ do˩
有紫色红鬃马，

ɣɯ˧mo˧mu˧ dʐu˧ ʑe˩
是紫色红鬃马种。

a˩ le˧ tɕi˧ de˩
阿勒纪德，

mu˩ dʑu˧hu˧ ʐe˧ dʑu˩
有大枣骝马，

mu˩ dʑu˧hu˧ ʐe˧ tɕi˩
是大枣骝马种。

tʰo˩ ɣa˩ ɕe˧tsʰo˩sɯ˩
此马性子急，

mie˩ ʐe˩ dʑo˩dʑu˧tɕi˩
又叫又跳的，

tʂʰɿ˧dʑɯ˧mu˧ ʑu˧ ʐo˩
这些都是好马，

hu˩ hu˩ bu˩
养在山顶，

lu˩ kɤɯ˩ dʑu˧ hu˩
管山者喂养，

ʐo˧dʑu˧ ʐɿ˩ dɤ˩ dʑi˩
马厩都盖好，

tɕi˩ dʑu˧mi˩ ʐɿ˩
里面都是草。

56

神　马　龙　马，　　　　　　后　来　益　德　说。

注释：

①代错博补：山名，在今云南省大理白族自治州境内。代错博：点苍山，即苍山，"博"彝语音译为"山"。

②啥米卧迪：地名，在今云南省大理白族自治州境内。

③愁列：森林名，在今云南省大理白族自治州境内。

④卓洛举：彝族支系名，由首领卓洛举即南诏王皮罗阁的名字演变为支系名，即历史上建立南诏王朝的那一支乌蛮。

⑤代错禄：城池名，即原南诏太和城。

⑥古赠：一种既善叫又善跳的昆虫。

⑦够补侯：湖泊名。

⑧阿卓赤勾：阿卓赤为氏族名称。"勾"为高级的政权组织形式。赤氏亦称朱提氏，又作阿着赤、阿仲赤、阿佐仇，属卢夷氏仇娄阿摩后裔，活动在今云南省昭通市及贵州省威宁彝族回族苗族自治县境内，因失去土地而南迁至今云南省曲靖市沾益县一带，为"白蛮"各部之大宗，唐时为"乌蛮"所灭。

⑨侯苦侯热：森林名。

⑩博叩侯那：湖泊名。

⑪色：代指色体。色体为氏族名称。

⑫腮额：行巫事的人。

⑬阿纳笃节："六祖"中第六支系德施部的一个杰出君长。

⑭细努阿罗：卓洛举支系的君长，代俄纪估的儿子。又称"细雨奴罗"。

⑮腮伍吐：古时之圣人。

⑯阿史：彝语中对出家修行的和尚和道士的称呼。

⑰武古笃：彝族支系名称。

⑱娄娄俄勾：古播勒部的政权称号。播勒部的政权中心在今贵州省安顺市境内。

⑲卓阿娄：人名，播勒部的一个君长。

⑳蒙舍洛：城池名，在今云南省大理白族自治州巍山彝族回族自治县的巍宝山一带。蒙舍川是南诏的发祥地。

㉑濮吐珠益：地名，在今贵州省盘州市一带，又作阿外惹部的代称。

论寻马种

德歹汉卧，
额娄德楚死，
德歹尼舍勾，
祭额娄德楚。

层峦叠嶂，
米保俄阁，
石生在树上。
在铺鲁旺之外①，

每季查财物，
每年贩卖财物，
六祖糯后裔②，
与十二政权比较，
那知阿施③，
大于十二土官，
骑骏马比鹿快，
骑壮马如青蛇行，

肘霍数·畜牧篇

tɔ˧ dzɿ˨ vi˩ zɿ˧ tʻɑ˧
使豹饥而流泪。

sɯ˧ ho˩ dzɿ˨ tʻɑ˩ gi˧
三百骑相连,

zɑ˨ mɯ˩ sɯ˧ lɯ˩ zɑ˩
如下着大雨。

mɯ˨ lɑ˧ kʻɯ˩ mɯ˩
快马如青蛇,

ʑi˧ mɯ˩ tɕɑ˩ dzɿ˨ tɔ˧ ʑi˧
就像闪电样。

tɔ˩ fi˩ pu˨ dʑe˩
益费布杰,

dɔ˨ tsɯ˩ ɲɯ˨ de˩
局宗额德,

bu˩ zu˨ pu˨ lɯ˩
布汝布能,

pu˨ xu˨ tʻi˨ hɯ˩
布侯提洪,

lɔ˩ ʑi˨ tʻɑ˩
四个大臣,

hɯ˨ lɯ˧ tɕɑ˩ ʐɑ˩ dʑi˨
到场辨认看,

mɯ˨ ku˩ mɯ˩ xi˩ mi˧
来观看赛马。

zi˩ fi˩ pu˨ tɕʻe˩
益费布杰说:

dɔ˨ tsɯ˨ ɲɯ˧ dze˨ nɑ˩
局宗额德呀,

nɑ˩ɑ˧ lɔ˨ fɔ˨ ze˩ ɣɯ˩
你我是远亲,

mɯ˨ ku˩ ɲɯ˩
观看马赛跑,

mɯ˨ mɯ˨ lɔ˧ ɲi˨ lɯ˩
是为找马种。

ɣo˩ ʑi˩ mɯ˩ de˩ ʑi˨
之后额德呢,

dɔ˨ tsɯ˨ ɲɯ˧ de˨ nɑ˩
局宗额德呀,

tʻi˨ ɲu˨ zo˨ mbɑ˨ lɯ˩
他开口说道:

ɑ˩ hɑ˩ ɲɯ˨ tʻu˨ ze˩
从前的时候,

zɿ˨ ɣo˧ tʻe˨ mɔ˨ mɯ˩ li˨ zɑ˩
尊敬的君长,

ɖɯ˧tsʰɯ˧dʑo˧ɣɑ˩tɕi˩
德楚在世时，

mɯ˩kɯ˧ʐæ˧dʑɐi˩˧
留下赛马规矩，

pʰɯ˧hɑ˩dʐo˧dʑɯ˧kɑ˩
辨别好父本，

mɯ˩tɕɯ˧ȵi˩tʰɑ˩pɐ˩
马种别交叉，

mɯ˩tɯ˧su˧mɑ˩dʐo˩
做成者不在了。

kɯ˧mɯ˩ʑi˩tʰi˧ŋɐ˩
走马的事呢，

ze˩ʑiɑ˩dʐɯ˧ɖɯ˧bi˧dʑi˩˧
德楚世之时，

mɯ˩kɯ˧ŋɐ˩so˧vi˩
优劣马都用。

ɕi˧mɯ˩liɯ˧mɯ˩tɕɯ˧˩
神龙马种，

ɳy˩˧mɯ˩nɯ˧mɯ˩tɕɯ˧
蓄养尼能马，

ze˩mɯ˩tɯ˧mɯ˩tɕo˩
养热殷马。

mi˧ʁo˩mi˧ki̯ɐ˩
南方北方，

mi˧ mi˧ dʐɐ˩
天上打雷，

tɕi˩ʐɯ˩bɐ˩li˩no˩
云散落了。

ɕi˧mɯ˩li̯ɯ˧mɯ˩tɕɯ˧˩
神龙马种，

hu˩ lu˩ gu˩ tɕi˩
山岭林脚，

fɑ˩tsʰɯ˩mi˧tɕɑ˩dʑi˩
岩震声应天，

li˧bu˧ʂɯ˧bi˩˧
草丛草秆断，

tɑ˩tɯ˧mi˧gu˩tsɯ˩
鹰在天空飞旋，

kʰo˧tʰo˩lo˩tʰo˩mbɐ˧tsɯ˩
砌路石散了，

te˩tʰu˩te˩nɐ˩tɕi˩
黑白云重叠，

kʰo˩ɕe˧nɖɐ˩bɯ˩pɐ˩
像金雁玩耍，

论寻马种

61

肘霍数·畜牧篇

dʑaŋɯkʊɣoɬhoɯ
诚然如此。

mit ɣoɯ mit kʼet
南方 北方，

mai doɕmɯxtɯsɯ
离开不喜欢之地，

mɯmai dɯvi did
做 不 到 了 呀，

dil dʑotɯŋvi ɬ
有 这 种 说 法。

zo kmɯku tmaɣɯ
我 不 是 来 赛 马，

tidɯlioɬhɯ
他 说 完 之 后，

zeidfit pudʑeɬɯi
益 费 布 杰 说：

maɣɯtɯŋtʼaɬhɯ
要 与 不 要 都 一 样，

nɯɬli tit dʑoɬmpɯ
你 已 说 过 了，

mɯku tsɯdʑɯpɯ
放 马 跑 了 三 次，

mɯtɕɯtɯt tʼa ɬal
马 种 别 交 叉，

zoɬtʃiŋhɯnɯɬ
我 单 看 这 个。

tit hɯmlomzit zoɬ
四 个 辨 认 大 臣，

hɯɬɯ dʑei ɣat ʑit
坐 在 辨 认 场，

mɯku tŋɯntɯɬhi
观 看 马 赛 跑。

zeid fit pud ʑeɬɯi
益 费 布 杰 说：

ʑɯr ɣɯt hɯ tit
远 古 之 时，

ʑɯr mit mɯ
实 修 天，

gomid kɯɣat dil
勺 补 地，

ɣet mɯtsɯt gɯt dʑɯ
至 尊 策 举 祖[4]，

liʑpmɯt hɯdʑoɬ
神 风 突 袭 来，

肘霍数·畜牧篇

62

mi˧ tʂu˧ tɕo˧ sa˧ mu˥ mo˩
看不到青天。

hu˩ ʐo˧ mi˧ lu˩ tɕiɛpʰ˩ pʰi˩
娄俄突袭来[5],

tsɨ˩ na˧ tʂɯ˧ mu˥ mo˩
看不见地边,

mi˧ tʂu˧ dɛʐ˩ ma˧ dʑi˥
苍天无边际,

sɯ˧ ɣɯ˩ dʐa˥ ʐa˩ ɯ˧
呈这种情况。

tsɨʐ˩ ka˩ a˧ lu˩ li˧ ɣo˧
有支格阿鲁[6],

ʐi˧ mɛ˧ ŋɡuɛʂ˩ ʋɛ˩
形象好能办事,

ɣo˧ tmi˧ ʐa˥ ɡu˩
俄索米雅谷,

kɨu˩ li˩ lɯ˧
来到此地,

nɯ˩ tsɨ˧ li˥ ɣo˩ tmu˩
收了好雾霭,

ɕi˩ ɡu˩ sɯ˧ ʂɯ˩ dzɛ˩ li˩ ʁɛ˧
带三骑穿青者,

sɯ˧ mi˧ tɕo˥ ɣɯ˩ tʰi˥
往南边下方,

so˩ ʐa˥ tɕi˩ pʰa˥ ɣo˩ mɛ˩
收好了神风;

nɯ˩ ɡu˩ sɯ˧ ʂɯ˩ dzɛ˩ li˩ xɛ˧
带三骑穿红者,

sɯ˧ mi˧ kʰɛ˥ dʐu˩ tɕi˧
往北边上方,

pʰu˩ ho˩ ɬi˥ ɣo˩ mɛ˩
收好大小雨;

ɡɛ˩ ʑu˩ ɣo˧ sɯ˧ ʂɯ˩ dzɛ˩ li˩ xɛ˧
带三骑穿黄者,

sɯ˧ nɯi˩ pʰi˩ dʐu˩ tɕi˧
往中央地方去,

sɯ˧ dzɛ˧ tɕo˥ ɣo˩ mɛ˩
三对人去收拾。

hu˩ so˩ tmi˧ ʐa˥ ɡu˩
洪索米雅谷,

kɨu˩ li˩ lɯ˧
来到此地。

tsɨʐ˩ ka˩ a˧ lu˩ li˧ ʑi˧
支格阿鲁呀,

肘霍数·畜牧篇

在洪索米枚谷，
修天又补地，
雾霭作车乘，
雨来迎接他，
神风来抬他，
带月犬做伴。
到勾朴匠侯⑦，
来到此处，
阿鲁洗不白，
白中有点花。
勾朴匠侯，

因此而得名。
朵俄之北，
他来到此地，
马拴坝子里，
阿鲁自己去。
到趣塔歹⑧，
策举祖面前，
他来到此处，
天臣努娄则，
已坐在那里。
支格阿鲁，

一看阿鲁头顶,

有对鹰和龙。

二看阿鲁身,

有日形月象。

看阿鲁双臂,

有一对猛虎。

看阿鲁两颊,

有一对青红蛙。

看阿鲁面容,

有查地能力。

说到贤良处,

没人能超过。

测　量　土,

查　看　地,

他定能完成。

探查土地的话,

努娄则回应了,

有　威　力,

戴宝贵护膝,

用尼能的兵,

支格阿鲁来统领,

阿鲁无龙马,

论寻马种

肘霍数·畜牧篇

miʔ tʂo tʂdʐɑ̱ʔ mɑ dzɯ
就查不了天。

gu ndʐɑ̱ʔ tɕɯ hi ʔ tɕʰɯ
举祖马先站着，

lu mu tʂʰu ʔ dzu
用白色龙马，

tɕɯ kɑ ɑ lu dzɯ
给支格阿鲁骑。

mi ŋo mi kʰe bu
开北方天门，

pʰu ndʐɑ̱ʔ mi kʰe tɕʰi
下北方查土，

no dzɑ̱ʔ mi tʂɑ̱ʔ to
上南方查地，

lu ʔ e mu pu ʔ
骑马到中央，

hoʔdʐɑ̱ʂpɯŋ
快速如飞鸟。

mi ɣɑ lu ndi ku lu ni
到了米雅娄底，

ɳi mu tʂu mu
尼能花马，

ze mu ŋu mu ɣo
热殴花马，

ɖu li zu ɕi
祭奠死者。

tɕɯ kɑ ɑ lu
支格阿鲁，

lu mu tʰi mɑ tɕʰi
没下白龙马。

tɕɯ kɑ ɑ lu ʐi
支格阿鲁说：

lu mu tʂʰu bu ŋo
白花龙马呢，

ɣe mi ndʐɑ̱ʔ po ɖi
是至尊允许，

ŋo li dʐe ʐi
让给我骑的。

lu mi mi ʐi
娄米密尼，

dʐe lu mɑ dzɯ
没说要去的，

ŋo ɣu ʐi ɖi mi
后来的四方，

mɯ˧tɯ˧ʐɑ˩ne˧di˩
才说要的。

ʐi˩nɯ˧tsɯ˩kʼe˩kʼe˩
两耳专注听，

lu˩mɯ˩hi˩ʐo˩
龙马也站着。

ŋe˩se˩ʐɯ˩ve˩ho˩
占卜鲁树多，

ʐu˩ʐɯ˩xɯ˩mɑ˩dzɯ˩
鲁鸟不能繁殖，

mi˩ʐɯ˩ʐi˩mɑ˩dɯ˩
鲁地也不差。

lu˩mɯ˩mɑ˩ʐɯ˩vi˩di˩
龙马不听驾驭，

hu˩lu˩tʼɑ˩tɕʼi˩
洪鲁塌去一角⑨，

kʼu˩ʐi˩tʼɑ˩pʼɯ˩de˩
壳益崩了一块。

se˩ʔu˩dɑ˩ʔɯ˩lɯ˩
在省伍达迟，

ʐu˩ʐu˩hu˩lu˩mɯ˩
鲁把洪鲁劈，

se˩ʔu˩dɑ˩ʔɯ˩lɯ˩
在省伍达迟，

tɕi˩ʐu˩kʼo˩ʐi˩kʼɑ˩
朵把壳益砍，

ho˩go˩xu˩ŋo˩ʐo˩
洪过侯也一样，

ti˩ʐi˩mi˩ŋu˩vi˩di˩
是地鲁所为。

gu˩ndzɯ˩kʰɑ˩ɕi˩tɕi˩
举祖长寿药，

tɕi˩tɕi˩tsɯ˩li˩ʐi˩
收来十二节，

lu˩mɯ˩kʼɯ˩ʐɑ˩tso˩
插入龙马口。

se˩ʔu˩dɑ˩ʔɯ˩
在省伍达迟，

ti˩ʐɑ˩hi˩tu˩vi˩
他曾经说过，

ɕi˩mɯ˩lu˩mɯ˩tɕi˩
神马龙马种，

tʼɑ˩gu˩tʼi˩ʐu˩xɯ˩
繁衍一种马，

论寻马种

肘霍数·畜牧篇

t'i˧ ʝa˧ xɯ˧ lɯ˧ lɯ˧
繁衍全马种,

di˩ ʝa˩ dɛ˧ tɯ˧ ʝɯ˧
有这种说法。

a˩ so˧ mi˧ hũ˧ ʝɯ˧ sɯ˧
天马是尼马种,

t'ɯ˧ mɯ˧ nɯ˧ ʝɯ˧ hõ˧
地马出自能马,

lɯ˧ mɯ˧ t'ĩ˧ bɯ˧ ŋ̩˧ tsi˧
花脚龙马种,

gɯ˧ ndzɯ˧ ɳ̩˧ lɯ˧ hɯ˧
举祖要养马。

mɯ˧ bɯ˧ t'mi˧ k'e˧ bɯ˧
马先出于北方,

ʑi˧ mi˧ xɯ˧ t'mi˧ tɕi˧
始出自益密侯,

ʑi˧ mi˧ xɯ˧ ʝa˧ ti˧ mi˧ hõ dʑi˧
在益密侯饮水,

sɯ˧ ʔõ˧ da˧ lɛ˧ p'ə˧ ʝɯ˧
过省伍达迟,

tɕa˧ dɯ˧ mi˧ k'e˧ tsɯ˧
马种踪迹落北方。

dɯ˧ de˧ p'ɯ˧ ɣo˧
在德歹濮卧,

a˧ fɯ˧ lɯ˧ ndɛ˧
阿府鲁歹⑩,

na˧ bɯ˧ mɯ˧ ʝɯ˧ do˧
出现黑头马。

mi˧ p'a˧ te˧ ɣo˧
在米帕代卧,

ndʐo˧ ʝa˧ ni˧ dʑep˧
卓雅洛举们⑪,

tɕ'i˧ li˧ tɯ˧ lɯ mbɯ˧
乱哄哄闹成一团,

dʑi˧ dze˧ dʑɯ˧ p'i˧ dʑi˧
打铜鼓打钹,

lɯ˧ tsĩ˧ dzɯ˧ tɯ˧ ʝɯ˧
就像松果响;

dʑi˧ bɯ˧ xɯ˧ bɯ˧ t'ɯ˧
弹铜铁乐器,

ta˧ dʑi˧ mi˧ dzɯ˧ ʝɯ˧
就像苍鹰叫;

割刀砍刀，

如成群鹞鹰；

推下镭石，

如倾盆大雨；

人犬交叉过，

穿白黑衣的，

像云端盘鹤旋；

实天大江流，

先涨大浑水；

春天出闪电，

遍地都有风。

到维卓博姆，

赶百牛去杀；

过德谷热舍，

到朴吐谷姆，

和武在能姑交战，

失败而归。

在维维那益，

过不了江河，

武陀尼见了[12]，

快速地追击。

卓洛举他们，

论寻马种

69

肘霍数·畜牧篇

拿新藤条来溜，

建溜索藤桥，

众兵来到了，

渡还是不渡，

情况是这样。

陀尼人很多，

德布建铁桥，

要到天上去，

布众建铁桥，

江水哗哗流，

布众人攘攘，

铁桥身端正，

到溜索中间，

溜索藤条断，

溜垫藤体垮，

溜手藤条裂。

卓洛举他们，

众多的兵丁，

殁于那益中。

营里马嘶鸣，

君杰卓阿代，

改变了做法，

村北挖桥基,

众多的施兵,

过桥落下水。

那知阿施,

叫补姆管战事,

叫鲁歹征牛,

莫补管战争。

德施四青年⑬,

他们愿停下,

来不及渡河。

阿府鲁歹,

骑着黑头马,

巍巍取史博,

建巢来居住,

尼追如车转。

维维益叟,

来到了此处,

来不及渡河,

阿府鲁歹,

说出好话来,

围攻想要马。

有地的德歹,

论寻马种

71

肘霍数·畜牧篇

du˧tɕu˧mi˧ʑɑ˧xu˨
笃米裔侯氏，

tsɿ˧ʨʰo˩kʰo˧ʨue˨
十六年之后，

pʰu˨ ɕe˨ tɕu˨
会成为土的主人，

no˧tɕɑ˨mi˧ɳu˨lə˨ʑou˨
会成为地的主人，

ku˨mo˨ʨu˩ɕi˧di˩
说会这样做。

tɑ˨pʰu˧ɕe˩ɣi˨lo˩
迎一方之主，

pu˩ŋɣ˩nɯ˧ɣo˧tɕu˩
补卧送给施，

ʐiɿ˨tɕu˨ŋɣ˩lə˨ɣu˨
荒地给了鲁，

tʰi˨mu˨tɕo˩ɣɑ˨tɕi˩
从此之后呢，

tsɿ˧lu˨ɣɑ˧ɳu˨miɛ˨
论收租之事，

du˩pʰu˨ɣɑ˨lu˨tɕʰu˨
享用粮食多。

hu˨kʰu˩pʰɛ˨pɯ˨
灰鹞遍地收租，

dzɯ˩pʰɛ˨ol˧du˨pu˨
灰鹞加大翅，

mu˨tɕo˧pʰu˩ɕi˧ɳu˨
鸟儿扑扑飞。

du˨ de˨ pʰu˨ ɣo˨
德歹渼卧，

ndzo˨tsi˨tsi˩ɣɑ˨ti˨
去珠愁楚地，

pʰu˨ ɣɑ˨ no˨
土 与 地，

kʰɑ˨lo˩ɑ˨pʰi˧mu˩ŋɯ˩
始向武缴谷。

mu˨li˨ɕi˩di˨ɣɑ˨tɕo˨
能做的事呢，

ŋɣ˨xu˨ŋɯ˧pʰɯ˨ʨɑ˨di˩
我侯家有财有地，

mi˨ ʐɯ˨ mu˨
为 祭 天，

ʑo˨ tɕi˩ tʰi˨
设 松 坛，

为 祭 地,

设 一 天 的 柏 坛。

君 长 实 阿 伍,

别 希 望 伍 了。

期 乐 额 歹 地,

仁 歹 旺 那,

冤 愆 和 灾 难,

解 了 冤 和 灾,

大 水 之 冤 除 了,

要 急 忙 离 去。

阿 府 鲁 歹,

骑 上 黑 头 马,

德 施 四 青 年,

从 马 屁 股 后 看,

没 有 生 翅 膀,

却 像 生 翅 膀。

维 维 益 叟,

一 步 跳 过 去。

德 歹 濮 卧,

忙 着 去 其 地,

好 马 在 主 手 里,

有 过 这 回 事,

论寻马种

肘霍数·畜牧篇

后来益德说。

阿府鲁歹,

骑黑头马;

布达鲁歹,

骑黑头马;

阿补鲁歹,

骑黑膝枣骝马。

在西边杀牛吃,

洪鲁更舍嘎,

给卓洛举吃;

在东方杀牛吃,

在侯赤益依,

给武陀尼吃;

院里杀牛吃,

补雅博底,

给朴希支吃。

鲁乌姆,

每年进财,

每季查收入。

那知阿施,

十二土官之首,

六祖中糯之君,

亲戚家族中,

九德额之君长,

父系一家之主。

雷雨不修房,

水里有鸭无树叶,

这样的人家,

为了宝马种,

受到了冤屈,

后来益德说,

是这样说的。

论寻马种

注释:

①鲁旺:古代彝族先民以自己居住的地盘为中心,把所有地区分为八个片区,每个片区称为一个"鲁旺",共有八个鲁旺。居住在鲁旺之内的彝人自称为"尼素""能素"或"诺素",居住在八个鲁旺之外的人,彝族称他们为"啥素"。

②糯:彝族支系名称。在彝族"六祖"的六个支系中,第三支系叫作糯支系。

③那知阿施:人名,曾为乌蒙部君长。

④策举祖:传说中天上的最高主宰。策举祖的产生实际上是在彝族历史第一个时期的哎哺时代。

⑤娄俄:传说中修天补地的女神。

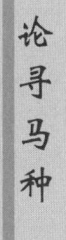

75

⑥支格阿鲁：人名，彝族先民中的大英雄、大圣人。他的身份集君王与布摩于一身，在各地彝族中有着广泛的影响。

⑦勾朴匠侯：湖泊名，在今云南省曲靖市会泽县境内。

⑧趣塔歹：传说中天庭的中心，天上最高主宰策举祖的宝座。

⑨洪鲁：山脉名，在今云南省昆明市东川区与禄劝彝族苗族自治县的交界处，又称落雪山。

⑩阿府鲁歹：人名，曾为乌蒙部君长。

⑪卓雅洛举：本为人名，后变为支系名，指建立南诏政权的乌蛮支系。

⑫武陀尼：古彝人部族名，与色体部族同源，系武僰氏中的武蒂支系，分布在今四川盆地一带，善于种桑、养蚕、织绸。在彝族古籍中讲到纺丝织绸的事大都要提到武陀尼。

⑬德施：支系名，彝族"六祖"中的第六支系。古时的阿芋陡部住今云南省昆明市东川区，阿哲部住今贵州省大方县，普安部住今贵州省盘州市，芒布部住今云南省昭通市镇雄县，各部均系德施的分支。德施亦作人名，即默德施。

mɿ˧ qɯ˧ me˧ tiɑ˧ pv̩˩ ŋv̩˧
打开紫马尾层次

lv̩˧ dzu˧ lv̩˧ ɣo˩
鲁作鲁卧，

gɯ˧dzu˧ ɑ˩ mɿ˧ʔ
苟卒阿姆①，

mɿ˧ kʰɑ˧ sɯ˧ hv̩˧ lv̩˧
骏马三百四。

do˩ ɣv̩˧ ʋɑ˩ mi˧
朵俄旺密，

lv̩˧ me˧ pi˧ʔ dzo˩
要编马尾，

mɿ˧ me˧ tʂʰɿ˧ lɑ˧ kv̩˧
编马尾工匠，

sɿ˧ dv̩˧ ŋe˧ dv̩˧
史堵额堵，

ɑ˩ dɑ˩ dɯ˧ tsʰu˧ ʔi˧
阿达德楚孙，

lv̩˧ kɯ˧ pɯ˧ pʰi˧ ɔ˧ ŋɑ˩
请鲁够布铺。

lv̩˧ kɯ˧ pɯ˧ pʰi˧ ɑ˧
鲁够布铺，

lv̩˧ me˧ ʂɯ˧ dzo˧ lɑ˧
正在理马尾。

pv̩˧ gɯ˧ pɯ˧ lv̩˧ nɿ˧
仆代布娄呢，

mɿ˩ bo˩ se˧ ts̩˧ o˩ dʐo˩ hɑ˩ ɲv̩˩ lv̩˧
带利刃宝剑，

mɿ˧ me˧ tʂʰɿ˧ dv̩˧ kv̩˧
到编马尾处。

gɯ˧ dzu˧ ɑ˩ mɿ˧ nɿ˧
苟卒阿姆说：

pv̩˧ tie˧ pɯ˧ lv̩˧ ɑ˧
仆代布娄呀，

77

肘霍数·畜牧篇

编 马 尾，

善 良 的 老 人，

一 首 两 首，

文 章 要 讲 出 来，

布 娄 呀。

仆 代 布 娄 说：

要 去 请 老 人，

先 前 之 时，

撮 额 阿 益②，

站 在 点 苍 山，

看 延 伸 的 偶 像。

腮 伍 吐 偶 像，

从 天 降 武 侯 处，

下 到 地 上 者，

外 族 骑 黑 马，

披 黑 毡，

鞍 上 有 图 影。

所 有 的 鞍 上，

有 满 天 密 星，

有 地 上 的 绿 草，

就 是 这 样 的。

洛 举 阿 史 听 见，

ɳɿ˧ kuɜ˧ly˧ mei˧xa˩
摘 九 匹 马 尾,

xuɜ˧na˧kuɜ˧gu˩˩
擀 九 床 黑 毡。

tʻo˧ȵi˩a˩sɿ˩li˧dzɿ˩
陀 尼 阿 史 听 了,

ɳɿ˧tʻɑ˩ly˧mei˧xa˩
摘 一 匹 马 尾,

xuɜ˧na˧tʻi˩guɜ˧fu˩
擀 八 床 黑 毡。

sɿ˩pi˧kuɜ˧a˩sɿ˩li˧dzɿ˩
色 斜 阿 史 听 了,

ɳɿ˧ kuɜ˧ly˧ mei˧xa˩
摘 九 匹 马 尾,

xuɜ˧na˧kuɜ˧gu˩˩
擀 九 床 黑 毡。

ŋeɜ˧ nuɜ˧ sɿɜ˧ pá˩
额 能 苏 帕,

saɜ˧ miɜ˧ ly˧ na˩
外 族 地 黑 马,

ɕiɜ˧ nuɜ˧ a˩ lu˩
细 努 阿 罗,

ɳɿ˧na˩ku˩ŋe˩di˩
黑 马 钉 铜 掌,

kuɜ˧dza˩lu˩ɣɑ˩lo˩
去 到 跑 马 场,

lu˩zhi˩li˩sɿ˩li˩
挤 进 去 站 着。

kuɜ˧ a˩ sɿɜ˧
九 个 阿 史,

hɿɜ˧ sɿɜ˧ ŋeɜ˧
八 个 腮 额,

nuɜ˩guɜ˩tʻi˩ɣɑ˩hi˩
站 在 厅 堂 边,

tʻu˩zi˩pʻa˩ti˩pʻu˩
撕 开 纸 张 来,

na˩lu˩nɖʐ˩dɕi˩lo˩
敲 响 铙 和 钹,

tʻu˩xu˩ly˩pʻy˩ly˩
银 刀 光 闪 亮,

du˩ve˩tʻi˩jy˩bu˩
袖 飘 银 坨 滚,

tɕɿ˧bu˩ʝi˩sɿ˩li˩
开 始 寻 找 马。

打开紫马尾层次

79

肘霍数·畜牧篇

tɕʰi˦ seʴ buʴ liʴ seʴ
偶知马下落，

ȵ̥ʴ ɣu˦ mi˦ du˦ be˦
从高处落下洞，

tóu˦ ku˦ tɕʰáʴ zɿ˦ du˦
地挖了九丈，

zɿ˦ xu˦ tʰáʴ tɕʰŷ˦tɕʴ
成一片沼泽。

bu˦ ʨa˦ zoi˦ vu˦ fu˦
益鸟府偶像，

seʴ su˦ liʴ diʴ laʴ
知者来说呢，

bu˦ ʨa˦ tʰu˦ tɕʰu˦ diʴ
是白耳偶像。

maʴ seʴ su˦ liʴ diʴ
不知者来说，

bu˦ tʰiʴ mi˦ ɣu˦ mie˦
偶的名声大，

tʰiʴ aʴ meʴ huʴ ɣu˦ meʴ
他是阿买娥。

mi˦ ɣu˦ tsu˦ liʴ xɿ˦
天上的类别呢，

tóeʴ tʰu˦ tɕʰáʴ pu˦ suʴ
像一团明星；

mi˦ ʨu˦ tsú˦ liʴ xɿ˦
地上的类别呢，

tʰu˦ zɿ˦ vu˦ ɣeʴ
久而大的青松。

xu˦ tʰu˦ ku˦ deʴ su˦
湖上渡口宽，

mi˦ meʴ tiʴ pu˦ tʰiʴ
布编马尾层，

tʰó˦ lia˦ diʴ ɣu˦ su˦
精于此道者，

tʰiʴ diʴ luʴ
他 说 了。

ɣu˦ ʨu˦ pʰaʴ mu˦ xoʴ
苟 卒 阿 姆，

du˦ liʴ xɿ˦ pu˦ tʰiʴ
心里喜悦后，

la˦ ɣu˦ diʴ dɕuʴ huʴ
把手镯取下，

liʴ tieʴ puʴ luʴ biʴ
给仆代布娄。

80

mɯ˧ dʑo˩ ŋv˧ tɕy˥ dzɯ˩
做过这样的事，

di˧ ɣɑ˧ di˧ tɯ˩ tɕi˥
是这样说的，

tsʰɯ˧ nv˧ ɕi˧ mɯ˧ tsʰɯ˥
有如此传说。

ɑ˧ sɔ˧ di˧ mɯ˩ hĩ˩ tɕo˥ ɮɑ˩
从前马很多，

kɯ˧ tʰɑi˧ zɛ˧ ʐɯ˩ dzɑ˥
许多在箐里。

mi˧ li˧ tɕi˧ ʐɯ˩ tɕi˥
有许多白马，

tv˧ li˧ tɕi˧ ɔp˩ ŋɯ˥
马和鹿同在。

ɬɯ˧ tʰi˧ tɕi˧ dʑu˩ dʑɑ˥
有许多花马，

tsʰɯ˧ li˧ tɕi˧ bɯ˩ pʰv˥
许多马披长鬃，

tʰɑ˧ ʐɯ˧ mɯ˧ ʂu˩ kʰv˥
马都很漂亮，

me˧ ʐɯ˧ mi˧ tu˩ tɕi˥
有很多好马，

me˧ dʑɯ˧ mɑ˧ ʐɯ˩ tɕi˥
有许多未数到，

dʑo˧ nv˧ tʰv˧ ŋv˩ dzɑ˥
有成堆的马。

ndʐɯ˧ mɯ˧ zui˧ ɣu˩ kʰv˥
仁额君长，

m̩˧ tʰv˧ bɯ˧ ɣu˥
有大头白马。

ʐi˧ tʰõ˧ hɯtɕɯ˧ ʐiɛ˥
水边的陀尼，

m̩˧ nɯ˧ lɯ˧ su˥
有记号紫马。

pu˧ sei˧ dɯ˧ tɕi˥
布奢德巨，

m̩˧ sz˧ zɯ˧ nɑ˥
有豹点青马。

pʰu˧ tsʰɛ˧ bɯ˧ mu˥
仆蔡布莫，

m̩˧ nɑ˧ sei˧ gɯ˥
有黄斑黑马。

肘霍数·畜牧篇

阿泰阿伍，
有黑面颊枣骝马。
阿果德直，
有山乍白黑马。
围着去捉马，
到南方去了，
伍洛麻嘎，
骑快马去捉马。
补佐莫舍禄，
青马去了山垭。
施娄尼方向，

烧房起火烟，
映红半边天。
德布城里，
找到金银鞍，
是这样说的，
是这样流传的。

在天地之间，
补洪根先生，
马起于天厩。
天边高远，

大谷黄澄澄，

出现青红色山。

地羊生银角，

纵眼马最好，

九色脚为次

六卡脚为末。

前后都是马，

末场跑一次，

末层转一次，

青天现白色，

站着各色马，

它是这样的。

有许多花马，

把马分开看守，

九级台阶上，

马站遍位置，

增加者众多，

前者没站错。

密洪鲁之上，

山集高山前，

马在的洪索，

打开紫马尾层次

83

肘霍数·畜牧篇

到处有鸟语。
马在棚地上，
遍草地放牧。
在大岩之下，
我见马踪迹，
父本马无新旧。
到了现在，
代吐博卧，
实勾祭死者，
实勾活者威高。
用一次尾毛，
开一次尾层，
骑驮魂马主威高[4]，
先是主势大，
实地欣欣向荣，
它是这样的，
是这样流传的。

古苦俄勾[5]，
阿买尼家[6]，
到时想祭祖，
首为姆吐娄，

ꂿꊰꆀꀕꈭ
mɯ˧ dv˧ ni˨ɑ˧ gɑ˧
姆独尼亚嘎,

ꑋꇓꂧꄔ
ʑi˧ lv˧ mi˧ tv˧
益禄密度,

ꄂꉐꄉꈪ
tʰi˧ ʐi˧ tɤ˧ ɣɯ˧ kɯ˧
它两者之间,

ꀠꃀꇁꎼ
pv˨ mɯ˨ lɯ˧ ɣɯ˧ ʐɯ˧
布摩和臣为大,

ꌷꊂꆈꇊꊉ
hɯ˧ lɑ˧ sɯ˧ mv˧ nʅ˧ ɔ˧
知我母亲者,

ꒌꎁꌟꃪꀖ
ɣɯ˧ so˧ dɯ˧ mpʰi˧ tsʅ˧
有额索德池。

ꎁꌟꃪꀕꑘ
so˧ dɯ˧ mpʰi˧ tsʅ˧ nɯ˧
额索德池呢,

ꊰꁧꀕꁨꑘ
dzɯ˧ m˧ ŋgv˧ do˧ tsʰo˧
高处有鹿转动,

ꆈꀠꆿꎻꃅ
nɑ˧ nɑ˧ thu˧ ɣɯ˧ mpʰɯ˧ mɯ˧
像黑雾盖山顶。

ꀊꐎꆀꐥ
ɑ˧ mɤ˧ ni˧ ɣɯ˧
阿买尼家,

ꅐꇤꈪꑌꁧ
ndv˧ gv˧ ko˧ ɣɯ˧ hi˧
站在厅堂中,

ꄔꄮꆹꐙꅉ
tɤ˧ tʰi˧ li˧ tʰo˧ ɔ˧
他自己说道:

ꅇꎴꇾꈨꇖ
nɑ˧ tsɯ˧ kv˧ kʰv˧ ɣv˧ gv˧
像你古苦俄勾,

ꅐꀧꐔꉔꌋ
dɤ˧ hv˧ ʐv˧ to˧ sʅ˧
是闩日月厩树,

ꑍꏾꅑꈎꇭ
ʐo˧ dzɯ˧ çɛ˧ ɣv˧ gv˧
厩长成院落。

ꂰꅉꈎꀕꎵ
mɛ˧ ndɤ˧ kv˧ ɑ˧ zɯ˧
买歹够阿仁,

ꄔꐔꄂꃳꈆ
tʰɑ˧ tsʰɿ˧ tʰi˧ vi˧ tsʅ˧
一代迁妥维。

ꄓꐭꄓꅔꄔ
dɯ˧ gv˧ dɯ˧ ʐɛ˧ di˧
德苟德哎说:

ꁍꍩꅑꅔꈪ
pʰv˧ tsʰv˧ dʑi˧ ʐɛ˧ mv˧
渡仆仇益哎,

ꇉꇉꈪꒉꄂ
lv˧ lv˧ gv˧ ɣv˧ tiɛ˧
住在娄娄勾。

ꊰꃅꑭꒉꇊ
dzɯ˧ lo˧ dɯ˧ ɣɯ˧ li˧
住了很久后,

ꊿꐎꈨꅎꌟ
tsɛ˧ mi˧ kv˧ tv˧ sɯ˧
找威高根源。

肘霍数·畜牧篇

ʨi˧ ɣɯ˧ tɕʰɯ˧ ma˧ ʑi˧
马不随迁徙，

ndʑie˧ ɣɯ˧ ze˧ ɕe˧ tsʰɿ˧
放在迭额热舍⑦。

mɯ˧ ɣɯ˧ sɿ˧ sɯ˧ ŋ̍˧
牟的三个儿子，

mɯ˧ ʑa˧ ȵi˧ ɣɯ˧ tʰɿ˧
先是牟雅尼，

kɯ˧ kʰɯ˧ ɭɯ˧ hei˧ ɕʅ˧
到古苦找宫室。

mɯ˧ mei˧ dʑo˧ no˧ tɕʰɯ˧
姆买遮为臣，

tɕi˧ kɯ˧ mi˧ go˧ tsʰʅ˧
纪古回根宫。

mɯ˧ ʑa˧ ndzɯ˧ ʑa˧ tɕʰɯ˧
姆雅卒为布摩，

tʰo˧ mɯ˧ ɣɯ˧ tɕʰɿ˧ tsʰɿ˧
妥姆是宫主人，

dzɯ˧ lo˧ tɣɯ˧ tɣɯ˧ li˧
住了很久后，

tsʰe˧ mi˧ kʰɯ˧ ɣɯ˧ tɕʰɿ˧
找威高的根源，

tɕi˧ ɣɯ˧ tsʰɯ˧ ma˧ mo˧
迁后未见他。

pɯ˧ ɣɯ˧ tɕʰɯ˧ tɕi˧ ɣei˧
布摩和臣为大，

zo˧ ɣɯ˧ tʰei˧ du˧ tɕʰɿ˧
回答派去的人，

ȵi˧ mɯ˧ tsɯ˧ tɕʰi˧ hi˧
祭祖先管场地，

fu˧ tʰu˧ mei˧ qo˧ tɕʰɿ˧
开亲求好回音。

gɯ˧ ɕe˧ ʨʰi˧ ɣɯ˧ ɣɯ˧
打仗派用要多，

sɯ˧ ʐi˧ sɯ˧ bɯ˧ bɯ˧
三天开始做三样。

dʑeɿ˧ bei˧ xei˧ gaɿ˧
宰拜赫嘎⑧，

go˧ ɕe˧ ɣɯ˧ ɣɯ˧ tɕʰɿ˧
先开始打仗，

a˧ sɿ˧ ba˧ tsɯ˧ mɯ˧
阿施布由在场。

mi˧ bɯ˧ tsʰo˧ ma˧ hi˧
天山长高松，

ɣɯ˧sa˧pʰv̩˧ma˩ɡv̩˩
鸟未栖满丛林。

tɕʰe˥jo˩mi˩kʰɯ˩tʰɯ˩
蓝色天空高，

mv̩˧tʰv̩˧tɕʰi˩dzɤ˩tʰv̩˩
苍天转一次，

tʰv̩˩tʰv̩˩ko˩ɡe˩ɡe˩
宇宙体端正。

ndu˩lɯ˧ɕi˩ma˩ʐo˩
厅堂形体不低，

mi˧me˧mi˧ȵi˧ɕi˧
天边迎天上人。

sɯ˩ tʰo˧ lo˧ tɕʰi˧
叟妥洛启，

tʰa˩zi˩ŋɯ˧ʂɯ˩dzɿ˩
一次杀牛议事。

ba˩ tiʔ˧ tʂʰv̩˧ tʰɿ˧
罢第妥泰⑨，

tʰa˩zo˩mɯ˧sɯ˩ʐo˩
一人兴找马，

sɯ˧ɕi˧xɯ˧ŋɡɯ˩sɯ˩
四姓人治理好。

ɕi˧zu˩tɕi˩mɯ˩dze˩
斯人骑龙马⑩，

ɣɯ˩ȵi˩ du˩tsɯ˩dzi˩
青鸟双翅飞，

mv̩˧tʰv̩˧tɕi˩ɣɯ˩mv̩˩
苍天的四方，

lɯ˩bɯ˩tsɯ˩mv̩˩dzi˩
山岭雷光闪，

mi˧die˧ɣɯ˩ʐɯ˩ti˩
地界定远处，

mie˩ du˧ la˩ sɯ˩
功名手本，

me˩ tɯ˧ zɯ˧ zɯ˧
篇页美又亮，

tsɿ˧zi˩dzɯ˩dʐa˩ɡɯ˩
这样住着的。

tse˩mi˩kʰɯ˩sɯ˩
找根源的高威，

tʰi˩ɣɯ˩zɯ˩ma˩me˩
他没时间去，

ɣɯ˩zo˩dɯ˩tsɿ˩ʐi˩
有额索德池，

肘霍数·畜牧篇

dzɯ˧tʰɯ˧ŋguɿ˧tɕʰɯ˥
高处鹿转动，

tɕi˧ŋgu˧ȵu˧kɯ˩li˧li˩
来到纪俄勾，

ɣu˧mu˧tʰɯ˧dzɯ˩
头在姆能曾，

me˧ɣu˧tsɿ˧hu˩za˩
尾在下省和，

ɣe˧ɣu˧le˧ma˩hu˩
左边勒麻洪，

zu˧ɣu˧mu˧po˩ze˩
右边莫宝热。

tʰi˧bi˧tʰu˧ŋgu˩kɯ˩
它两者之间，

tse˧mi˧kɯ˧lu˩
找威高根源。

ɣɯ˧so˧fi˧ɣa˩kʰu˩tsɯ˩
额索费扣额奏，

kʰɯ˩ta˩ɕe˧mi˧
做主讨贵。

tɕu˧bi˧ʔu˧bɯ˩bɯ˩
局尼伍博布，

tʰa˧ha˧mu˧kui˩
天黑住一夜，

mɯ˧li˧ɣu˧li˧lɯ˩
到次日清晨，

a˧kʰu˧ŋu˧tsu˧nɯ˩
阿扣额奏说：

ɣu˧so˧fu˧ɣe˩to˩
额索辅哎呀，

na˧ȵi˧kɯ˩kʰu˩ɣa˧tɕi˩kɯ˩
你我古苦纪古，

bi˧tʰi˧mu˧ŋgu˩kʰu˩
征牛租马赋，

lu˧mi˧dzɯ˩fi˩te˩
令民奴缴齐。

ȵu˧li˩dza˩ɣu˩fu˩
在这样做后，

mi˧ɣu˧tʰu˥ɣa˩di˩
看面前的地，

ɣu˧so˧tu˩zu˩bu˩
额索德仁先，

ȵi˩ʔu˩bɯ˩bɯ˩hi˩
站尼伍博顶①，

mi˧tɕu˧tɕʰɿ˧tso˧lu˧
转面看地，

bu˧sɿ˧mu˧lo˧
哺史莫洛，

du˧du˧ly˧li˧
快速去看。

na˧pʰu˧me˧dze˧u˧su˧
你祖默遮俄索⑫，

gu˧mi˧me˧ʐa˧gu˧
姑好根的一房。

bu˧sɿ˧mu˧lo˧kʰi˧li˧
到哺史莫洛，

na˧a˧sɿ˧bu˧ȵi˧
你阿施布由，

tʰi˧tu˧lu˧tɕu˧ko˧
那时的城中，

ʐi˧mi˧mi˧tɕu˧kʰo˧
看见都锁着，

na˧li˧li˧tɕu˧ko˧
全都你锁着。

tɕo˧ȵu˧mi˧lu˧
所有的禾，

ŋu˧tsʰɿ˧tsu˧pi˧nɖo˧
锁三代荞和稻。

bu˧sɿ˧mu˧lo˧tsa˧
撒在哺史莫洛，

su˧mu˧bu˧li˧kʰu˧
哺盗了三粒，

bu˧lo˧ȵi˧ȵi˧ŋu˧
哺也心欠欠，

ndzy˧ha˧ȵi˧ȵi˧ŋu˧
君长心欠欠，

ndzy˧ȵi˧ha˧ʐu˧ŋu˧
君心衰力竭。

ku˧zi˧bu˧kʰu˧ku˧
九天去收回，

hi˧zi˧hu˧ʑu˧su˧
八天找到哺，

bu˧ndzy˧bu˧a˧na˧
哺君哺阿那，

bu˧m˧bu˧a˧vu˧
哺臣哺阿伍，

bu˧pu˧bu˧bu˧di˧
哺布摩哺布迪，

肘霍数·畜牧篇

ꁍꋒꆎꇬꊨ
buʔʑitt͡ɕitseʔt͡ɕɐl
哺孙启舍切，

ꁦꄧꆏꇐꉚ
xɯʔmaʔdʑiʔɯmʔ
徒手去捉。

ꀉꎭꁮꒉ
aɭ ʂɔʔ buʔɯmʔ
阿施布由，

ꊰꊪꄕꐯꁘꌺ
fuʔt͡ɕ'u tdzɪʔt͡ɕɐlʔbuʔɯmʔbul
既开亲设祭场，

ꄖꀿꇤꅉꁍꌺ
dʐuʔhuʔdʑiʔmʔt͡ɕaɛʔɯmʔbul
既打仗又祭祖。

ꃤꒉꁙꇗꁉ
mɯʔmiʔtɭiʔʝuʔlɯʔ
天地添力量，

ꌧꄿꁙꇉꋏ
suɯʔʝeʔlɪʔʝɯʔt͡ɕɯmʔ
三圣给力量，

ꄂꑸꄃꄧꅉ
diʔʝaʔdiʔtɯmʔklʔp
是这样说的，

ꐎꀋꂰꀓꀡ
tøʔʝɯɭʝiɐʔmɯʔʑ'at
是这样流传的。

注释：

①苟卒阿姆：人名，阿芋陡部的一个君长。

②撮额阿益：古堵国的开国君长。约夏商时代在今云南省大理白族自治州洱海一带活动。

③色钭：又译为色吞，古彝人部族，与陀尼、德布有亲缘关系，都是武僰氏族后裔。色钭、陀尼、德布等七支氏族中有一部分先融入汉族，故彝文典籍中有时将他们列为汉族。

④驮魂马：死者的灵魂要返回祖先发祥地，路途遥远，故用马作代步之用。

⑤古苦俄勾："六祖"支系中第五支慕克克的后裔在今云南省曲靖市宣威市境内建立的政权。

⑥阿买尼家：古苦俄勾的别称。阿买为该部祖先维遮阿买的简称，尼相当于君长。

⑦迭额热舍：古森林名。

⑧宰拜赫嘎：地名，在今滇西一带。

⑨罢第妥泰：地名，在今贵州省威宁彝族回族苗族自治县城郊及小海镇一带。

⑩斯人：即斯里人，为古老的一个氏族。

⑪尼伍博：像牛头一样的高山。

⑫默遮俄索：彝族"六祖"第五支慕克克的第二十四代孙，曾在今贵州省威宁彝族回族苗族自治县建立政权，后政权升格，称为纪俄勾。"俄索"一词，汉文文献多译作"乌撒"。

肘霍数·畜牧篇

俄索二十四匹父本马

ꃅꋒꉔꁱ duꜗ tsʼuꜗ xeˣ poˣ 德楚赫宝①，	ꃅꋒꉔꁱ duꜗ tsʼuꜗ xeˣ poˣ 德楚赫宝，
� tɕiꜗɣuꜗ tʼaꜗ dʑɯꜗ kaꜗ 派一对差人，	ꄿꃤꀘꊿ ŋɯꜗɣiꜗ tɕʼiꜗ ŋuꜗ xuꜗ 到君长处去，
ꂯꑌꇴ mɯꜗ ŋuꜗ guꜗ 到慕俄勾，	ꃀꄷꀉꃅ mʐʯ tʰuꜗ buꜗ ŋuꜗ 问高头大白马，
ꅺꅍꃅꋒꇁ ŋuꜗ dieꜗ duꜗ tsʼuꜗ loꜗ 额迭德楚处，	ꀀꂓꊭꑳꌅ luꜗ maꜗ biꜗ ɣuꜗ tuꜗ 不给的缘由。
ꃀꄷꀉꃅ mʐʯ tʰuꜗ buꜗ ŋuꜗ 高头大白马，	ꀕꎭꃅꊏ aꜗ ʐuꜗ duꜗ dʐaꜗ 阿武德乍说：
ꁱꂯꉜꑳꌅ loꜗ ɣuꜗ tʼaꜗ ɣuꜗ tuꜗ 料能要得到。	ꄻꅍꑭꈒꊏꀒ mɯꜗ duꜗ piꜗ tuꜗ puꜗ ŋuꜗ 枣骝马价上千，
ꀕꂓꊭꁨ luꜗ hiꜗ tiꜗ maꜗ kuꜗ 要呢不愿给，	ꊖꄹꑟꁨꀕ dʐaꜗ tuꜗ tiꜗ biꜗ veꜗ 千余钱才能买。
ꌒꅍꈒꎭꁨ ʐeꜗ tuꜗ ɣuꜗ maꜗ kuꜗ 买呢不肯卖。	ꅇꈎꆂꃀꊏ duꜗ huꜗ soꜗ maꜗ loꜗ 笃洪勺那说：

92

ɣui sui ʑi ʑi
俄 索 氏 家,

m̩ ku ʑe ʑa lui
增 添 大 走 马,

ɣui kʼo mu ʑu
次 年 那 时 候,

pu ha tsɿ li ʑui
父 本 二 十 四 匹,

ŋo li su ŋu lui
我 是 知 情 人。

du pu tsɿ nu
德 仆 知 能②,

m̩ ɣui dzu mei ɕei
有 长 尾 的 马。

tsɿ nu a ʑei
知 能 阿 益,

ba tɕi tɕi li
坝 纪 纪 利,

m̩ na sei gui
是 贵 重 黑 马。

a ndzu pu bi
阿 卓 布 彼,

m̩ dau liu sɿ sei
枣 骝 马 山 草 茂,

pu dzu bu vi
布 摩 住 地 开 花,

m̩ dau pi
枣 骝 的 草。

a mo du pu
阿 莫 道 仆,

du ɔu m̩
枣 骝 头 的 马。

na vi a vu
那 维 阿 武,

m̩ na ʂu sɿ
黑 马 有 记 号。

a lu a li
阿 娄 阿 黑,

na ɔu m̩
黑 头 马。

du pi ʂu ʂu
德 仆 额 额,

m̩ na ndzu tʼu
黑 马 是 好 公 马。

93

肘霍数·畜牧篇

因你要找马,
马在岩上,
先团团围住,
掌握马动向。
布铺布朵,
管围公马。
德衡补玉,
得马种圈,
旁边遇种马。
额维阿卓,
善于奔跑的马。

阿诺阿武,
托尼德杰,
大铁黑鹰马。
托尼额赫,
长鬃白马。
侯汝勺,
黑睫毛白马。
二十四匹父本马,
全都得到了。
德仆知能,
二十四匹父本马,

还在世之时，

四方各处，

打仗先打远，

守境不分日夜，

近处亲友多。

想古时人间事，

做事的人，

就是这样做。

二十四匹父本马，

西边娄底代，

来两个能人。

那只手力大，

东方姆住维底，

来两个能人，

那只手力大。

北方洪鲁几乍法，

来两个能人，

那只手力大。

南方遮俄阁，

来两个能人，

那只手力大。

俄索二十四父本马

肘霍数·畜牧篇

ku˧lu˧ŋɯ˧tsʰu˩tu˩
古额额楚堵，

sa˩lu˧ŋɯ˧tsʰu˩tu˩
外族额楚堵，

hɯ˧lɯ˧ʐa˧ʔo˧ndzɯ˩
反叛者经过，

tɕi˧ȵi˧gɯ˩ɣu˧ŋu˩
收纪俄勾的租，

nɯ˧lɯ˧zɿ˥hɯ˧lu˩
收彝家租赋，

ȵi˧ sɿ˩ tɕi˩
做事的人，

hu˩ met tseɹ diɹ
有好马的根源，

zo˧ʔi˩ ɣu˩ lu˩ɲi˥
是这样传下，

ɣu˧ lu˥ʔi˩ die˥
后来益德说。

tɕi˩pʰɯ˩ha˩ltsɯ˩ɬi˩ŋu˩
父本马二十四匹，

dzɿ˩ ɕi˧ zeɹ
还在世时，

ɣu˩na˥lɯ˧tɕi˧ndzɯ˩
家兵在西边，

tɕʰu˧du˧kɯ˧mi˧ŋu˩
在楚堵拉万牛。

du˩gu˩du˩tɕe˩ki˥li˥
到德苟德杰，

zu˩nu˧mɯ˧zeɹdzeɹ
众多骑马勇士，

ʔu˩tʂi˧tu˧do˧lɯ˩
喊着高声去。

xe˩met ɕe˥le˥do˥lu˩ku˩
在赫默征牛，

ndzɯ˩li˩ɣu˩di˩vi˩
强大的形象，

du˩pu˧tsɿ˧mu˧su˩
像德仆知能。

ɣu˩zo˩ pʰu˩mu˩
额益渼姆呢，

tɕi˧ɣu˧gɯ˩du˩ȵi˩
掠夺纪俄勾地。

姆额益额臣,

到巴度卧查,

妥芒布的兵③,

山鲁雾翻滚,

坝朵星云布,

绕着前来了。

来者骑黑马,

打制金盾牌,

山顶见马队,

持很多戈刀,

兽生独角,

冠上花羽毛,

高处雾绕样,

泉是流水源。

大声祝告声,

听来朵有冤,

黑雾来遮盖,

豺狗声声叫,

看来像是朵。

与骑者同在者,

我很想念他。

觉朵鲁构,

俄索二十四四父本马

97

肘霍数·畜牧篇

tʼi˧ do˧ ŋɯ˩
他问道：

ʑi˧ ʑɯ˩ a˩ tɕi˩
尊敬的阿纪④，

tʼi˧ dʑɯ˩ kʼɯ˧ me˩
他想好威势，

m̩˧ dʑɯ˩ ʑi˩ ma˩ tɕʰɯ˩
用马求威势。

tɕʼi˧ kʼɯ˩ tsɯ˩ dzɯ˩
马到蹦去骑，

m̩˧ bo˩ ndɯ˩ ma˩ sɯ˩
想有马不难。

sɯ˧ ga˩ la˩ m̩˩ tsʰɯ˩
迁去苏嘎腊，

ʔu˧ lu˩ tsi˩ ko˩
冠冕做得美。

lɯ˧ dzo˩ na˩ tʰo˩ bo˩ lɯ˩
蛟在塞筒子，

ʑɯ˧ ɣɯ˩ ʑɯ˩
也会出声音，

hɯ˧ ʂe˩ kʼɯ˩ la˩ dol˩ bɯ˩
像早把马拴出。

m̩˧ nɯ˩ tɕʼa˩ tʂʰɯ˩ fɯ˩
紫马脸中白，

nɯ˧ fa˩ tʼa˩ tʂi˩ sɯ˩
大岩垮了样，

tʼi˧ dʑɯ˩ de˩ tdʐɯ˩ ʑi˩
像它一样。

zo˧ nɯ˩ tɕʼɯ˩ nɯ˩ oz˩
我问了之后，

ɣɯ˧ ma˩ zi˩ dzi˩
额麻益几，

sɯ˧ ɣɯ˩ bɯ˩ ʂei˩
苏额布奢，

ɕi˧ ɣɯ˩ m̩˩ di˩ bɯ˩
听到他们打仗，

zo˧ ɣi˩ dʐu˩ zo˩
我攻也有获。

zo˧ hi˩ tʂɯ˩ ɣi˩
我是站着的，

gɯ˧ ʐi˩ na˩ li˩ hi˩
你站在中间，

sɯ˧ ɣɯ˩ m̩˩ n̩˩ dʒei˩
他人骑紫马，

98

ku˧gu˩ ʎi˧ ʂʅ˧ bu˩
背两张铜盾，

vu˩ʐɯ˧pʰu˩di˧tsɯ˩
像鸟长翅样，

lu˩ʑi˧ku˩tsʰɿ˧ɕi˩
虎有九丈长，

tʰi˩ʐɯ˧tɯ˧mɯ˩sɯ˩
它是独居者，

ʈʂɯ˩lɯ˧ɣɯ˧pʰi˩zo˩sɯ˩
像猛虎龇牙。

ɣɯ˧ʐo˧tsʰɿ˩ʁu˧ lɯ˩
冠上青羽毛，

tʰi˩mɯ˧ʁu˧tɕa˧sɯ˩tʰi˩
像天晴明样。

xe˧ ŋgɯ˧ ɣu˧ tsɤ˩
修甲制鞍，

tiet˧ tʰɯ˧ tʰi˧ maʐ˩ɣɯ˩
白云里无风。

ɣɯ˩ lu˧ dʐɛ˩
俄鲁哲⑤，

ta˧ ma˧ ʐet˩
照不着鹰。

mi˩ dʐi˧ tiet˧ mei˧
天上云端，

ta˩bu˧pʰe˧ɣu˧zɯ˩
灰色老鹰，

ndo˧nko˩sɯ˧zo˧sɯ˩
抓惯爪子痒。

tʰu˩ dʐi˧ tsʰɿ˩ lu˩
大地之上，

du˩tʰa˩ɣna˧ɣɯ˧zɯ˩
大老虎之子，

tʰi˩nko˧dʐe˩zo˧tsʰɿ˩
捉惯龇着牙。

tʰa˩dʑɛ˧tsʰo˧dʐɯ˩lu˩
与骑者同在者，

nde˧ do˧ lu˩ kɯ˩
局朵鲁苟，

tʰi˧ do˧ nɯ˩
他打听，

zo˧ ʐu˧ a˧ tɕi˩
尊敬的阿纪，

tʰi˩ɣu˧ku˧mɛ˧mɛ˩
他想好威势，

肘霍数·畜牧篇

用马求威势。

骑马到边境,

想先得就不难。

掌握苏嘎腊,

做好冠冕片,

水退黑鸟飞,

像他一个样。

我问了之后,

德额麻扣,

听到他们打仗。

赫默珠舍,

德看见了马,

德臣分开捉马,

纳捉的马好,

是这样做的。

连连大声吼,

阿底伍尼麦,

喊着转回去,

用马求威势。

因为一匹马,

古时老人,

每个人都是,

100

找 战 胜 方 法，

是 这 样 做 的。

他 纪 俄 勾，

打 四 十 七 仗，

战 胜 靠 统 帅。

敢 到 远 处 打 仗，

近 为 民 奴 主，

远 处 亲 戚 好，

近 邻 相 帮 助，

这 样 做 的 人，

是 为 了 好 马。

父 本 马 二 十 四 匹，

还 在 的 时 候，

洛 波 大 尼 大 诺，

西 方 地 边。

侯 卒 纪 阁 尼 阁，

南 方 地 边。

腊 佐 赤 纪 勾 尼，

北 方 地 边。

妥 雅 徒 左 嘎，

在 两 者 之 间，

松 树 林 繁 茂，

101

肘霍数·畜牧篇

tɕʰe˩he˩dʑu˦tɕo˥li˧˩
每根苗长得好。

kʰu˧hu˧dʑie˩dzo˩die˩
威势范围边界，

va˩su˦tɕo˦dʑu˦tsa˦
得论者赞扬，

m˦ su˦ ʑi˩
做事的人，

ʑi˦tɕu˦tu˦ʑu˦vi˩
是这样做的。

du˩ ɣu˩ lu˦ gu˩
德俄鲁勾，

nu˩sa˦ndzu˦m˧˩tɕu˩
各族使臣交往。

ɕe˩ pu˩ sa˩ hu˩
协仆散洪，

du˩ pu˩ tsɿ˦ nu˩
德仆知能时，

a˦ndʐe˦u˦ʂu˦dʑi˩tʰi˩fu˩˧
阿哲俄索为了马，

dze˩ tɕu˩ ŋu˩
双方交恶。

be˦˩le˩zu˦tɕa˦ldi˦no˦
播勒持弓，

bu˩ tɕu˩ ŋu˩
也跟着来。

m˦ kʰa˦ pu˦ ha˩
强壮父本马，

na˦ŋo˦na˦ɕo˦li˧di˩
你我都想要。

xe˩ tɕi˩ la˩ dʑu˩
甲袍手镯，

ŋo˦na˦ŋa˦lu˦ɣu˦
我和你都想要。

ɣu˦vi˦nu˦vi˧sa˩de˩
外族骑彝马，

du˩ pu˩ tsɿ˦ nu˩
德仆知能，

m˦tɕu˦dzu˦me˦ʑe˦
长尾的马。

tsɿ˦ nu˩ a˩ ʑi˩
知能阿益，

ba˧ tɕi˧ li˧
坝 纪 利。

a˧ ndeʴ a˧ gu˧
阿 德 阿 谷,

mʴ˧ tʻu˧ tsʴ˧ȵu˧
姆 吐 赤 虐益。

a˧ ndeʴ buʴ lu˧
阿 哲 家 同 时,

mʴ˧ tɕu˧ tʻaʴ ndeu˧
别 和 马 议 论,

tʻiʴ ȝi˧ lmʴ˧ ȝaʴ ŋguʴ
有 四 匹 最 好。

puʴ ha˧ tsʴ lmʴ˧ maʴ
捉 十 四 父 本 马,

ɕeʴ pʻuʴ saʴ hu˧ liʴdi˧
给 协 仆 散 洪,

ȝu˧ʴbiʴ tsaʴ seʴ ʴh ʴbiʴ tiʴ
鞍 用 金 镶 嵌,

ti˧ ka˧ ndʒuʴ pʻoʴ
又 嵌 上 珠 子。

miʴdzoʴ ndeu ʴhu ȝaʴ ŋguʴ
想 要 各 种 好 的,

fuʴ pʻoʴ luʴ tsaʴ tɕeʴ
变 富 从 鞍 起,

na˧ meʴ sʴ˧ ȝuʴ tɕaʴ
好 的 你 先 得。

seʴ mu˧ hu ʴtʻu˧ ȝoʴpaʴ
金 刀 生 月 形,

ȝuʴ mi˧ kuʴ tʻuʴ tsu˧
鞍 价 九 包 财 物,

tʻiʴ ȝuʴ tsu˧ tʻuʴ ŋguʴ
其 中 三 包 最 好。

saʴ hu˧ ȝaʴ li˧ ȝiʴ
散 洪 用 来,

duʴ puʴ tsʴ mʴ˧ luʴ biʴ
给 德 仆 知 能。

tʻuʴ tʻʴ kʻeʴ pʻuʴ ȝoʴpaʴ
银 盾 生 日 形,

seʴ mu˧ hu ʴtʻu˧ ȝoʴpaʴ
金 刀 有 月 像,

seʴ kuʴ pʻuʴ luʴ ȝaʴ
扛 的 金 钩 盾,

ȝuʴ mi˧ kuʴ tʻuʴ tsu˧
值 九 包 好 财,

肘霍数·畜牧篇

tʰi˧ suɿ˧ tʰu˧ ȵaŋ˧ ŋuɪ˧
其中三包最好，

gɯ˧ dzu˧ a˧ mɯ˧ biɪ˧
给苟卒阿姆。

ɕe˧ pʰu˧ sa˧ hu˧
协仆散洪，

du˧ pʰu˧ tsɿ˧ ȵɯ˧ xu˧
送德仆知能，

tsɿ˧ mi˧ suɿ˧ ga˧ ga˧ li˧ li˧
到直密叟嘎。

ɕe˧ pʰu˧ sa˧ hu˧ biɪ˧
在协仆散洪，

tsɿ˧ ȵɯ˧ dʑui˧ zɯ˧ ŋuɪ˧
想知能时就哭。

xu˧ ȵi˧ tʰʏ˧ ɢʏ˧ ŋuɪ˧
日照髻头好，

tsɿ˧ ȵu˧ tsɿ˧ ga˧ lu˧
今后住嘎娄，

se˧ ku˧ lu˧ tsɿ˧ ȵa˧
金梧桐难得。

vu˧ mi˧ tʰi˧ suɿ˧ gu˧
三块武氏地，

tsou˧ biɪ˧ tsɿ˧ ȵu˧ biɪ˧
用来给知能，

tʰi˧ ȵi˧ ndai˧ tsɿ˧ gu˧
十张兽皮中，

gɯ˧ gu˧ liu˧ ȵa˧ ŋuɪ˧
林中虎皮最好，

zou˧ biɪ˧ tsɿ˧ ȵu˧ biɪ˧
拿给知能。

ʐu˧ ŋgu˧ tʰu˧ suɿ˧ suɿ˧
收上千粮食，

se˧ ku˧ dʑʏ˧ zu˧ tɕiɪ˧
响亮金弯角，

gɯɪ˧ ɣu˧ pu˧ tʰa˧
因得到而喜，

ma˧ ɣu˧ tʰi˧ ɣa˧ hu˧
怕不得而爱惜，

gɯ˧ dzu˧ a˧ mɯ˧ biɪ˧
给苟卒阿姆。

biɪ˧ tu˧ gu˧ mi˧ ɣu˧
给了之后呢，

ɕe˧ pʰu˧ sa˧ hu˧ biɪ˧
在协仆散洪，

104

ꄓꀠꍣꆳ
dɯ˧pʰu˧tsɿ˧nɯ˩
德 仆 知 能，

ꀋꃀꄓꁌ
a˨ mo˧ dɯ˧ pʰu˧
阿 莫 德 仆，

ꄐꀿꑌ
dɯ˧ ʔu˧ ʒɿ˧
最 好 枣 骝 马，

ꑋꊈꉆꅓꃀ
lɯ˧ʐi˧ bi˧ma˧nɯ˧
要 也 不 肯 给。

ꄓꀠꀋꑋ
dɯ˧pʰu˧ a˨ ʑi˧
德 仆 阿 益，

ꂿꅱꁮꌐ
mi˧nɑ˧ ɣɯ˧ zɯ˧
最 好 的 黑 马，

ꑋꊈꉆꅓꃀ
lɯ˧ʐi˧ bi˧ma˧nɯ˧
要 也 不 肯 给。

ꀋꇙꀋꀗ
a˨ tsʰe˧ a˨ pʰu˧
阿 车 阿 宝，

ꁌꋤꁌꀘ
pʰu˧ dʐɯ˧ pʰu˧ bi˧
布 卒 布 比，

ꂿꅱꈌꆭꐊ
mi˧nɑ˧ ɣɯ˧lie˧ʨɤ˧
长 颈 黑 马，

ꁌꋤꃆꇙ
pʰu˧ dʐɯ˧ mi˧ tsʰe˧
布 卒 米 车，

好 马 洪 补 旺，
lɯ˧ʐi˧ bi˧ma˧nɯ˧
要 了 不 肯 给。

lɯ˧ʐi˧ tsɿ˧tʰa˧lɯ˧
要 十 张 虎 皮，

tsɿ˧tʰa˧ lɯ˧tʰa˧lɯ˧
别 说 要 十 张，

tʰa˧tʰa˧nɑ˧ma˧bi˧
一 张 也 不 给 你。

lɯ˧ɣɯ˧tsɯ˧mɯ˧ɣɯ˧
要 虎 皮 的 人，

bu˧ su˧ nɯ˧ ʑi˧
博 索 能 益，

tɕʰi˧ zɯ˧ ʑi˧ mi˧
取 汝 益 密。

tɕi˧ ʔu˧ gɯ˧
纪 俄 勾，

pʰu˧ kɯ˧ ʑi˧ dzɿ˧
仆 构 益 旨。

ku˧ kʰu˧ gɯ˧
古 苦 勾，

俄索二十四父本马

105

肘霍数·畜牧篇

ɑ˧ mɯ˧ ɲi˧ ʝu˧
阿默尼家，

tsɤ˧ tʂʰɯ˧ dzɯ˧ ɑ˧ ɭɯ˧
大臣商议，

bu˧ li˧ mɯ˧ tʰi˧ pu˧
和布默谈归附，

ɳɯ˧ fie˧ sɑ˧ kʰu˧ tɕʰi˧
外境行彝权，

tsɯ˧ tɕʰi˧ lɯ˧ tʰɑ˧ lɯ˧ tsɯ˧
它是这样的。

tʰɑ˧ tɕʰi˧ nɑ˧ mɑ˧ bi˧
取汝益密，

lɯ˧ ʝu˧ stɯ˧ tɕʰɯ˧ ɕɯ˧
仆构益旨呀，

bɯ˧ su˧ lɯ˧ ʝi˧
博索能益，

tɕʰy˧ zu˧ ʝi˧ mi˧
取汝益密，

tɕi˧ ɲu˧ gu˧
纪俄勾，

pʰu˧ ku˧ zi˧ dzɯ˧
各族使臣交往。

ku˧ kʰu˧ gu˧
有协仆散洪，

ɑ˧ mɯ˧ ɲi˧ ʝu˧
阿默尼家⑥，

tsɤ˧ tʂʰɯ˧ dzɯ˧ ɑ˧ ɭɯ˧
四匹父本马，

bu˧ li˧ mɯ˧ tʰi˧ pu˧
别说四匹马，

ɳɯ˧ fie˧ sɑ˧ kʰu˧ tɕʰi˧
一匹也不给。

ɑ˧ ɹe˧ ɑ˧ po˧
阿艾阿宝说：

nɯ˧ ʝu˧ tsɯ˧ nɯ˧ lo˧
你们知能家，

lu˧ tɑ˧ pi˧ tsɯ˧ nɯ˧
要十张虎皮，

tsɯ˧ tɕʰi˧ lɯ˧ tʰɑ˧ lɯ˧
别说要十张，

tʰɑ˧ tɕʰi˧ nɑ˧ mɑ˧ bi˧
一张也不给。

pʰu˧ ku˧ zi˧ dzɯ˧ zi˧
仆构益旨，

ᵖɯ˧ha˧t͡ɕi˧lɯ˧sɯ˧
七匹父本马，

zɯ˧kʼa˧d͡ʑɯ˧ɳɖɯ˧
是勇士的坐骑，

zɯ˧kʼa˧ʑɯ˧ʥɯ˧gi˧
勇士是君长脚，

d͡ʑɯ˧ɳɖɯ˧tʼi˧t͡ɕi˧vɯ˧
坐骑能远行。

vɯ˧t͡ɕi˧gɯ˧tʼi˧lɯ˧
齐全的衣也要，

di˧se˧ʨa˧ɲi˧vɯ˧
主人穿镶金的。

su˧tʼi˧li˧kɯ˧lɯ˧
人们会说，

zɯ˧kʼa˧lɯ˧ɳɯ˧mɯ˧
勇士勤问话，

lɯ˧ɲɯ˧tɯ˧mɯ˧vi˧
要拿到手，

ʐɯ˧ɲɯ˧ɑ˧t͡ɕi˧di˧
拿给阿纪戴。

zɯ˧kʼa˧ndɯ˧nɯ˧mɯ˧
骑士勤问话，

lɯ˧ʥɯ˧lɯ˧ʥɯ˧
你要得了呢，

t͡sɯ˧lɯ˧tɕu˧hu˧
愁娄局洪，

ɕi˧t͡sɯ˧nɯ˧pɑ˧
帮助死病亲戚。

mo˧zɯ˧pɑ˧t͡ɕi˧zɯ˧ou˧
六百骑人来看，

zɯ˧ʥɯ˧ɑ˧t͡ɕi˧tʼɑ˧ʨɯ˧li˧ʑ
尊敬的阿纪下来，

vɯ˧ndzɯ˧ʑi˧kɯ˧
禽兽数量多，

ʐɯ˧ʥɑ˧vɯ˧lɯ˧sɯ˧
像水样的来。

tʼi˧ɣɑ˧zɑ˧
拿它来，

tʼi˧ɣɑ˧ɕi˧lɯ˧
是死者要它。

nɯ˧kʼɑ˧ndɯ˧
你勇士去求，

nɯ˧nɯ˧d͡zɯ˧
你问得勤，

肘霍数·畜牧篇

lu˧ ɟu˧ ʑi˧ ɲu˧ ʝi˧
是为此而要。

a˧ ʝei˧ a˧ pɔɯ˧
阿艾阿宝，

xɯ˧ vɯ˧ tɕɤ˧ gɯ˧
侯乌局谷，

bi˧ tsu˧ nu˧ pa˧
帮助死病亲人，

ʝɯ˧ hie˧ zɿ˧ dʑɤ˧ ɯ˧
百姓只有房。

tɕy˧ zu˧ ʑi˧ mi˧
取汝益密，

tʰi˧ li˧ ma˧ ʝɯ˧ lɯ˧
他没有来呀。

pu˧ kɯ˧ ʑi˧ dzɿ˧
仆构益旨，

a˧ mei˧ ȵie˧ ɟy˧
阿默尼家，

ɟɯ˧ tsʰɿ˧ sei˧ ɟɯ˧ lɔ˧
额赤舍额呢，

dʑi˧ tsa˧ tɕʰo˧ tʰi˧ʑi˧ lɑ˧
辩论胜一次，

hu˧ mei˧ ʑi˧ ʑi˧ ɲu˧
是为一匹好马，

ɟu˧ ɟu˧ ʑi˧ die˧ di˧
后来益德说。

a˧ so˧ ʑi˧ tʰi˧ dɤ˧
远古天顶形成，

nɯ˧ du˧ bu˧ ɟɯ˧ zɯ˧
大地因之明亮，

tɕʰi˧ m̩˧ na˧ tʰu˧ tsei˧
青马那妥哲，

tʰa˧ tsu˧ tʰi˧ dʑɤ˧ hɯ˧
有这一种马，

na˧ tʰu˧ tsei˧ ɟɯ˧ tsɿ˧
是那妥哲种。

hie˧ tʰu˧ tsei˧ ɟɯ˧ dɤ˧
育出妥哲马，

hie˧ tʰu˧ tsei˧ ɟɯ˧ tsɿ˧
是妥哲马种。

tʰu˧ ɡu˧ lu˧ ɟɯ˧ dɤ˧
出现妥勾马，

是妥勾马种。

灰的实马，

代错博尼，

实勾人死用马。

天下地上转，

拴马祭死者。

打仗献祭马，

好马有三用。

实马灰花马种，

赤扣欧布录，

毕额欧布额，

实楚阻启那，

出现这三匹马。

妥姆纪抽⑦，

米密祭死者，

天下地上转，

祭用好驮魂马。

祖先扣种马，

好马有三用。

三匹马的种，

出现苟额种马。

烈吐卓舍⑧，

俄索二十四四父本马

109

肘霍数·畜牧篇

ɡuɿ˧tʂuɪ˧ ɕi˧tɕi˧
茍额人死用马。

ɕi˧tʂɿ˧ pʰu˧ ntʂɿ˧
天下地上转，

ɕu˧ɕi˧kʰɯ˧ tsʰɿ˧
祖先扣种马，

ɕi˧tʂɿ˧ ʑɑ˧tsei˧ kʰuɿ˧
天下用驮魂马，

hu˧ mei˧suɿ˧ ȵu˧tʂhɯ˧
好马有三用，

tsʰɿ˧ʑɑ˧ ʑi˧ ʑuɿ˧tsʰɿ˧
腊依种的马。

pʰu˧ ʑuɿ˧ duɪ˧ tʂɿ˧
祖先笃慕，

tɕi˧tsʰɿ˧ kʰiɪ˧ ʑɑ˧tʂɿ˧
有赤叩的马⑨

tɕi˧tsʰɿ˧ kʰiɪ˧ ʑuɪ˧dɯ˧
骑赤叩种的马，

suɿ˧ li˧ ɡuɿ˧
走路又渡河，

tʰɯ˧ʑuɪ˧tʂɿ˧ ʐei˧tʂɿ˧
他走又旋转。

ȵi˧suɿ˧ɑɪ˧ mei˧mei˧
天上三个好姑娘，

ȵu˧suɿ˧ʑuɿ˧ dei˧tsuɿ˧
如三鸟飞迁，

du˧mei˧dæi˧ʑɑ˧tɯ˧
到笃慕住地，

tɕo˧ɿ pʰu˧suɿ˧ȵu˧ tʂɿ˧
是六祖三母。

dzu˧ɬu˧lu˧suɿ˧ʐi˧
住下了的人，

hu˧ mei˧ sɿ˧ du˧
宣扬出好马，

ʐi˧ɬu˧tɯ˧ʑu˧ vi˧
就是因此之故。

pʰu˧ʑuɿ˧duɪ˧tʂɿ˧
祖先笃慕俄，

tɕi˧tsʰɿ˧ kʰu˧ʐi˧tsuɿ˧
马是赤叩马种，

pu˧ʑuɿ˧nɑ˧ɣu˧hɯ˧
布的那伍姆，

mei˧ʑuɿ˧sɿ˧ du˧hɯ˧
默的史堵殴，

侯的维阿堵,

出现这三匹马。

有人走来找马,

人马来饮水,

不是因冬天晴,

是因要到天上,

天上贤者聚会,

来找好福分,

额索叫人们。

这样做的人,

宣扬出好马,

是这样做的。

三匹马的种,

省那妥车,

布殴阿施种,

此种出白色马。

布宗阿诺,

出现长尾马,

是长尾马种。

俄赤维额,

出能益省马,

肘霍数·畜牧篇

ȵɯ˧ zɿ˥ tɕy˧ tsʰɿ˥
是 能 益 省 种。

tʰu˩ lu˩ daɿ˧
吐 鲁 打 洛,

pʰu˩ zu˧ bu˩ mo˧
仆 汝 布 莫,

m̩˧tʰu˧ hõ˧ dzɿ˧ tsʰɯ˧
出 红 马 洛 直 舍,

m̩˧tʰu˧ dzɿ˧ se˧ mɯ˧ tsʰɿ˥
是 裸 直 舍 马 种。

bu˩ mo˧ na˩ sɯ˩
布 莫 那 勾,

du˧ xõ˩ mo˧ mɯ˧dɿ˧
出 堵 洪 莫 马,

du˧ xõ˩ mo˧ mɯ˧tsʰɿ˥
是 堵 洪 莫 马 种。

na˩ sɯ˩ du˩ kʰuɛ˩
那 勾 德 块,

m̩˧du˧vɛ˧ʑi˩tɳi˧ mɯ˧
出 枣 骝 维 尼 马,

ʑi˩li˩ tʰo˧ du˩
繁 殖 和 成 长 地,

kʰu˧lu˧ xu˧ tʰi˩
勾 娄 侯 吐 长 大,

ɕi˩li˩ tʰu˩ dab˩ loʔ˩ ɕi˩
在 吐 鲁 打 洛 喂。

na˩ sɯ˩ du˩ kʰuɛ˩
来 那 勾 德 块,

bo˩ dzaʔ˩ su˩ ȵi˧ po˩
所 有 者 呢,

ȵu˧hu˧la˧ndzu˧hu˩lu˩tsʰɿ˥
说 着 手 转 向 马。

mɯ˧ ȵu˧ guʔ˧
慕 俄 勾,

du˩ tsʰu˧zu˧ ȵi˧ mɯ˧
德 楚 仁 额 一 方,

lu˩ pʰo˩ hu˩ ʑa˩ tʰi˩
站 在 鲁 波 洪 上。

tʰu˩ lu˩ daɿ˧
吐 鲁 打 洛,

ʑi˩ li˩ ȵu˩ pʰu˩ kʰɿ˩
忆 繁 殖 成 长 处,

bu˩ ȵu˧tsɿ˥tsʰo˥mɯ˩
像 人 首 蛇 身 虫,

不断地叫着。

吐鲁打洛，

来到了就使用，

天顶形成，

大地因之明亮。

青马那妥仆，

有这一种马。

大地的四方，

斯里马种，

还是有的。

舍种马腊依，

三种马越山岭，

经过舍鲁旺，

在姆佐底吃草。

喊勾侯舍，

经过山岭林脚，

龙马能雅仆，

从西方开始走，

经过维维鲁补，

在妥雅侯尼间，

维维诺低吃草。

经山岭林脚，

俄索二十四父本马

肘霍数·畜牧篇

马从四面开始，

四方都吃完。

播勒阿旺仁，

妥 阿 哲，

卓 洛 举，

四 克 博⑪，

五 鲁 歹⑫，

到 省 伍 寻 种。

水 大 退 原 尾，

树 根 别 向 上 生，

树 就 会 繁 茂，

后 来 益 德 说。

彝 想 护 牺 牲 马，

幼 龄 公 马 少。

阿 哲 尼 家，

洪 布 能 马 种。

阿 哲 尼 家，

出 够 布 益 马 种，

是 够 布 益 的 种。

阿 诺 额 郭，

节 买 舍 马。

贤 仆 额 苦，

114

mɯ˧ ʝu˧ bʑi˩ bu˩
够 布 马，

tʰi˩ ʐi˩ lɯ˧ tʂʰɯ˧ dʐɤ˩
出 这 两 匹 马。

tsʰu˩ hu˩ mɛ˧ na˧ gu˩
除 洪 买 那 勾，

nu˩ xɯ˩ dʐɯ˧ mi˧ ʝu˩
糯 侯 派 使 臣 交 往，

kʰu˧ kʰɛ˧ lɯ˧ ʝa˧ ʝo˩
多 人 也 去 了。

su˧ ʐa˧ lɯ xɯ˧ na˧ gu˩
青 年 披 黑 毡，

mɯ˧ ʝu˧ mɛ˧ bu˩ dʐɤ˩
骑 额 买 布 马，

pʰu˩ kɛ˩ ʝa˧ ma˧ tso˩
人 们 不 跟 随，

pʰu˩ kʰɛ˩ ʐɤ˧ ʝu˧ tso˩
人 们 跟 随 维，

pʰu˩ tsɿ˩ ʝu˧ dʐɤ˩
骑 备 好 的 公 马，

tɕo˩ tɕi˩ bu˩ ʝa˧ ʝo˩
即 取 纪 布 衣。

su˧ ʐa˧ lɯ xɯ˧ na˧ gu˩
青 年 披 黑 毡，

mɯ˧ ʝu˧ mɛ˧ bu˩ dʐɤ˩
骑 默 布 马，

ʐo˩ ʝu˩ dʑɤ˩ mi˩ kʰu˩
西 边 开 始 喊，

tʰa˩ lɯ˩ gu˩ ma˩ di˩
一 个 门 没 有。

xɯ˧ ʝu˧ ʝu˩ ʐi˩ ʐa˩
侯 家 城 上 呢，

nu˩ ʝu˧ lɯ˧ ʐi˩ lu˩
糯 家 两 庶 母，

nu˩ xɯ˧ mu˧ ne˧ zu˩
糯 侯 姨 母 子，

ʝu˩ ʐi˩ su˩ ma˩ se˩
舅 不 认 识 甥；

tie˧ gu˩ ʝu˧ kʰu˩ lu˩
代 谷 与 取 鲁，

su˧ nu˩ ʝu˩ ma˩ se˩
甥 不 认 识 舅。

zi˩ na˩ dzu˩ xu˩
益 那 阻 侯，

肘霍数·畜牧篇

suɿ˧ ʐi˨ ɑ˧ ɕi˧ tsuɿ˧
人 是 自 己 人，

m̩˧ tɕi˨ ɑ˧ ɕi˧ m̩˧ ɳɯ˧ di˩
马 是 自 己 马。

tɕy˧ tɕi˨ pu˧ ɕi˧ ɳi˧
取 纪 布 益 呢，

ɑ˨ zo˧ du˧ du˧
静 悄 悄 的，

tʰi˨ no˧ ma˧ m̩˧ du˧
他 有 不 做 的，

tɕʰy˨ m̩˧ tɕe˧ du˧ du˧
高 声 叫 嚷 嚷，

tʰi˨ ɳɯ˧ zɵ˧ mba˧ lɯ˧
他 开 口 说 了，

m̩˧ li˧ pʰu˧ ɕie˧ ɳy˧ kʰu˧
仆 贤 额 苦 的 马，

gɯ˧ dzu˨ gɯ˧ ɳɯ˧
苟 卒 苟 额，

ŋgɯ˧ bu˧ nɑ˨ ɳɯ˧
是 够 布 那 马。

suɿ˧ ɳɯ˧ li˧
外 甥 来 了，

pʰu˨ ɳɯ˧ koɿ˧ ɳɯ˧ vie˧
在 地 的 中 间，

tʰɑ˨ lɯ˧ oɿ˧ lɯ˧ noɿ˧
有 一 匹 马，

m̩˧ ɳɯ˧ ŋgɯ˨ bu˧ nɑ˧
是 够 布 那 马，

lɑ˧ tɕi˧ tʰɑ˨ dzɯ˧ tsuɿ˧
手 脚 很 结 实，

m̩˧ do˨ me˧ ɳɑ˧ tʰɑ˨
一 匹 好 公 马。

tsɑ˧ kʰu˨ ɑ˨ lɯ˧ suɿ˧
像 解 开 的 绳 团，

ye˨ ʐi˨ tsɵ˧ ɳɑ˨ loɿ˧
左 边 的 棚 子，

tʰi˨ ɳɑ˧ ʐu˧ lɯ˨ lɯ˨
它 进 去 了 的，

pʰu˨ dœ˨ vie˨ vie˨
场 地 圆 圆，

hu˨ me˨ sɿ˧ mie˧ tʰu˨
马 好 说 主 名，

ko˨ pʰu˨ lɯ˧ ɳɯ˨ di˩
是 在 地 中 做 的，

di˩ su˧tɕi˧tɕʰi˧ŋɯ˩
说的人是他，

ɣɯ˩ɣɯɯ˧ʐi˩ diəl˩ di˩
后来益德说。

tʰi˩dʑɤ˧tɕʰi˩tʰɤ˧pʰi˩
在他活着时，

sɿ˩du˩lɔ˩tʰu˧tsɯ˩
实度洛吐子，

pʰɯ˩dʑie˩dʐɤ˧tɯɤ˧lil˩
去仆色纠卷，

hɯ˩lɔ˩tɕʰi˧ pʰo˩stʰi˩
和洪启在一起。

ɣɯ˩ɣɯɯ˧tʰɑ˧bi˩
后来有一天，

tsʰɿ˩vi˩li˩lɔ˩ndi˩
想到了家族，

pʰɯ˩dʑie˩dʐɤ˧tɯɤ˧lil˩
来仆色纠卷，

lo˩stʰɿ˩dil˩ɡie˩lɯɤ˩
在纠地辗转。

sɿ˩du˩lɔ˩tʰu˧zɯ˩
实度洛吐汝，

kʰɯet˩kɯɯ˩dʐɤ˧tɕi˧lil˩
向北方跪祭。

ɣɯ˩du˩lɔ˩tʰu˧zɯ˩
后来洛吐汝，

pʰɯ˩mɯ˩a˩no˩lɯ˩
要父母的神威，

ndɯɤ˩ tɤɤ˩ mɑ˩ lɔɤ˩
未长卷鸠藤，

lu˩dʐɤ˧mɑ˩ndel˩ɕi˩
洛举还未整地。

ɑɤ˩ɡo˩pʰɯ˩ɣɯ˧hi˩
我用父的租，

ɑɤ˩ɡo˩a˩ɣɯ˧ŋɯ˩
我用母的粮。

ndɯɤ˩ tɤɤ˩ lɔɤ˩
长了卷鸠藤，

lu˩dʐɤ˧dɤ˧tɕi˧lil˩
洛举整地后，

lil˩kʰɤ˩lu˩oɤl˩hi˩
我用洛举租，

俄索二十四父本马

117

肘霍数·畜牧篇

ŋgɯ tɕep lɯl lo dʑɯ
我用洛举粮，

pʼu na thi tma so
父不收你租，

mu na ŋgu tma sa vi
母不接你赋。

pʼu nai no tʼi
父赏你神威，

mu ʑi na no tɕi lo di
母赏你神威。

gɯ ni ax lia tsɯ
战地手持甲，

da tʼe tsʼe hu
持戟上战马。

ŋo bi lu ɣa no
我来到了呢，

ŋo lɯ pʼi thi lo
我用父的租，

ŋo lɯ mɯ thi lo
我用母的粮，

tʰi lɯ ɣa nɯ ti
这样做的呢。

hu pʼe nu tsu tsu
迫诺卒卒马，

no thu tʰu dɯ
神马从高处来，

xe na se pi hu
赫那舍益母，

no tʰu tʰu lo
高处赏神马。

tsɯ se se bi ndo
毛黄蹄齐整，

no tʰɕa tʰu lo
高处赏神弓。

lu tpʼe hu tsu tsu tsʼu mɯ
侯迫诺卒马种，

i du tku lu ɣa lo pi
益堵卓舍放牧，

sɯ tsʼu na tʰu lo
出现索仇那，

ʝe ʝe tʼu nde
维维妥歹，

ni lɯ pi tsʰu
同氏祭祖灵。

118

aˋ ʥi˧ buˊ meˊ
阿积布麦，

tseˉmiˊ ʨuˊmˉkoˉ
从根本做好，

aˋ doˋ ȵiˊ duˊ
询问阿朵，

faˋ pʻaˊkoˉȵiˊ kaˉmaˉndiˊ
法帕举不想打，

pʻuˊ ȵiˊ kʻaˉmaˉndiˊ
遇见也不打。

tɕaˋ kʻaˊm tʻaˉku ȵaˊdiˊ
弓马别走去，

taˉkuˋdiˋmaˊnu ʨuˊluˋ
别去也不听。

aˋ doˋ ȵiˊ
阿朵呢，

tsʻˉaˋ ʥiˊ ʨuˊ zuˊ
是阿纪之子。

ȵiˊ naˋ guˊ ʥiˊ⑬
迤那勾纪，

buˋ ʨuˊ zuˋ suˊ hoˉ
布之三子，

suˉ loˉ ȵiˊ ʑiˋ hoˉ
走远处之后，

ɀoˊ ȵiˊ ʨuˊ ɣuˊ
我又得进去，

kʻaˉ ȵiˊ ʨuˉmaˊ ʨuˊ
见没有能人，

ɀoˊ hiˊ ʨuˊ ɣuˊ
我得站立，

kʻaˉhiˊ ʨuˊmaˊʨuˊ
没有能人站立，

suˉmuˊ dzaˊɣaˊdiˊ
情况是这样。

aˋ ʥiˊ buˊmeˊ ȵiˊ
阿纪布麦呢，

pʻuˊ soˋ sɿˊ zuˊ
婆索施之子，

xuˋmuˊ oˉʨuˊȵiˊ
提着刀子，

aˋ doˋtaˊʨuˊȵiˊzuˊ
抓住阿朵头，

tʻuˊʥiˊ gaˊʨuˊzoˊ
劈着颈子。

肘霍数·畜牧篇

糯君布麻偶说：

阿积布麦呀，

你这样打呢，

他头上发髻，

得到一绺发，

给我看一看。

阿纪布麦的心里，

在苏布洪献祭，

败者威动摇，

朗朗苏布莫舍热[14]，

他进去了。

后来有一天，

武卡堵阿育，

失而没找到，

谎称因饿没找，

祭日出找到了，

苏布莫舍热，

他来到了后，

苏舍一动手，

十七绺头发，

全拴在一起，

情况是这样。

120

ɣɯ˧kʰa˧du˧a˧
武 卡 堵 阿 育，

ŋa˧li˩mɯ˧ŋɯ˩
你 为 何 而 来，

fe˩ tsʅ˩ ɣe˩
权 这 样 大，

bo˩ tsʅ˩ fi˩
幅 员 这 样 宽，

fe˩ tsʅ˩ ɣe˩
权 这 样 大，

nde˩tsʅ˩na˩ŋɯ˩di˩
基 业 这 样 大。

a˧dʑi˧ɣɯ˧bɯ˧
阿 纪 额 布，

zo˧li˩mɯ˧ʐa˧ɣe˩
我 来 去 都 为 大。

ŋɯ˧ ɣɯ˧ a˧ ɯɯ˧
君 长 阿 娄，

nu˧dɯ˧bɯ˧ma˧su˧
糯 君 布 麻 偶，

ʈʂʰɯ˩a˧ɯɯ˩na˩su˩
臣 阿 娄 那 索，

a˧ ɯɯ˧ a˧ ɣe˩
阿 娄 阿 额，

kʰa˧ a˧ ɯɯ˧
卡 阿 娄，

kɯ˧tu˧kʰa˧me˩tɕʅ˩
众 卡 后 来 变 了，

hɯ˧hu˩bu˩lu˩do˩
众 布 出 现 了。

xo˩ ɣɯ˩ a˧ ɯɯ˧
何 额 阿 娄，

tsʰu˧hu˩nie˧m̩˩tsu˩
楚 洪 春 天 好，

su˧a˧ɯɯ˧mu˧ve˩
苏 阿 娄 莫 维，

sʅ˧ a˧ ɯɯ˧
色 阿 娄，

bu˩ɣo˩ɕi˩ɯɯ˧
布 卧 七 方，

zo˧li˩mɯ˧ʐa˧ɣe˩
我 去 来 都 大。

ŋa˧li˩zo˩tʰa˧
你 别 杀 我，

肘霍数·畜牧篇

ȵu˧ kʻa˧ du˧ a˧ ʑu˧
武卡堵阿育，

a˧ dʑi˧ bu˧ me˧ tsɿ˧
杀阿纪布麦。

ȵu˧ dʑy˧ bu˧ ma˧ ŋu˧
糯君布麻偶，

kʻa˧ tʂu˧ tɕi˧ ma˧ ndu˧
卡先没禳解，

pʻu˧ ȵi˧ ȵu˧ ho˧ tᴐ˧
父亲武洪朵，

kʻa˧ tʂu˧ tʻo˧ ma˧ ʑu˧
卡不走进去，

mu˧ ȵu˧ xe˧ sɯ˧ sa˧
母亲赫叟啥，

kʻa˧ tɕi˧ ndu˧ li˧ dʑi˧
卡先行禳解，

gu˧ tʻɯ˧ xe˧ la˧ sɯ˧
战地手持甲，

da˧ tʻo˧ tsʻe˧ hu˧
持戟上战马。

ma˧ bu˧ ʑu˧
麻补武，

ȵu˧ ʑu˧ tɕʻe˧ tʂu˧ ŋɐ˧
糯布摩占卜，

bu˧ ȵu˧ lɯ˧ ʑa˧ ʑi˧
坐在山头上，

mi˧ ʑi˧ tʂu˧ tʻo˧ tɯ˧
向天求侯神威。

a˧ dʑi˧ bu˧ me˧ li˧
阿纪布麦，

lie˧ ʑu˧ tʂu˧ bu˧ ʑi˧
始用公牛祝告，

tɕi˧ ʑu˧ tma˧ lɯ˧ tʻo˧
不先头去呢，

tu˧ ggu˧ tʻo˧ ma˧ lɯ˧
大批粮定不了，

tʻo˧ ʑu˧ ma˧ tso˧ tʻo˧
不转移脚踏处，

tɕi˧ ʑu˧ nɯ˧ ma˧ ʑi˧
骑鞍垫不闲。

tie˧ du˧ lɯ˧ ʑu˧ zu˧
如行云之人，

tʻi˧ ʑu˧ tʻi˧ ndi˧ lɯ˧ ȵɐ˧
他想去就去，

父赐你神威，

战地手持甲，

赐戟与战马，

侯先能回转，

大批粮定了，

是年景给的。

能先转移踏处，

骑鞍垫也闲。

从此之后呢，

旗和鞍马多，

上赐一坝马，

青戈插宫殿，

上赐神威戟。

糯侯如此好时，

甲马站战场，

手中持稳戟，

举步骑着马，

带着家兵去，

去到苏布武，

杀了武阿育。

宫里剑扬威，

取天戈热剑，

肘霍数·畜牧篇

给糯布麻尼看，
做事的人，
是这样做的，
后来益德说。

大地的四方，
耿殴殴迁徙，
路过希也也。
默阿德之子⑬，
额迁徙在后，
古素开嘎，

额人在祭祖⑯。
施锅顿边上，
杀羊煮羊肉，
尾脚肋骨去掉，
碗装香肉块。
热锅雾九股，
朵锅上八千⑰。
色的那娄锅，
当财给甥回，
甥不肯回去。
热的三架钟，

124

响亮六架殿钟[18],

鸟样的色钟,

当财给甥回,

甥不肯回去。

热家的好弓,

欧的红色利箭,

上万分叉大箭,

当财给甥回,

甥不肯回去。

热家的矛呢,

殴的大青刀,

青刀三只角,

施的独耳马,

当财给甥回。

看林上踪迹,

苏额武来盗,

来盗牛盗马,

是暗地里做的,

后来益德说。

知洛妥补,

三人交换计谋,

肘霍数·畜牧篇

ʙu˧ ȵu˧ ʨi˧ ɳɯ˧ mei˧
布的尼能计好，

mei˧ ʑu˧ ho˧ su˧ mei˧
默的洪署计好，

xu˧ ȵu˧ va˧ na˧ mei˧
侯的旺那计好。

ʨi˧ mai˧ ho˧ ʨi˧ ȵi˧
他未见之前，

ȵie˧ pu˧ a˧ ku˧ li˧
纳布摩阿古来，

ɖu˧ ȵu˧ mi˧ ɳu˧ ɳo˧
在踪迹山上，

ʑa˧ ʙu˧ ʨo˧ pu˧ tu˧
快积放鸡卦，

ʨi˧ ʙu˧ mai˧ su˧ ɳo˧
兵马能得胜。

du˧ sɿ˧ tsu˧ pʰɿ˧
德施三父子，

ne˧ ȵu˧ su˧
失落的找到了，

do˧ mi˧ ɳɢa˧ mi˧ ɳo˧
去追讨失落的，

su˧ ʙu˧ vu˧ ʨi˧ sɿ˧
杀了苏补武。

tɕi˧ ʔu˧ mai˧ ma˧ du˧ ɳo˧
先不发兵呢，

tu˧ ȵɢu˧ tsʼo˧ ma˧ lɿ˧
干粮定不下，

tu˧ ʔu˧ mai˧ tso˧ ɳo˧
起先不转呢，

tɕi˧ ʙu˧ kʼu˧ mai˧ ɳɯ˧
骑鞍不得闲。

tɕi˧ ʙu˧ vi˧ dʑa˧ ɳo˧
邪祟缠绕了，

ɳu˧ su˧ bi˧ ɳu˧ li˧
俄索毕额呢，

su˧ li˧ ȵu˧ ho˧ ɳo˧
这样一来后，

pʰu˧ ȵu˧ ɳu˧ mai˧ ɳu˧
求告祖而未求，

ʐi˧ ȵu˧ bi˧ mu˧ mu˧
孙接连祭祀，

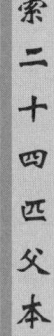

ŋo˧ dʑɯ˧ tsi˧ ma˧ su˧
我 吃 也 不 适，

tɕ'i˧ ʐɯ˧ ʐu˧ p'i˧ p'i˧
妻 颜 如 枯 槁。

tie˧ du˧ lɯ˧ ʐɯ˧ zɯ˧
如 行 云 的 儿 子，

ʐo˧ tɕi˧ ndʐɯ˧ tɕ'i˧ ʐa˧
自 己 想 出 行，

du˧ de˧ p'u˧ ɣo˧
到 德 歹 濮 卧，

xɯ˧ p'u˧ a˧ nde˧ ŋɡa˧
请 侯 布 摩 阿 德。

dzu˧ tʂe˧ tʂou˧ bɯ˧ ʐo˧
坐 大 冲 右 山 上，

mi˧ dʑi˧ lɯ˧ ŋo˧ βɯ˧
向 天 庭 求 神 威。

me˧ dɯ˧ sɿ˧ ʐɯ˧ dʑi˧
默 德 施 家，

ʐi˧ p'a˧ dʑi˧ li˧ xɯ˧
杀 牲 取 精 灵 气，

ku˧ a˧ ʐu˧ ʐɯ˧ dʐa˧
像 古 阿 武 样。

tɕ'u˧ p'a˧ dʑi˧ ʐu˧ na˧
禾 精 日 变 黑，

mu˧ dʑi˧ ʐu˧ ʐɯ˧ dʐa˧
像 莫 纪 武 样。

qu˧ p'a˧ dʑi˧ li˧ sɿ˧
人 取 精 杀 牲，

ndzu˧ la˧ ʐu˧ ʐɯ˧ dʐa˧
像 卒 腊 武 样。

dɯ˧ sɿ˧ tsu˧ p'i˧ zɯ˧
德 施 三 父 子，

lu˧ lie˧ ɯ˧ ʐɯ˧ xɯ˧
杀 所 有 公 牛。

vu˧ ʐɯ˧ bu˧ ɯ˧ ʐe˧
武 外 表 强 大，

tɕ'i˧ du˧ lɯ˧ ʐɯ˧ zɯ˧
首 先 去 的 人，

ʐo˧ tɕi˧ ndʐɯ˧ ʐo˧ tɕi˧
我 想 同 着 去。

ɡu˧ tɕu˧ xe˧
身 无 甲，

la˧ su˧ da˧
手 无 戟，

肘霍数·畜牧篇

t'o˧ ʟə˥ hɯ˧ ma˧
举步无战马。

ʐi˧ bɯ˧ dzɯ˧
牛马齐全，

ʐi˧ dɯ˧ ʑɯ˧ bɯ˧
牛马者在走，

xɯ˧ se˧ ʐa˧ Li˧
清早马齐了，

yie˧ ʐa˧ t'i˧ Li˧
傍晚马来了。

t'i˧ dɯ˧ Li˧
有了马，

m˧ dɯ˧ Li˧ ʐa˧ no˧
有了马之后，

t'o˧ tsʻɯ˧ hɯ˧
始用马代步。

ʐi˧dɯ˧ m˧ ʐa˧ bɯ˧
牛马都有了，

dɯ˧ m˧ bɯ˧ dɯ˧
德刀齐备了，

ŋɯ˧ tsʻɯ˧ bɯ˧ dɯ˧
来到殿初补，

ɕi˧ fi˧ ʟə˥ bɯ˧ m˧ ʐa˧
他和马住下。

pɯ˧ dɯ˧ ʃɯ˧ ʐa˧ dɯ˧
有刺猬有猪，

t'i˧ dɯ˧ hɯ˧ Li˧
马很强壮。

hɯ˧ dɯ˧ Li˧
有了马，

Lɯ˧ dɯ˧ Li˧
有了牛，

ʐa˧ dɯ˧ Li˧ ʐa˧ no˧
有了猪之后，

ŋe˧ ʐi˧ tsʻɯ˧
宫里插青矛。

se˧ dʐa˧ kɯ˧ m˧
早到举勾，

hɯ˧ ʑi˧ dʐʐi˧
青马在日出时，

tsi˧ lo˧ hɯ˧ sɯ˧ dɯ˧
到知洛洪索。

hɯ˧ t'ɯ˧ ʐa˧ fu˧ tsɯ˧
白马像鸡蛋样，

ꄷꊭꀲꑴꄧ
du˧tsu˧ʑiʧɯ˧tu˧
来到德住处。

ꊉ ꌉ ꀘ ꑸ
ŋui˧ su˧ biʧ ʑɯ˧
俄 索 毕 额，

ꃆꀘꄧꃀꐍ
ŋo˧tʂu˧du˧li˧dʑet
骑喜欢的神马，

ꃆꑠꄧꃀꑠ
ŋo˧tɕe˧du˧li˧ʂo
穿喜欢的神甲，

ꃆꃀꄧꀳꇨ
ŋo˧da˧du˧li˧tʂo˥
持喜欢的神戟。

ꄔꂯꄔꑴꍈ
ɣe˧ma˧veʧɯ˧tu˧
左路军向左行，

ꄠꑌꄚꒉꍈ
tɕie˧ʐa˧ʈo˥tɯ˧
行如抽出线；

ꄶꂯꊭꑴꍈ
ʐou˧ma˧ʐu˧ʧɯ˧tu˧
右路军向右行，

ꐊꃥꐛꑍꋋꍈ
ȵie˧bu˧ti˧se˧ʑi˧ʣa˧tu˧
行如藤蔓下延；

ꇫꋏꇫꑴꄧ
ɡu˧ma˧ɡu˧ʑɯ˧tu˧
中军向中行，

ꌕꂘꇫꑴꄧ
su˧ʣu˧ɡu˧ʑɯ˧tu˧
分三队行军。

ꌴꀨꒉꑴꀈ
su˥bu˧ɣu˧ʑu˧tsa˧lu˧
来到苏补武，

ꒉꑴꈐꇐꄯ
vu˧ʑu˧ku˧lu˧t'a˧
攻破武九城，

ꒉꄷꃀꄮꄷ
vu˧ta˧lu˧tu˧du˧
武只剩一城。

ꒉꆈꒉꅑꆀ
vu˧dʐɯ˧ɣu˧ɑ˧na˧
武君武阿纳，

ꒉꃅꃆꑴꎭ
vu˧lu˧bu˧ʧu˧hi˧
站在武城上，

ꀋꄔꄧꄮꐦ
ʔɯ˧t'i˧tu˧do˧li˧
连声喊道：

ꌐꏁꌐꁱꂹ
su˧sɿ˧su˧ma˧ɡu˧
人是杀不完的，

ꆏꆹꌐꇯꈲ
nɯ˧li˧sɿ˧ŋoʧ˧li˧
你要把人杀完；

ꁮꋐꁮꁱꅩ
ʣi˧hu˧ʣi˧ma˧tsa˧
水是汲不尽的，

ꆏꆹꋐꎂꅩ
nɯ˧li˧hu˧ʑo˧tsa˧
你要把水汲尽。

ꆈꆏꆹꌐꊭ
ɡo˧li˧nɯ˧su˧zu˧
彝人之子回去吧，

肘霍数·畜牧篇

naɪ goɪ lɯɪ tɕa ȵoɪ
你若回去呢，

ɣɯɪ dʑɯɪ tʂɯɪ kɯɪ tʰɯɪ
武的九包银，

gɯɪ ɣeɪ dɯɪ m̩ ɿ biɪ
当作赎身钱。

joɪ sɯɪ biɪ jɯɪ hɯɪ
俄索毕额说：

ɣɯɪ ɣɯɪ dʑɯɪ kɯɪ tʰɯɪ
武的九包银，

dəɪ hu laɪ liɪ ʑɯɪ
即使摘下日月，

naɪ liɪ biɪ maɪ ɣɯɪ diɪ
你不需给我，

ɣɯɪ ɣɯɪ kɯɪ lɯɪ tɕɯɪ
全占武九城，

ɣɯɪ tʰɯɪ ȵɯɪ m̩ kɯɪ
武银天下白，

ɣɯɪ seɪ ɕɯɪ tʰɯɪ ɣɯɪ
武藏许多金，

ɣɯɪ pɯɪ ɣɯɪ kɯɪ dʑɯɪ
武有九耳锅，

ɣɯɪ dʑieɪ bɯɪ m̩ tɕɯɪ
遍天有武鼓，

ɣɯɪ m̩ ɕɯɪ dɯɪ ʑɯɪ
捉武青枣骝马，

dʑieɪ loɪ tɕoɪ ɣaɪ ʑɯɪ
场坝都搜遍。

ɣɯɪ ɣɯɪ ɣɯɪ a naɪ
武君武阿纳，

laɪ koɪ tʰɯɪ ɣɯɪ ʋieɪ
被穿手心牵着，

ʑoɪ ɣɯɪ ɣɯɪ fɯɪ
杀了臣和布摩。

ɣɯɪ tɕɯɪ ɯɪ ɛ dʐɯɪ
在武城转四次，

bɯɪ ɣɯɪ ɣɯɪ tɕoɪ ɯɪ
向武偶像致敬。

ʋieɪ bɯɪ gɯɪ hɯɪ
省博苟洪，

hɯɪ kɯɪ dɯɪ ȵɯɪ lɯɪ
能去马走处，

ɣɯɪ kɯɪ dɯɪ tʰaɪ lɯɪ
武走处别去。

ɕi˧ ba˧ tɕi˧ ndi˧
洗罢期底，

ʋu˧ɡɯ˧lɯ˧kɯ˧
武牛的踪迹，

lɯ˧ kɯ˧ dɯ˧ lɯ˧
牛踪迹处能去，

ʋu˧kɯ˧dɯ˧tʰa˧lɯ˧
武迹处别去。

nie˧ɡɯ˧ʋu˧tʂʰɯ˧dɯ˧
低处武惧怕，

m̩˧ɡɯ˧tɕe˧n̩˧ɕi˧
高处死一星。

pʰi˧ mei ai dɯ
祖先默阿德，

hu˧ mei ʐɯ
好 的 马，

tʰa˧tʰe˧tɕʰi˧ʐai fei
马 口 环 给 它。

zu˧mei zu tʰa˧ lɯ
好儿生子一切事，

tʰi˧ ʐai ndɯ
他 能 担 当。

ʋu˧ɡɯ˧ɡɯ˧pʰɯ˧tʰa˧
攻占武林野，

dɯ˧ɡɯ˧pʰɯ˧lɯ˧ʐɯ
扩大德家林野。

ʋu˧ɡɯ˧su˧no˧tʰa˧
攻占武好地，

dɯ˧ su˧no˧dʐo˧die
扩大德家好地。

dɯ˧ hu˧ ʐɯ
德 骑 马，

ʋu˧ ɡɯ˧ ndɯ
武 跟 在 后 面。

dɯ˧ lɯ ʐɯ
德 需 要 用 牛，

ʋu˧ ɡɯ˧ tsʰe
武 来 献 祭，

m̩˧tsu˧bi˧m̩˧ʋi
做 人 这 样 做，

ʋu˧ɡɯ˧ɕi˧die˧di
后 来 益 德 说。

肘霍数·畜牧篇

ɣuˋ suˊ biˊ ɿuˋ
俄索毕额，

huˋ luˉɑˊ fuˋ tsuˊ
与阿辅是亲戚。

biˊ ɿuˋ ɿuˋ
毕额勿[19]，

tsʼuˊ kʼuˊ mˊ tʂaˋ ŋgɿˊ
褚苦姆最好，

tsʼuˊ kʼuˊ mˊ ɣuˋ tsuˊ
与褚苦姆有亲。

ɿuˋ ɑˊ nieˊ
勿阿纳[20]，

auˋ suˋ puˋ ɣuˋ tɕoˋ
出自笃勺补，

auˋ suˋ puˋ ɣuˋ tsuˊ
与笃勺补有亲。

nieˊ ɑˊ tsuˋ
纳阿宗[21]，

baˋ guˊ diˋ ɣuˋ tɕoˋ
自出罢姑纪，

baˋ guˊ diˋ ɣuˋ tsuˊ
与罢姑纪有亲。

tsuˋ ɣaˊ buˋ
宗雅补[22]，

nuˋ ʑoˊ sɿˊ ɣuˋ tɕoˊ
出自能益色。

tʼiˊ mˊ nuˋ ʑoˊ sɿˊ
他的马出能益色。

buˋ ɣuˋ ʑoˋ tɕoˊ feˊ
布家尼纪嫁，

duˋ deˋ pʼuˊ ɣoˊ tseˊ
住德歹漢卧，

kuˋ diˊ tɕuˋ muˋ loˊ
是九家底之母。

luˋ ɣaˊ dzuˋ
鲁雅卓，

mˊ tɕuˋ zeˊ ɣuˋ tsuˊ
与姆额任有亲。

doˊ ɣuˋ tsuˋ suˋ
朵俄卒署，

ɑˊ tsuˋ ɑˊ ɲuˊ
阿宗阿努，

ŋgiˊ meˊ seˊ ɣuˋ tɕoˊ
出自更麦舍，

ŋɿ˧ me˧ se˧ ʈʂɯ˧ tsʰɯ˩
与更麦舍有亲。

su˧ lɯ˧ biʔ bu˩
苏娄毕补,

ɣɯ˧ me˧ ɑ˩ ʋu˧
额麦阿武,

ʂo˧ dʐɿ˩ ʈʂɿʔ ɣɑ˩ ɳi˧
出自卧度尼。

tʰu˧ lu˩ dɑʔ lo˧
吐鲁打洛,

tsu˧ ɣɯ˧ ɑ˩ tʰɑ˩ lo˧
卓额阿塔洛,

nɯɯ˧ zɿ˩ tsʰɯ˧ ɣɑ˧ lɯ˩
能益色,

ŋgɯ˧ ʙɯ˩ ɲgɯ˧ viʔ
开始发展壮大,

ɣuɿ˧ ɣɯ˧ zɿ˩ die˩ diʔ
后来益德说。

zɿʔ ɣɯ˧ dɯ˩ tsʰɯ˩ Lio˧
尊敬的德楚,

vu˧ nɑ˧ mɑ˧ lɯɯ˩ zɯ˩
带着家兵去,

hɯ˧gu˧ zeʔ ʙiʔ kɯ˧ liʔ liʔ
到洪谷热尼,

ndzɿ˩ m̩˧ du˩ tsʰɯ˧
君长德楚,

liʔ ʈʂɿʔ tʰo˩ lu˩ ʈʂɿʔ Lio˧
尊敬的他说:

pɯɯ˧ dʑie˩ nɑ˧ zɿ˩ kɑʔ
你本来的根好,

ʙuʔ tʰɑ˩ kɿʔ
好的别败了。

diʔ ʐɿ˩ nɑ˩ mɑ˩ hɯ˧
说了你不听,

zu˩ kɑ˩ tɯɯ˩ tʰɑ˩ kɿʔ
勇士间别争抢,

diʔ ʐɿ˩ nɑ˩ mɑ˩ hɯ˧
说了你不悦。

zu˩ kɑ˩ nɑ˧ su˩ tsu˩
像你样的勇士,

dʐo˩ liʔ ne˧ ʈʂɑ˩ zɯ˧
活着的不多。

肘霍数·畜牧篇

dzɛɪ˧ ɲi˧ kuɪ˧ ʑuɪ˧
凡好的坐骑，

t'a˩ ɭuɪ˧ dzu˧ ma˩ di˧
只要遇到一匹，

dʑɑɪ˧ ŋgu˧ ŋgɑɪ˧ vi˧
就很高兴了。

mi˧ ɣo˩ mi˧ kuei˧
南方北方，

du˧ dzu˩ li˧
德聚拢来，

sɿ˧ tɭuɪ˧ li˧ ɣɑ˧ no˧
施过来的呢，

mi˧ kuɪ˧ uɪ˧ ɣɑɪ˧ suɪ˧
凡是好的马，

do˧ ɭuɪ˧ ȵuɪ˧ vi˧
都已出现了。

hu˧ mei˧ t'a˩ ɭuɪ˧ ʑi˧
有一匹好马，

ʐo˧ lo˧ tɭuɪ˧ li˧ di˧
我来讲述吧，

su˧ me˩ dzu˩ su˩ du˩ li˧ no˧
贤人聚会呢。

t'i˧ tɭuɪ˧ ma˩ bu˧ ɕi˧
它还不止这些，

a˩ ha˧ ȵi˧ zu˧
阿哈尼汝，

fu˧ mi˧ ᵽu˧ t'u˧
父决定婚姻，

t'u˧ li˧ dɑ˧ p'u˧ di˧
许给吐鲁打洛。

ᵽu˧ zɑ˧ dʑi˧ kuɪ˧ tsuɪ˧ t'u˧
父定九十包银，

nɑ˧ hu˧ bu˧ dʑi˧ li˧ dzu˧
那诺补局赴宴，

ʐe˩ dʑi˧ ʈ͡ʂ'o˧ tsuɪ˧ t'u˧
叔定六十包财，

lu˧ nɑ˩ a˩ k'o˧ li˧ dzu˧
洛那阿可赴宴。

se˧ t'uɪ˧ ȵi˩ tsuɪ˧ t'uɪ˧
砌二十座金桥，

t'uɪ˧ mɪ˧ gu˧ dʑi˧
投姆勾纪，

bi˧ ȵu˧ ɭuɪ˧ li˧ dzu˧
毕额娄赴宴。

mu˧ ŋɯ˩ gɯ˩
慕 俄 勾,

a˩ kʻo˩ ȵiɬ kɯ˧
阿 可 尼 古,

fɯ˧ mi˧ pʻiɯ˧ tʻv˧
父 定 婚 姻,

kɯ˧ kɯ˧ gɯ˧ dʑi˧
许 给 古 苦 勾。

pʻiɯ˧ dʑi˧ kɯ˧ tsʻɯ˧ tʻv˧
父 定 九 十 包 财 物,

lv˧ dzɯ˧ lv˧ ɣo˧
鲁 作 鲁 卧,

na˧ nɯ˧ bv˧ li˧ dza˥
那 诺 补 局 赴 宴。

ʐe˩ dʑi˧ ȵɯ˩ tsʻɯ˧ tʻv˧
叔 定 六 十 包 财 物,

a˩ le˧ a˩ ha˧ li˧ dza˥
阿 勒 阿 哈 赴 宴。

se˧ tʻɯ˧ ʐi˧ tsɯ˧ tʻv˧
砌 二 十 座 金 桥,

tʻu˧ m˧ gɯ˩ dʑi˧
投 姆 勾 纪,

bi˧ ɣɯ˧ lɯ˧ li˧ dza˥
毕 额 娄 赴 宴。

ʐi˧ sv˧ ʐi˧
在 座 的 人 呢,

ndzɯ˧ li˧ bi˧ ʐo˧
有 两 位 君 长,

m˧ tʻa˧ lɯ˧ ʐu˧ ne˧
少 了 一 匹 马。

pʻv˧ tsʻɛ˧ bv˧ mv˧
仆 泽 博 姆,

m˧ na˧ se˧ gɯ˩
宝 贵 黑 马,

hu˧ ʐi˧ pʻ tsɯ˧ w˧
好 马 有 獭 迹 印,

ʐi˩ ɣɯ˧ lɯ˧ mɯ˧ hi˧
是 这 样 传 的,

ɣɯ˧ ȵɯ˧ ʐi˧ die˧ die˧
后 来 益 德 说。

tɕʻi˧ ȵɯ˩ gɯ˩
纪 俄 勾,

肘霍数·畜牧篇

ꉌꊨꂘꌠ,
侯 直 米 勺,

ꆹꌺꃀꏾꃤ,
朋友常交往。

ꊭꇖꇩꈍ,
娄娄俄勺,

ꑋꍣꂘꌠ,
额 直 米 勺,

ꀕꑌꃴꁋꆏ,
来到了贝地,

ꄔꃆꄔꍩ,
说话正确合理。

ꃴꅩꑳꀕꀋꊨꇖ,
带家兵去节纪,

ꌉꅩꁨꑌꒉ,
首次交锋后,

ꑋꍣꂘꌠ,
额 直 米 勺,

ꉌꊨꂘꌠꏾ,
侯 直 米 勺,

ꄔꄉꀄꈜ,
德歹漢卧,

ꇰꉌꃴꃰꊨ,
苟侯君长之子,

ꇰꍣꉌꊨ,
苟卒侯直,

ꆅꆹꌠꄳꆅ,
说你要杀他,

ꆅꄡꄖ,
你讲杀他理由,

ꆅꄡꅉꆅꂘ,
请你来分辩。

ꒉꂾꂘꌠꄹ,
维 切 米 勺,

ꉌꊨꂘꌠꒉ,
侯 直 米 勺,

ꑟꉙꃬꏾꒉ,
尊敬的阿纪,

ꆏꇖꊨ,
议事杀牛吃。

ꒉꅩꂯꈜ,
家 兵 去 了,

ꏦꃆꄜꄳꒉ,
到尼博嘎纪,

ɣɯ˧ ʑɯ˧ ndo˩ hie˩ ɕie˩
额的厅堂里，

tɕhi˩ ndɯ˩ bɯ˩ kʼe˧ ʝi˩
布摩祝告禳解，

tʼu˩ tsɯ˩ bɯ˩ tʂʼɯ˩
如树叶在高山。

di˩ ʝi˩ dzɯ˩ ɣa˩ no˩
听说的话呢，

zo˩ tʼi˩ tʂʼo˩ ɣa˩ ɕɯ
我要制止他。

ɣɯ˧ sɯ˧ sɯ˧ bɯ˩ ɕɯ
舅甥常往来，

pʼu˩ tʼu˩ dʐu˩ ʑi˩
濮吐珠益，

zɯ˩ mɯ˩ ʑi˩ o˩ dʐɯ
在仁额氏家，

zo˩ ʝi˩ tʼi˩ ma˧ mo˩
我没见到他。

ɣɯ˧ dzɯ˩ mi˧ su˩ ʐi˩
额直米勺：

a˩ so˩ a˩ so˩ sɯ
从前像远古样，

du˩ de˩ pʼu˩ ʐo˩
德歹濮卧，

ɣɯ˧ xɯ˧ tsɯ˧ kʰɯ˩ zɯ
苟侯君长之子，

ɣɯ˧ dzɯ˩ xɯ˧ dʐɯ
苟卒侯直，

na˩ li˩ zɯ˩ di˩ ʝa
说你要来杀他，

na˩ tʼi˩ tiɯ
你讲杀他原因，

na˩ tʼi˩ ʐo
你来说明理由。

zo˩ li˩ nu˩ ɣa˩ li˩
我听到了，

xɯ˧ zɯ˧ mi˧ su˩ ʐi˩
侯直米勺，

ʐi˩ ɣɯ˩ a˩ tɕhi˩ ʐi˩
尊敬的阿纪，

ndzɯ˩ lu˩ dzɯ˩
议事杀牛吃，

ɣɯ˧ na˩ ma˩ lu˩ ʐo˩
带着家兵去，

肘霍数·畜牧篇

tso̱ lu̱ me tʻi tsu̱
他成功转岭后，

tɤ tu̱ ɣa sa dẕa
越妥额雅啥，

ȵi bu ga dʑi za
到尼博嘎纪，

xu̱ tu̱ ndo hie se
侯的厅堂里，

hie hu kɯ tʻu
用皮盖房顶，

tie ɣu tɕie du bi
附星云轨迹。

m tu gu ɣu
做完了之后，

ȵi dẕɯ tɕʻɯ
立即离开，

lu̱ tsu̱ da bu kɯ lu lu̱
来到鲁索打补，

gu̱ xu̱ ma me li
苟侯兵后面来，

hu dẕ tsu̱ ma lɯ
能打不能胜。

m li ŋu ɣa ȵo
曾经做过的事，

gu̱ ʑie su̱ ma li
打仗的人没来，

tɕie dẕɯ na kua
星多用眼辨，

su̱ lu̱ tu̱ ŋu li
就像这样的。

ʐo̱ ȵi dẕɯ dẕɯ
我祭繁星，

ɣu̱ gua gua
一切点点星。

ndʐu̱ m lu̱ na
你君长呢，

tiu lu ȵi ma ɣu̱
说没有牛，

lu̱ ɣu̱ ʑɯ lu̱ zu
牛是虎豹之子。

ta gu̱ lo lu̱ ȵo
过了一会儿，

be le ȵi ɣu̱
播勒尼家，

puꜜ tɕyꜜ dloꜜ ʑiꜜ tʂeꜜ
布摩大臣为大，

tɕuꜜ toeꜜ seꜜ mbɯꜜ
金 多 银 多，

guꜜ duꜜ huꜜ
马 如 鹤 翅，

tɕuꜜ tiɯꜜ seꜜ xuꜜ
金 银 洁 净，

toꜜ quꜜ hiꜜ liꜜ tsɯꜜ
风 吹 火 落 地，

ɯꜜ tʂaꜜ piꜜ Laꜜ ʑi Lɯꜜ
献 酒 也 一 样。

ʑɯꜜ pu dzɯꜜ miꜜ suꜜ biꜜ
在 额 直 米 勺，

aꜜ soꜜ aꜜ soꜜ mɯꜜ
从 前 像 远 古 样，

zoꜜ ʑɯꜜ Lɯꜜ ʑiꜜ Lɯ tɕiꜜ miꜜ tsu Lꜜ diꜜ
美 丽 的 维 切 米 勺，

duꜜ deꜜ puꜜ ʑoꜜ
德 罗 濮 卧，

guꜜ xɯꜜ suꜜ ndzɯꜜ zɯꜜ
苟 侯 君 长 之 子

naꜜ liꜜ tsɯꜜ liꜜ tiꜜ
说 你 要 杀 他，

naꜜ tiꜜ tiɯꜜ
你 讲 杀 他 理 由，

naꜜ tiꜜ ndəꜜ
你 为 此 分 辩，

zoꜜ liꜜ tɯꜜ ɣaꜜ diꜜ Oꜜ
我 来 听 你 说。

xɯꜜ zuꜜ miꜜ suꜜ biꜜ
侯 直 米 勺，

veꜜ ʂuꜜ tʂuꜜ poꜜ duꜜ ŋoꜜ
左 手 拉 绸 袖，

ȵiꜜ puꜜ ʑuꜜ tɯꜜ beꜜ soꜜ
举 着 双 手，

tiꜜ ʑuꜜ ʐuꜜ zɯꜜ mbaꜜ Lɯꜜ
他 开 言 说 道：

zoꜜ ʑuꜜ aꜜ tɕiꜜ ndueꜜ Lɯꜜ Lɯꜜ
阿 纪 议 事 杀 牛，

ɣɯꜜ naꜜ maꜜ Lɯꜜ zueꜜ Lɯꜜ
带 领 家 兵 去，

duꜜ deꜜ miꜜ ʑiꜜ dieꜜ
德 罗 地 四 边，

肘霍数·畜牧篇

除洪地四方，
侯六德卓地，
只占一瓣地。
林中大畜，
林中牛早收拢，
不留壮猪种。
林木果子，
回走小路合适，
风吹穗种不稀，
上路转回来，
来到鲁索打补。

尊敬的阿纪，
北方大江流，
雾气霭气，
出在不应出处。
施之子侯直，
不是马气息，
没过多的兵。
过了一会儿，
苟侯兵赶上了，
君长儿子好，
苟卒侯直好，

ꊰꏃꑳ
ꀕ zuɪ meɪ
臣的儿子好，

ꄯꀞꆀꊱꑳ
quɪbuɪʑiɪtsuɪmeɪ
笃布尼楚好，

ꀱꊰꑳ
puɪ zuɪ meɪ
布摩儿子好，

ꀊꁈꀱꄉꑳ
aɪpoɪpuɪt'oɪmeɪ
阿宝补陀好，

ꌠꈌꑳ
suɪ k'aɪ meɪ
勇士好，

ꂷꅈꉐꑤꑳ
maɪleɪȵuɪʑiɪmeɪ
麻耐额益好。

ꏪꆹꀊꐚ
ʑiɪȵuɪ aɪ tɕiɪ
尊敬的阿纪，

ꀱꃀꃆꎭꇖ
puɪʑiɪt'oɪgoɪfiɪ
布摩即返回，

ꀊꆃꀊꄯꋊ
aɪȵoɪaɪdeɪgoɪ
阿诺阿迭返回，

ꌠꈌꁮꋍꐥ
suɪk'aɪȵuɪmuɪȵɯpɛɪ
是勇士都去，

ꄧꀹꃬ
t'uɪ p'eɪ deɪ
势如黄松倒，

ꀎꋤꌦꄜꋍꎭ
puɪgaɪt'iɪmaɪt'oɪluɪsuɪ
他好像不抵抗，

ꌒꑱꌟꋊꀕ
suɪʑuɪgoɪȵiɪt'uɪ
就这样返回的。

ꃀꐘꌠꋊꅐ
guɪʑiɪsuɪgoɪfiɪ
给返回者传话，

ꅩꀕꋊꎭꇖ
ȵoɪt'uɪgoɪȵaɪfuɪoɪ
我返回来呢，

ꌠꄳꋊꈎꀮ
suɪdɯpɪgoɪȵuɪluɪ
从别人的路返回，

ꊂꃀꎬꈌ
ndiɪ guɪ ȵuɪ ȵuɪ
坝中连着，

ꋬꑳꁖꀕꑦ
leɪt'iɪdaɪkuɪsuɪ
像鸦为洁拍翅。

ꅩꀕꋊꎭꇖ
ȵoɪt'uɪgoɪȵaɪfuɪoɪ
我返回了呢，

ꀊꐚꑍꊨ
aɪ tɕiɪ xuɪ dzeɪ
阿纪侯直，

ꅐꁌꑌꌠꌐ
ndzɿɪzuɪȵiɪʑuɪoɪ
君长二子住着，

ꁕꑍꑌꋊꉐ
ɕiɪtmɪȵiɪluɪdzeɪ
求两匹神马。

肘霍数·畜牧篇

kʼo˧ zuɯ˧ ko˧
可 汝 果，

ɯ˧tsɿ˧tɕi˧mu˧
像 龙 蛇 繁 殖 样，

mi˧ŋgɯ˧tɕɯ˧tsɿ˧ndɑ˧
万 矛 如 星 飞 舞，

gu˧tʼi˧tsu˧mɯ˧
拍 盾 如 雷 鸣，

tʼu˧ɣɯ˧i˧tsɑ˧ɳʐuʼ˧
银 鞍 如 闪 电，

nɑ˧tʼu˧ndɯ˧tʼu˧ndzɯ˧
看 银 防 眼 酸 痛，

dzɯ˧ʐi˧dʐɯ˧ɣɯ˧bi˧
基 业 是 这 样。

ʐo˧i˧ɣɯ˧ɑ˧tɕi˧di˧
尊 敬 的 阿 纪，

suɯ˧ʐo˧i˧nɑ˧pʼi˧hɯ˧
三 次 眼 盯 着 看，

tso˧ʐi˧tɕʰɑ˧li˧i˧
转 眼 看 着 我，

ʐo˧mɑ˧zɑ˧di˧tʂi˧ɳi˧
看 我 若 不 下 来，

tɕi˧ tʼo˧ pʰu˧ no˧
先 踏 上 土 地 的，

ɕi˧ tɕʼɑ˧ nɯ˧
应 杀 的 人 多，

mbɯ˧tɕi˧ʐo˧ʐuɯ˧ni˧
去 了 怕 被 箭 射。

su˧tɕi˧zo˧li˧zɑ˧ho˧
我 在 人 前 请 客 呢，

ʐo˧mɑ˧tsu˧ɳɯ˧ke˧mi˧oʐ
我 马 种 根 贵 重，

tsu˧tie˧mɯ˧mɑ˧dzi˧
不 能 集 中 拴 着。

pɯ˧hɑ˧ʐuɯ˧tʼo˧bi˧
父 本 马 给 勿，

hu˧kʼɯ˧ko˧ʐuɯ˧vi˧
种 马 嘶 叫。

ʐo˧lɑ˧ʐo˧mɑ˧ndzɯ˧
我 管 不 住 手，

ʐo˧sɿ˧me˧mɑ˧hɯ˧
我 不 是 杀 好 的，

mi˧ gu˧ lu˧ luɯ˧
是 要 刀 和 盾，

da˧ʒu˧tsɯ˧mɯ˧hu˧
只是涌上头。

ʐo˩tsʅ˧mɯ˧ma˧hu˧
不是我的计好，

a˩tsʅ˧bu˩ŋo˧gɯ˧hu˧
是阿娄身亡，

vi˧ʑa˧tʰɯ˧tu˧hu˧
冤仇终止了。

su˧li˧tʰa˩tsu˧diʑ˧
人有一计说，

gɯ˧zɤ˧su˧ma˩liʑ˧
打仗对方不来，

tɕɤ˧tsʅ˧na˧guɤ˧
用眼辨认星宿，

sɯ˧ɣɯ˧tɯ˧mɯ˧vi˧
就像这样的。

ʐo˧ dzʅ˧ dzʅ˧
我祭繁星，

ŋo˧ guɤ˧ guɤ˧
祭每块土地，

sɯ˧ɣɯ˧tɯ˧mɯ˧vi˧
就像这样的。

ndʐɤ˩mɯ˧na˩lo˩hiɤ˧
您这位君长，

pɯ˩ mal˧ ɣɯ˧
说没有物质，

la˧tsʅ˧na˩mbɯ˧tɕi˩
用指弹泪时，

zo˩bi˧so˩ɣa˩tʰɯ˧hiɤ˧
像松上有水样，

tʰi˧ɣɯ˧ʐi˩ma˧tʰi˧
它是这样的。

ɣɯ˧ dzʅ˧ mi˧ sɯ˧
额直米勺，

tsʅ˧hɯ˧zu˩mi˩sɯ˧
这侯直米勺，

m̩˧tɯ˧ʐi˧ma˧hɯ˧
不单是大臣，

pʰɯ˧ʐi˧pʰɯ˩dʑe˩gɯ˩
真的给了供品，

sɯ˧tʰʊ˧mi˩mɤ˧hɯ˧
取三包好财物，

xɯ˩zu˩mi˩sɯ˩biʑ˧
给侯直米勺，

俄索二十四四父本马

肘霍数·畜牧篇

tʰi˧ʐi˧tɕuɣ˧zuɨ˧miʅ˧suɨ˧
他是侯直米勺。

ɳʈʂuɤ˧tɕʰie˧miʅ˧nɑ˧
找马贵根深，

ʐiʅ˧lɯ˧tɯ˧tɕʰɯ˧ŋɯ˧
是这样流传的，

ɣuɤ˧lɯ˧ɤpʰi˧tie˧ɳʈʂuɤ˧
后来益德说。

luɨ˧ɳʈʂuɤ˧tɕʰuɤ˧buɨ˧ɡoɨ˧
花腿的龙马，

tiet˧met˧ɳʈʂuɤ˧soɨ˧hiɨ˧
如去尾神风，

ɳdɑ˧kiu˧tɯ˧ɣɯ˧tɕʰuɤ˧
还会转到高处，

tu˧ɣɑɨ˧lui˧dzoɨ˧
约伴在一起，

sɑ˧ŋɯ˧ʐɑ˧tɕi˧dzuɤ˧
吃上方的草，

ʐi˧lɯɤ˧ʐɑ˧tʂɯ˧tie˧
饮上方流水，

sɑ˧ŋɯ˧ʂɑɨ˧xɑ˧tie˧
吃青草饮洁水。

ɳʈʂuɤ˧tɕʰu˧tɕie˧lu˧
马种有十种，

ɳʈʂkue˧ɳʈʂʰɑ˧tɕʰuɤ˧lu˧
北方十匹种马，

ɳʈʂuɤ˧buɤ˧luɤ˧
种马变多了。

ɳʈʂu˧tɕʰu˧ɳʈʂuɤ˧
所有十匹马，

lui˧dʐoɨ˧ʐiɤ˧ŋu˧
鲁卓益偶，

tsʰɑ˧ɣu˧ɑ˧lu˧
赤伍阿娄，

ɳʈʂu˧ɣuɤ˧ɕi˧yu˧
集中喂养的。

pʰu˧lu˧ɑɨ˧ɡɤ˧duɤ˧tiɨ˧
东边出布欧工笃，

ndzɨ˧tsɑ˧ɑ˧tsuɨ˧
君乍阿邹，

ɑɨ˧tsuɨ˧nuɤ˧ʐi˧tsɨ˧
阿邹能益色，

144

ɣuˉmeˉsuˉdɯˉ
额 买 苏 觉，

ɯˉɣuˉdzuˉzoˉlɯˉ
额 祖 依 娄 马，

pɯˉhaˉtaiˉlɯˉtɕaˉtɯndɯˉ
繁 殖 父 本 马。

duˉdeˉpʰuˉɣoˉ
德 歹 濮 卧，

hieˉnuˉhuˉ
恒 努 马，

tɕiˉnuˉhuˉbɯˉlɯˉdiˉviˉ
纪 努 马 增 多 了。

ɯˉkʰueˉtʰaˉɣuˉŋɯˉ
在 北 边 方 向，

haˉdzeˉŋɯˉbɯˉdoˉ
父 本 马 比 鹿 快，

kʰaˉdeˉŋeˉseˉdɯˉ
骑 壮 马 如 蛇 行，

toˉdzeˉviˉtɯndɯˉ
公 马 使 豺 流 泪。

kuˉdzoˉsuˉdiˉhoˉ
果 卓 人 说 呢，

mɯˉhieˉtsuˉlɯˉloˉ
十 匹 父 本 种 马，

ndzuˉliˉsuˉmɯˉviˉ
它 们 繁 殖 来 的，

ɣuˉmɯˉzoˉlieˉmɯˉɣu
后 来 益 德 说。

duˉdeˉkuˉdɯˉɣu
德 歹 九 德 额，

pʰuˉluˉvaˉɣuˉbieˉ
仆 鲁 旺 的 主 人。

mɯˉkʰueˉtʰaˉɣuˉŋɯˉ
大 地 的 北 方，

saˉzzˉkʰpuˉmˉmɯˉ
君 长 善 管 外 族，

vuˉmoˉvoiˉfieˉsuˉ
收 回 武 的 地 权。

duˉtsuˉdziˉtʰaˉdɛiˉ
德 楚 的 祭 场，

hiˉnaˉɣeˉdɯˉ
粮 牲 用 得 多，

vuˉtsuˉvuˉduˉtuˉ
用 了 很 多 禽，

俄 索 二 十 四 父 本 马

145

肘霍数·畜牧篇

sz˧ ɣi˦ mei˦ gu˦
穿丝又披绸。

ɣu˦ dʑu˦ bu˦
武的旁边，

tɕu˦ ŋi˦ sei˦ ŋi˦
金刀银刀，

zei˦ tsu˦ tie˦ ɣei˦
像花簇绕云边。

dzu˦ tɕi˦ tie˦ ɣa˦ hu˦
虎皮多如云，

mi˦ tie˦ ɕo˦ ti˦ tu˦
天上云层厚。

mi˦ ma˦ tɕo˦
不　祭　天，

mi˦ tɕi˦ tiu˦ tɕi˦
天边地边，

fa˦ mu˦ tʂhɑ˦ ma˦ ku˦
岩花色退不了。

mi˦ ŋi˦ tiu˦ ŋi˦
天马地马，

ɕi˦ ŋi˦ ɬi˦ ŋi˦
斯马里马，

mi˦ gu˦ tpu˦ tɕei˦
天空电光闪烁。

dʑu˦ ŋei˦ dei˦ ŋei˦
卓矛德矛，

zei˦ ŋei˦ lmu˦ ŋei˦
热矛殴矛，

tiu˦ ndzɯ˦ ʑi˦ dʑu˦
地边闪电。

zei˦ dɑ˦ ʐi˦ tsɿ˦ hou˦
进箐林收牛，

lu˦ hu˦ ɬi˦ ɣei˦ tɕi˦
打獐又追鹿，

tse˦ kue˦ tie˦ ma˦ pu˦
哉块黑云开，

nɑ˦ ʔu˦ mi˦
那　伍　姆，

du˦ do˦ fi˦
堵　朵　费，

ɣu˦ lie˦ bɑ˦
额　勒　把，

mu˦ zei˦ ɣɑ˦
莫　任　雅，

146

ꌦꀃꉢ
sɿ˧ ʔu˧ ndʑa˧
史 伍 匠，

ꆈꀕꌦ
nɯ˧ ŋu˧ sɿ˥
能 额 省，

ꅅꊈꊒ
na˧ tɕ'i˥ tsa˩
那 启 乍，

ꀑꆃꅉ
ŋu˩ lie˩ na˥
欧 勒 那，

ꄮꈐꃀꇰꉂ
t'i˥ kɯ˩ mɯ˩ ɣa˧ hĩ˥
这 九 匹 马 最 好。

ꄉꈌꊨꈬꉌ
t'a˧ k'e˧ tse˧ ɣɯ˩ sɿ˩
来 得 早 的 人，

ꅍꄓꁈꎭ
dɯ˩ de˧ p'u˩ ndʐu˩
德 歹 仆 珠，

ꂘꇅꉻꉢ
mi˥ ɣa˧ xu˧ ɣu˧
米 雅 侯 俄，

ꐖꃆꍘꆀ
ɕi˩ m̩˧ dze˧ li˩
骑 着 斯 马 来，

ꄽꃤꄮꂞꆆ
tsé m̩˧ t'i˩ mi˩ mɯ˩
眨 眼 即 过 其 地。

ꑍꆪꀋꒉꇁ
dzɿ˧ hu˩ ma˩ zu˧ xe˧
日 月 不 过 小 路，

ꅪꀖꅇꅉꆐ
ndʑɯ˩ o˩ ndu˩ L̩˩ kə˧
君 长 德 诺 呢，

ꈍꆹꌠꅫꐎ
k'ɯ˩ li˩ su˩ ŋɯ˩ ʐi˩
是 来 到 的 人，

ꉜꆹꊨꄂꋧ
ɣu˩ ɣɯ˩ ʐi˩ die˩ di˩
后 来 益 德 说。

ꅪꀖꅇꅉ
ndʑɯ˩ m̩˧ dɯ˩ k'ə˩
君 长 德 诺，

ꍮꋍꍮꃀ
dzo˩ ʐɿ˩ dzo˩ t'o˥
生 活 状 况，

ꌐꅉꉪꀕ
so˩ na˩ dʑie˩
像 高 大 青 松，

ꎭꅉꄚꃴꅇ
sɿ˧ na˩ t'u˩ mɯ˩ ʂu˩
像 叶 固 柏 树，

ꉂꍮꌵꃶ
xu˩ dzo˩ sɯ˩ vu˩
像 生 长 的 竹 丛，

ꅍꀄꇊꆀ
dɯ˩ tɕi˩ lu˩ ni˩
像 德 巨 禄 尼，

ꎭꆈꑚꇭꃴ
ŋe˩ nɯ˩ t'i˩ xu˩ mɯ˩
倒 熔 铜 水 样，

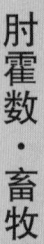

dʐo˧tsu˧ŋu˧li˧
是这样生活的。

su˧ɣu˧su˧ŋo˧
人培养武力，

sɿ˧ʐo˧dʐo˧ku˧
像草会生长样，

dʐo˧tsu˧ŋu˧ʐo˧
人是这样活着。

m̩˧ɡo˧m̩˧kuei˧
南方北方，

su˧mei˧ɣu˧ŋo˧
贤者培养武力，

di˧mi˧ɣu˧gu˧
人间世界，

mei˧ɣa˧ŋgu˧tsu˧tso˧
育能人建好制，

lu˧ɣa˧tsʐ˧tsu˧ko˧
民与奴居其中，

pu˧ɣa˧no˧tsu˧tsʐ˧
在地上迁居，

lu˧tsu˧ŋo˧li˧ŋu˧
如民传我势。

m̩˧li˧dʑi˧ɡu˧ho˧
能得到马呢，

m̩˧ɣu˧so˧dʐo˧kei˧
马拴在长松地。

su˧ɣe˧tsʐo˧dʐo˧dʐo˧
三神生长处[24]，

tie˧lu˧ɡu˧ɣa˧vi˧
喜欢住的地方，

tie˧tso˧ɡu˧ŋu˧
喜欢去代错后[25]，

dʐu˧mu˧ndi˧ɣu˧su˧
老虎在坝里走。

ho˧ɡo˧tsʐ˧mu˧lu˧
杀了绵羊后，

hu˧hu˧xe˧ŋu˧ie˧
鱼儿剖开晒。

ndʐu˧tsɿ˧mi˧lu˧
君长死去后，

zu˧ka˧bɿ˧dɑ˧ha˧
勇士冒寒守灵，

di˧su˧ŋu˧ɣa˧mei˧
人们这样说。

ȵit� duɯ duɯ
日 光 昏 暗，

tsuɯ mie tɕɯ zɯ zɯ
钟 声 不 停 响，

tiɯ hɯ ȵit ma dɿ
听不见垫桌声。

ha ɭɯ ɭɯ
夜 深 沉，

mei tɯ ʑɿ ɣa ȵit
看 白 绸 影，

ʔɿ duɯ duɯ ma mo
盯着也看不见，

dʐa mo gɯ ɣa vi
成 了 这 样 了。

a mie ɭɯ ȵit hon
现 在 这 时 候，

hu ɛ ɭɯ tʂu zo
有新君年轻臣，

m tsu t'a sa ɿ
马 种 别 交 叉，

pu hie tɕo phu bi
给父本马许愿。

m ku tiɯ dʑi tiɯ
跑马讲规矩，

m suɯ ma dʑo gu
实践者不在了，

zo m ku ma hu
我 不 看 跑 马，

ʑu ʑu zo die ȵu
后 来 益 德 说。

t'a gɯ lo liu hon
过 了 一 会 儿，

zo mba zo ɿ su
自说自伤心，

di su hu ɣa mei
是 这 样 说 的。

tu nɯ hon hon ɭu ŋ
各方不断地找，

mei nɯ tɕo hu su
找 六 百 块 好 地，

tsɿ za li lɯ su
像降露水样，

他的家族哭了，

德楚的祭场里，

四个天臣哭了。

拿谈论的来看，

找狗种马种，

首议种别交叉，

三代另换种。

愁热苟侯，

像先臣担事样，

现在都说了。

注释：

①德楚赫宝：俄索君长的夫人，是慕俄勾阿哲家的姑娘。

②德仆知能：俄索部中兴的亲王。

③妥芒布：彝族"六祖"第六支慕齐齐的第二十五世孙妥阿哲的亲弟弟，其政权中心建立在今云南省昭通市镇雄县城一带。

④阿纪：亦称祖摩阿纪，指德仆知能。德仆知能系世袭君长德仆阿歹的么弟，应该是位亲王。

⑤俄鲁哲：兵器名。

⑥阿默：为维遮阿默的简称。

⑦妥姆纪抽：古地名，恒投氏的活动中心，在今四川省成都市附近。

⑧烈吐卓舍：彝族历史第五个时期的中心，在今云南西部。

⑨赤叩：商周之际，古彝人窦朵氏有君长称窦赤叩，其至贤，被后代树为楷模。此后，习惯上将"赤叩"作君长的代称。

⑩额索：彝族耿额时代的统治氏族。耿额出于额索氏，额索氏是非常崇尚布摩学说的氏族。这一时期是布摩文化的鼎盛时期。

⑪克博：是糯克博的简称。彝族"六祖"中第五支慕克克的第十代孙。

⑫鲁歹：糯鲁歹的简称，为糯克博的二哥。

⑬迤那勾纪：部名，为夜郎后裔，后迁至今云南省大理白族自治州一带。

⑭苏布莫舍热：大森林名。

⑮默阿德：彝族"六祖"中第六支慕齐齐的第十一代孙。

⑯额人：指默阿德的七世孙俄索毕额。

⑰朵锅：朵氏族铸造的锅。朵是善于铸造的氏族。

⑱殴钟：殴氏族铸造的钟。殴也是善于铸造的氏族。

⑲毕额勿：俄索毕额之子。

⑳勿阿纳：毕额勿之子。

㉑纳阿宗：勿阿纳之子。

㉒宗雅补：纳阿宗之子。

㉓德巨禄尼：地名，在今云南省昆明市晋宁区一带，由彝族先民武德布开发，并在此兴起了远近驰名的冶铜业。

㉔三神：指君之神尼米祖，臣之神能米府，布摩之神那米勾。三神或称三天君。

㉕代错：地名，即今云南省大理白族自治州苍山一带。

肘霍数·畜牧篇

muʔ ȵuɯ˧ lie˧ muʔ nuɯ ȵuʔ
红鬃紫马

aʔ soʔ luʔ toʔ
从前鲁陀益，

pʼiʔ dzɿ aʔ dzeʔ
仆直阿宰，

tuʔ dzɯ ȵaʔ toʔ
到牧场上去，

muʔ nɯ tsu tʼa hoʔ
有一匹红马，

mi tʼi pʼo pʼi tʼi
还有许多马，

pʼiʔ nɯ zoʔ tsɿ mie hoʔ
起名仆能益森，

nɯ zoʔ tsɿ ȵuʔ nɯ
是能益森种。

aʔ ŋuʔ du dzeʔ
阿苟笃节说：

ba nɯ ndi ȵuʔ doʔ
出现巴能迪马，

ba nɯ ndi ȵuʔ nɯ
是巴能迪马种。

du dzeʔ aʔ kɯ
笃节阿构说：

muʔ nɯ vi ȵaʔ hoʔ
山现的能维马，

muʔ nɯ vi ȵuʔ nɯ
是能维马的种。

aʔ kɯ ȵuʔ dzeʔ
阿构额直说：

tɕʼi kʼu mu ȵuʔ doʔ
高贵的马，

tɕʼi kʼu mu ȵuʔ nɯ
是高贵马的种。

152

ɣuɪ dzɿ mi˧ ɦuɪ˧
额 直 米 勺 说：

mu˧tɕyɪ˧ ma˩ da˩
近 亲 马 不 交 配。

ɣuɪ dzɿ vi˩ guɪ
额 直 维 苟 说：

mu˧ʑuɪ˧lie˧mu˧
红 鬃 紫 马，

tʼa˩ȵi˩ luɪ˧pʰoɪ˧
同 样 的 两 匹 马，

lie˧mo˩mu˧ʑuɪ˧
是 红 鬃 马 种。

ɣuɪ dzɿ vi˩ guɪ
额 直 维 苟，

ndu˩ ɣuɪ tʼo˩ tɕi˧
妥 太 坝 子，

suɪȵi˩du˩ku˩dʑie
三 天 打 九 仗。

ɣuɪ dzɿ vi˩ guɪ
额 直 维 苟，

tsʰuɪȵi˩ kʼo˩zu˧nu
勇 敢 的 少 年，

guɪpetʂɑixeɻo
有 护 盾 与 甲。

guɪdzuɪndzɑ˧ma˩du
不 能 查 战 场，

guɪdzuɪndzɑ˧ŋuɪi
若 查 了 战 场，

xu˧tʼu˧ɣɑ˧mi˧du
湖 里 要 出 迷 觉。

tʼa˩dʑie mi˩ dupʰi˩
去 向 如 何 打 仗，

ɣuɪi˩dʑi˧guɪni
额 娄 几 苟 呢，

pu˩tʼu˩ tu˧ ɮu˧
派 布 朵 鲁 徒，

ɣoɪpʰɑ˧mi˧dzɿ˧ dzɿ
和 额 直 米 直，

huɪtsʰɑ˧ndzuɪmɯ˧ʂɿ
应 答 议 战 事。

ɣuɪdzɿ mi ɦɯɪ˧ɦuɪ˧
额 直 米 勺 说：

guɪtʼu˧ndzopʰɑ˧mi˧
用 藤 做 盾 牌。

红鬃紫马

153

肘霍数·畜牧篇

buɹ tuɹ lur tʰur
布 度 鲁 徒,

ŋor dʒer hir zɿr
额 直 米 勺,

bɿɹ tʰurɹ kʰiur liɹ lur
来 到 了 贝 额。

ŋor dʒer hir zɿr
额 直 米 勺 说:

pʰur sur ɣor ɣar tiɹ
布 像 有 事 吧!

buɹ tuɹ lur tʰur
布 度 鲁 徒 说:

tʰiɹ mur ɣur
他 慕 俄 勺①,

kur tur dur ɣar
众 人 带 箭 戟,

tur kur lur ɣor
说 得 到 土 地,

tɕur ŋerɹ suɹ tʰur
看 戈 和 战 马,

ɕurɹ ŋerɹ ɕurɹ darɹ
看 打 胜 戈 戟,

ɕirɹ ŋerɹ tar dur tʰur
神 戈 达 独 吐②,

durɹ lorɹ turɹ torɹ
德 施 兵 成 功 了,

ŋer ʑur hurɹ zɿɹ ɣor
收 拾 戈 和 盾,

pʰorɹ turɹ ɣurɹ liɹ ɣiɹ
转 回 去 了。

ʋiɹ gur ɣor ʑar tiɹ
维 苟 是 我 派,

hurɹ tʂʰeɹ mʑurɹ tur tʰurɹ
是 应 答 议 战 事,

tʰiɹ diɹ lor
他 这 样 说。

ŋor dʒer hir zɿr
额 直 米 勺 之 母,

kur ʑur ŋar dʒer hurɹ
类 似 事 看 得 多,

ʋar ʑur diɹ lurɹ reɹ
哈 哈 地 大 笑。

sur liɹ tʰar tʰiɹ
有 人 又 来 说,

154

ꆏꑴꕁꈎꇉ
vi˧tʂɿ˧tsʰɿ˧ȵi˧kʰo˧
维只十二岁，

ꍆꊉꅇꂰꌧ
su˧dzɿ˧ndʐɿ˧maɿ˧hi˧
不能查甥业，

ꍆꊉꅇꄮꅩ
su˧dzɿ˧ndʐɿ˧du˧hi˧
若查了甥业，

ꊩꅐꀪꂰꌧ
ʐə˧mu˧vi˧maɿ˧hi˧
就不能穿袍子。

ꄳꊪꃀꆹꑊ
to˧tsɯ˧ɑ˧mɯ˧sɿ˧
我不知抵御事，

ꇐꏂꃀꕁꈎꇉ
tʰu˧zɯ˧ɑ˧tsʰɿ˧ȵi˧kʰo˧
十二岁管事人，

ꆽꀿꊉꃀꌧ
lu˧ɢə˧mu˧du˧hi˧
能做民之主，

ꇐꂯꇗꂰꌧ
lu˧mi˧ŋu˧maɿ˧hi˧
不能理民事。

ꆂꃀꕁꈎꇉ
na˧ɑ˧tsʰɿ˧ȵi˧kʰo˧
你仅十二岁，

ꅋꊐꃚꂰꇙ
du˧dʑie˧vu˧maɿ˧lu˧
战时力不够，

ꀕꁨꑼꂰꌧ
xu˧tʰu˧lo˧ɿ˧maɿ˧hi˧
用不了刀子，

ꀕꅇꑼꂰꈛ
xu˧dzɿ˧mu˧maɿ˧ku˧
不会爱惜刀子。

ꊉꀕꈜꏂꑛ
zu˧ȵi˧kʰu˧tʰa˧tɕʰi˧
别留话柄给子孙，

ꃀꈍꈜꏂꅩ
mu˧ŋu˧kʰu˧tʰa˧hu˧
弃马话别说，

ꄳꑴꂰꇉꄆ
tʰi˧tʂɿ˧maɿ˧lu˧tʰu˧di˧
他的人数多。

ꑴꅇꑣꀪꈀ
ȵi˧tʂʰi˧mi˧ʐə˧hu˧
额直米勺说的，

ꁘꄉꊌꁘꑴ
bu˧tʰu˧lu˧tʰo˧li˧tʂʰi˧
布度鲁徒照办。

ꇓꇔꑴꇐ
ȵu˧lu˧vi˧ɡu˧
额娄维荀，

ꀱꑴꅐꇉꋌ
bi˧ȵi˧dʐə˧lu˧ȵi˧
在贝额卓泥洛，

ꇓꇔꑴꇐꋌ
ȵu˧lu˧vi˧ɡu˧ȵi˧
额娄维荀，

ꃀꊉꌋꂰꇓ
ma˧ȵu˧sɿ˧tʰa˧mi˧
像不需要的样，

ꀕꕁꌧꈬꀪ
vi˧dzu˧mu˧tɕʰu˧li˧
还望兄长讲出。

红鬃紫马

155

肘霍数·畜牧篇

lɯ˧ lɯ˧ ɣɯ˧ gɯ˨
娄 娄 俄 勾，

gɯ˨ ʐei˧ kʰɯ˧ tɕiɯ˧ ʈʂʅ˨
打 了 九 十 天 仗。

tɕo˧ dɯ˧ mɯ˧ lɑ˧ bɯ˨
阵 中 驰 如 雾 翻 滚，

tɕʰi˧ ɟɯ˧ lɯ˧ ve˧ lɯ˨
反 复 来 回，

mɯ˧ ɟɯ˧ lie˧ o˧ mɯ˨
红 鬃 紫 马，

tɕʰi˧ bɯ˨ ɟi˨ lɯ˨ bɯ˧ bɯ˨
足 迹 遍 俄 补[3]，

hɯ˨ bɯ˧ xɯ˧ ɣɯ˧ bɯ˧
如 獭 湖 中 游，

ȵɯ˨ nɑ˧ dʑɯ˧ mɯ˧ fi˨
鱼 儿 向 上 跃，

gɯ˨ tʰɯ˧ dʑie˧ mɯ˧ hɯ˨
白 鹤 投 乔 木，

gɯ˨ dʑie˧ tɕʰi˧ ve˧ tɕɯ˧ ɣɯ˨
林 海 花 簇 繁 茂，

so˧ hi˧ hi˨ o˧ kʰɯ˨
疾 风 显 扫 荡 威。

du˧ di˧ lɯ˨ bɯ˨ tɕi˨
鸟 儿 张 开 翅，

ɕi˧ mi˧ ɟɯ˧ ve˧ mɯ˧ li˨
似 欲 盘 旋 于 天，

tʰi˧ ɟɯ˧ bo˧ li˧ mɯ˧ fi˨
有 过 这 样 的 事。

zo˧ dze˧ vi˨ gɯ˧ ʐo˨
额 直 维 苟 说：

sɿ˧ ɟɯ˧ sɿ˧ bɯ˨ bɯ˧ bɯ˨
丛 林 中 的 树，

hɯ˧ ɡɯ˧ dʑie˧ mɑ˧ mɯ˧
没 有 松 柏 树 高，

ɟɯ˧ tsɯ˧ tʰo˧ hɯ˧ tʰɯ˨
云 雀 声 声 叫，

gɯ˨ tʰɯ˧ du˧ mɑ˧ fi˨
翅 宽 不 如 鹤，

bo˧ to˨ bɯ˧ ŋ̍ɡɯ˨ mɯ˨
山 林 中 鹿 子，

ze˧ lɯ˨ do˧ mɑ˧ ɣe˨
早 起 不 如 虎 豹。

nɑ˧ ȵi˧ hɯ˨ me˧ kʰi˧ mɯ˨
你 因 好 马 出 名，

156

ꀕ ꑲ ꅝ ꄚ
di˧ lɯ˧ lɯ˧ ma˧
要找个说法，

ꀕ ꑲ ꅝ ꂷ ꒰
di˧ lɯ˧ lɯ˧ ma˧ dʑi˧
也没有说法。

ꊒ ꅉ ꊒ ꄮ
tsʻɿ˧ lɯ˧ tsʻɿ˧ pʻa˧
请人到别处，

ꅝ ꂾ ꉐ ꒰ ꆃ
hɯ˧ȵ˧ lɯ˧ lɯ˧ tɕi˧
请够了就行了。

ꃀ ꀕ ꐂ
ŋo˧ lɯ˧ kʻa˧
我的村寨，

ꊇ ꂾ ꊒ ꅝ ꋍ
dʑi˧ lɯ˧ dɯ˧ ma˧ tsʻɿ˧lɯ
不能去请人，

ꃀ ꒰ ꋼ ꅝ ꃖ
ŋo˧ dʑi˧ lɯ˧ ma˧ kʻɯ˧
我是不会去。

ꉑ ꆈ ꒰ ꋍ ꌠ
ŋu˧ zi˧ ŋu˧ dɯ˧ dʑɛ˧
战场打五次仗，

ꇫ ꉐ ꅇ ꊒ ꃖ
ɡi˧ hɯ˧ zu˧ ko˧ kʻɯ˧
危及到生命；

ꌩ ꉐ ꆏ ꒉ
sa˧ ɦiɛ˧ dʑiɛ˧ ʐi˧
交锋六回合，

ꈓ ꉐ ꋥ ꉐ ꅉ
dɯ˧ ɳie˧ ɡu˧ hɯ˧ la˧
倒地盾牌落。

ꅪ ꆀ ꀨ ꒰ ꇖ
hɯ˧ lɯ˧ kʻu˧ zoi˧ tɕɯ˧
洪鲁壳益间④，

ꅇ ꈞ ꃴ ꆏ ꅐ
nɯ˧ nɯ˧ lɯ˧ lɯ˧ tu˧
像雾霭罩着，

ꂓ ꂾ ꅨ ꆏ ꌠ
bu˧dʑɿ˧ mu˧ lɯ˧ zɿ˧pʻu˧
像形体相连样，

ꌐ ꆈ ꀕ ꇖ ꃳ
su˧tʻɿ˧ di˧ li˧ kʻu˧vɿ˧
人们这样说。

ꃴ ꃀ ꅉ ꁈ
ai˧ miɛ˧ tɕʻɿ˧ pa˧
现在这时，

ꅪ ꁈ ꃀ ꋥ
hɯ˧ zoi˧ tʻo˧ tɕʻi˧
洪益妥太地，

ꀭ ꃀ ꃴ ꄑ ꃅ
be˧le˧ a˧ndʐe˧hɯ˧
播勒和阿哲打仗⑤，

ꈌ ꌠ ꇐ
hɯ˧ tɯ˧ tʻo˧
仗打成功了，

ꃅ ꄮ ꀩ ꂾ ꃴ
tu˧tɯ˧bu˧mu˧ho˧
被打跑了。

ꆊ ꂖ ꆿ ꃀ
mu˧ ɡu˧ zu˧ nu˧
慕俄勾人多，

ꈳ ꍞ ꇖ ꃅ ꉐ
tu˧tu˧zo˧mu˧hɯ˧
确知战场上，

红鬃紫马

157

肘霍数·畜牧篇

其中有陀尼人，

回也回不来，

向前走去呢，

无法改变形势。

猎七个獐子，

铸一个好钟，

好马主人转来，

主人骑马到，

说者如是说。

这一队人马，

在下面的歌场，

神马龙马，

都是纯马种，

后来益德说。

阿娄额补，

骑花脸黑马，

到赫默珠舍，

他要去游走。

到扣娄妥卓，

他走到此地，

先收拾马具。

ɕi˧ tsɿ˧ mu˧
七十匹马，

ɕi˧tsɿ˧ ʂɯ˧ʈʂʰɯ˧
都装扮得很美。

mu˧ bɑ˧ʝo˧ mɑ˧ bɑ˧
马齐鞍不齐，

ʝo˧lɯ˧ tsʰɯ˧mi˧ ʝɯ˧
鞍要加带子，

mɯ˧dʒo˧mɑ˧de˧gɯ˧
不能不做好，

ɕi˧tsɿ˧ ʂɯ˧ŋgu˧li˧
马要装扮呢。

kiɯ˧lɯ˧tʰo˧pʰi˧
扣娄妥卓，

tʰi˧ɣɯ˧tɕʰɯ˧ ʝi˧
为建亲戚关系，

kiɯ˧lo˧tɕʰɯ˧ mɯ˧
扣娄除勺博，

tʰi˧mɯ˧lɯ˧ʑi˧miei
用做法命名。

mɯ˧nɑ˧bɯ˧bɯ˧tʰi˧
两脸白黑马，

kiɯ˧tɕʰɯ˧po˧mɯ˧ li˧
从当地转回来，

tʰi˧ɣɑ˧tɯ˧mɑ˧bɑ˧
它却不陪伴。

pɯ˧ ɣɑ˧ ɣe˧
大布摩，

nɯ˧tʰi˧lɯ˧ li˧lo˧
你是它引来的，

ʝɯ˧ ʈʂʰe˧ tse˧li˧pʰe˧
住房备得差。

ɑ˧ lɯ˧ ɯ˧ bɯ˧
阿娄额补说：

fɯ˧mɯ˧tɕʰi˧ʂi˧tʰi˧
开亲别住这里，

tɕo˧li˧tʰo˧tsɿ˧ ʝɯ˧dɯ˧
另外备住处。

xɯ˧ɯ˧lɯ˧lɑ˧di˧
侯额娄腊，

pɯ˧ dɯ˧ tɕʰi˧ nɯ˧
补度赤能，

tʰi˧mɯ˧lɯ˧ʑi˧miei
以其做法命名。

159

红鬃紫马

肘霍数·畜牧篇

鲁诺朵卧，

他来到了，

哭泣流泪，

来到娄娄俄勾。

努讴海迪，

用其做法命名。

阿苟笃节，

阿娄额补，

站在鲁勒苦姆，

看面前的地。

阿苟笃节说：

阿娄额补呀，

远处雾翻滚，

像不散的泡沫，

一方日照处，

他讲所有处住。

阿娄额补说：

从前的时候，

武恒阿宗，

组织猎人猎犬，

见鹿就追捕，

鹿和犬在跑，

到娄娄俄勾,

他 到 了。

打 猎 要 包 围,

追 鹿 要 包 围。

鲁 诺 雅 卧 地,

猎 犬 吠,

追 不 上 鹿 子,

挡 鹿 要 十 人,

要 十 个 大 象 棚。

十 人 能 找 到,

大 象 得 不 到。

大 象 是 野 物,

看 来 不 肯 进 网。

需 要 管 犬 人,

管 犬 人 能 找 到,

良 犬 得 不 到。

鲁 诺 雅 卧 地,

找 三 个 能 人,

三 能 人 还 小。

娄 娄 俄 勾,

抚 养 三 孤 儿,

培 养 三 能 人。

肘霍数·畜牧篇

ʦɿ˧ tɕi˧ a˩ ŋɯ˩ tu˩ ʦæ˧˥ ʔi˧˧
六十个少妇，

ʣu˧ tɕi˧ a˩ ŋɯ˩ ko˩
带六十个孤儿，

ʋu˧ tɕi˧ a˩ ŋɯ˩ ŋo˧
武赶六十孤儿，

ko˧ ȵi˩ ʒi˩
孤儿泣，

ȵui˧ tsɿ˧ tsɿ˧
泪涟涟，

ho˧ du˧ ʒu˩ ɕi˩ ɕi˩
号啕声声。

tɕi˧ ȵi˩ mi˧ pʰa˩
赤娄米帕，

tʰi˧ mu˩ ʒui˧ ɕu˩ miæ˩
用其做法命名。

ɿ˧ ȵi˩ mo˧ gui˩
史娄莫勾，

di˩ su˧ tʰi˧ mu˩ gu˩ li˩
人们这样说。

a˩ ŋgu˩ du˧ ʦæ˩ pi˧˧
阿苟笃节说：

su˩ tɕi˧ mu˩ tʰi˧ ʒu˧
既然是这样，

pʰu˩ ʣe˩ ɕi˧ ʒi˧ pʰi˧ ŋu˩
父背心欠欠，

ʣu˩ tɕi˩ ko˧ ma˩ ba˩
子孙有未婚者，

mo˩ ʣe˩ ʒo˩ pʰi˧ pʰi˧
母背心不安，

tɕi˧ ɕi˩ tʰɕi˩ ma˧ su˩ ʔi˧
儿媳不好找。

qu˧ tɕi˧ ma˧ ndu˩
不祈求笃祖⑥，

gu˩ ʒu˩ ɕi˧ pʰi˧ ŋu˩
沽祖心欠欠⑦，

qu˧ tɕi˧ ɕi˧ ma˧ ʑi˩
求笃心不诚，

su˩ tɕi˩ di˧ ku˩ li˩
人们会这样说。

ndu˩ ȵu˧ ʣu˩
杀牛议事，

ʋu˧ na˧ ma˩ lu˩ ɣi˩
派了家兵去，

lu˧ nu˩ ȵɑ˧ ʀo˩ zɑ˩
到鲁诺雅卧，

tʂo˩ lo˩ ɣɯ˩ mɤ˩
辗转赶上了，

xɯ˩ mɑ˩ tʂʰi˩ zo˩
用刀劈兵丁，

ŋo˩ zi˩ mu˩ ʂɯ˧ ɣɯ˧ lo˩
向鄂求胜力⑧，

ɣɯ˩ ho˩ ʐo˩
又用羊祭祀，

zo˩ ɣɯ˩ tsʰi˩ lo˩
准备用武力。

lu˩lu˩ ɣo˩ ŋgu˩ ki˩li˩ lu˩
到了娄娄俄勾，

ɑ˩ ŋgu˩ du˩ dʑe˩
阿苟笃节，

dɑ˩ nɯ˩ ndi˩ ʐɯ˩ tʰi˩
整理好戟和弩。

du˩ dʐe˩ ɑ˩ kɯ˩
笃节阿构，

mu˩ ɣɯ˩ vi˩ nɯ˩ dze˩
骑维能紫马。

ɑ˩ kʰu˩ lo˩ le˩
阿苦洛勒，

mu˩ tʂɯ˩ nu˩ dʑɑ˩ fi˩ ʂu˩ dze˩
骑史诺匠费马。

tʰu˩ pʰu˩ bu˩
妥朴布，

mu˩ tʰu˩ nɑ˩ pʰɑ˩ dze˩
骑独眼白马。

ɑ˩ lɯ˩ ɣɯ˩ bu˩
阿娄额布，

mu˩ ndɯ˩ bu˩ tʰu˩ dze˩
骑白脸黑马。

mu˩ ɣɯ˩ ɑ˩ nɑ˩
莫武阿纳，

mu˩ nɑ˩ ʐɑ˩ ndi˩ dze˩
骑旺直黑马。

mu˩ ɣɯ˩ ɑ˩ lu˩
莫武阿娄，

mu˩ ʐɯ˩ to˩ tʂɯ˩ dze˩
骑巨遮紫马。

ku˩ ɣɯ˩ ɑ˩ du˩
古武阿德，

红鬃紫马

163

肘霍数·畜牧篇

mut ɣut tɕi tsa dzei
骑启乍紫马。

su hi ɣu
八 个 人，

mut hi lum bit dzei
骑 八 匹 马，

ɣu na mal lum
带 着 家 兵 去。

mut to pie ŋ t
雄马越鸠藤，

ŋu tɕi fa ga la tɕa
践 踏 欧 池 法 嘎。

zei bi tu pu
益 尼 投 普，

xu lo pu ŋu tɕi
侯 洛 波 欧 池，

tu a tɕi pu da
在 池 搜 索 破 坏。

xu ɣu za
侯 出 兵，

pu kʼo su tsu
清 除 搜 捕 者。

ɣa mi du bi
啥 米 堵 彼，

ba kʼo yi kʼo zai
凡 侯 莫 维 到 处，

vi ŋa lux ŋa
维 追 侯 也 追。

du mi ɣi ga du
越 笃 米 哎 嘎，

xu mo du ɣu tɕi
侯 莫 如 烧 蜂，

ma mi ʐe ŋu li
众 兵 反 复 攻 击。

ma mi ʐe ŋu li
君 长 理 财 大 臣，

mi bi ʐi la
两 手 给 财 物，

mi ma ʂe tsu tɕi
求 地 得 地 多。

xu ta na ŋu tɕi
在 侯 达 那，

mo tɕa lə ŋu zai
下 到 祭 母 场。

xɯ˧ tɑ˧ nɑ˧ ɣɯ˧ ɖo˥
是 在 侯 达 那，

sɯ˧ p'u˧ ɣo˩ ko˧ tɯ˧
设 三 祖 神 座。

ʐi˧ tʂ'ɛ˧ k'u˧ bie˩ li˥
坐 在 祭 祀 位，

ndo˩ ɲi˧ ʐɯ˩ li˧ mɑ˩ hu˩
不 是 来 分 喝 的，

tʂ'ɛ˧ p'i˩ ʐɯ˩ tʂɛ˧ lɛ˧
外 来 攻 扯 勒 地⑨，

gɯ˩ ʐe˧ ɲɯ˩ tʂɛ˩
享 受 胜 仗 乐。

be˩ lɛ˧ tʂo˩ ɑ˩ lɑ˧
播 勒 卓 阿 娄，

ɡɑ˧ sɯ˧ to˩ ɲɯ˩ ɣɛ˩
变 成 了 外 人。

mɯ˩ li˧ tɯ˩ ɣo˩ lɯ˩
得 到 马 的，

k'ɯ˩ bo˩ tɯ˩ ɲɯ˧ li˩
就 只 有 克 博，

ɣo˩ ɲɯ˩ zi˧ dɛ˧ lɯ˩ ɣo˩
后 来 益 德 说。

mɑ˧ mi˧ ʐe˩ ɣɯ˧ tʂo˥
众 兵 辗 转 走，

lɯ˩ lɯ˩ ɣo˩ gɯ˩
娄 娄 俄 勾，

k'ɯ˩ li˩ lɯ˩
来 到 了。

ʐo˩ tɯ˩ hu˩ sɯ˩
约 人 选 马，

xɛ˩ kɑ˩ kʻɑ˩ xɛ˩
整 理 甲 戟，

ʐu˧ nɑ˧ mɑ˩ ɣo˩ lɯ˩
家 兵 出 发 了，

gɯ˩ ɲɑ˧ ɣo˩ gɯ˩
如 见 鹤 群 飞，

ʐu˧ hu˧ to˩ ɲɯ˧
在 署 洪 多 启，

ɑ˩ gɯ˩ ʐɑ˩ hɑ˧ ŋɑ˩
全 线 猛 追 赶。

to˩ tʂʻi˩ mɑ˧ gɑ˩
在 多 启 马 嘎，

k'ɯ˩ lɯ˩ hu˩ mɯ˩ gu˧
凡 去 处 用 盾，

红鬃紫马

肘霍数·畜牧篇

kʼu˧ dʑɑ˧ tɕi˩ bɯ˩
去者带战刀。

lu˧ ʎe˧ tsʰɯ˧ tʰi˧ hɯ˧
鲁勒十层山，

tsʰɯ˧ tʰi˧ mi˧ ɖʐɯ˧ kʼo˧
收十层山的牛。

ɣɯ˧ nɯ˧ kɯ˩ bi˧ bɯ˩
乌能九山岭，

bɯ˧ hɯ˧ kɯ˧ ndzɯ˧ bɯ˩
收九群绵羊。

ndzɯ˧ hɯ˧ ʎo˧ tʰi˧ tsʰɯ˧
石层选珠宝，

hɯ˧ gɯ˧ a˧ ɣɑ˩ kʼo˩
战争为获利。

ɣɯ˧ kʼu˩ nu˧ ɣɑ˧ nɯ˩
雾霭罩乌能，

gɯ˩ mɯ˩ kʼɯ˩ nu˧ ɣɑ˩
鹤到要停下。

tʼa˧ bu˧ na˧ tʼa˧ ʎo˧
一切你别预料，

tɯ˧ tʼi˧ mɯ˧ bɯ˩ nɯ˩
做了就明白，

tɕʼo˧ bɯ˧ kʼɑ˧ kʼɯ˧
吓唬话记否？

no˧ ɣɑ˧ do˧ ɣɯ˧
朵伍地方，

no˧ ɣɑ˧ ɣɯ˧ nɯ˧
乌能地方，

no˧ ɣɑ˧ sɯ˧ tɕo˧ dzo˧
即去叟朵等地。

fɯ˧ tɕʼi˧ du˧ ɣɑ˧ hɯ˧
婚姻有婚规，

gɯ˧ tɕʼi˧ ɣɑ˧ ɣɯ˧ dʑɯ˧
战规在那里，

sɯ˧ tʂʰɑ˧ nɯ˧ ɕi˧ tʰi˧
该杀的下死心。

ɳi˧ li˧ lo˧ gɯ˧
拟利洛谷，

kʼɯ˧ li˧ lɯ˧
来到了，

dʑu˧ dʐe˧ na˧ dʑo˧
笃节那局，

tɕʼo˧ tsʰɯ˧ dze˧ ŋo˧ ɣe˧
带领六十骑，

166

攻打鲁且麦。

娄 娄 勾,

进入额德朴,

南方开始晴,

笃节来攻杀。

笃节阿宗,

引领大家转移,

天黑停战归。

赤伍欧去迎接,

欧是站着的,

宾礼声相连。

到愁娄雅卧,

阿苟笃节,

那知笃节,

你俩得此马,

是在战场上,

这两位英雄,

是君长之子,

人们还不知道。

在高天之下,

天威算最高,

宽广地势下,

肘霍数·畜牧篇

ꄘꐨꄚꑼꑠ
t'ɯ˧hu˧t'a˩ɣo˩fi˩
地势最宽广,

ꄞꃅꎼꉾꃤ
dʑa˩ɣɯ˧su˧ŋɯ˧fi˩
就是这样的。

ꃅꂷꅊꂿ
mɯ˧ ma˩ nɯ˧ mei˧
熟知军务,

ꀉꍆꄮꐎ
a˩ ŋɯ˧ dṳ˩ dʑe˩
阿苟笃节,

ꅔꄲꎼꇤꀯ
dʑe˩ɳdi˩su˧ɣa˩ɳ˧
是想发展之人,

ꐍꆀꎼꅟꃤ
dzu˩ li˧ su˧ŋɯ˩ fi˧
是创业之人,

ꇤꑾꁍꅉꃀ
gɯ˩ʑe˩k'ɯ˧hu˧dʑi˩
打仗威势大。

ꇇꒊꃀꄿ
lu˩ ɣɯ˩ ɣɯ˧ t'ʂ˩
后有龙跟随,

ꃅ ꎼ ꆹ
mɯ˧ su˧ ni˩
做的人呢,

ꃅꆹꎼꇤꃨ
mɯ˩li˩su˧ɣɯ˩vi˧
是这样做的,

ꑼꃅꑿꉆꅉꃤ
ɣo˩ɣɯ˩zi˩de˩dʑi˧
后来益德说。

ꇰꇰꌗꑠꁋ
k'u˩tsu˩po˩tsu˩li˩
动身转回来,

ꇍꃅꑿꇴꇰꃤ
lɯ˧lɯ˧ɣo˩gɯ˩k'u˩li˧
来到娄娄俄勾,

ꃆꃅꑼꄉꇴꑼ
mi˩ɣɯ˧t'a˩gɯ˧ɣe˩
上面打了一仗,

ꄘꎼꁍꅟꎰꃦꅉ
t'ɯ˧ɣɯ˧tɑ˩su˩vi˩dʑi˩
下边须还愿。

ꃤꑾꋊꋜꇰ
lu˩le˩ʐi˩zu˩k'u˩
鲁勒二幼子,

ꁧꑾꍠꋊꃅ
be˩le˩t'u˩ʐi˩ɣɯ˩
播勒按时祭祖。

ꌕ ꇴ ꐍ ꃅ
su˧ k'u˩ dzu˩ ɣɯ˧
叟古卒姆,

ꁧꑾꂷꉪꅉ
be˩le˩mi˩ndʐɯ˩dʑi˩
播勒以食物还愿,

ꁧꃀꁧꄉꉈꇴꋏ
pu˩ɣɯ˩pu˩ʂʅ˩u˩ɣu˩dʐ˩
布摩是布泰伍吐,

ꀉꍆꄮꐎ
a˩ ŋɯ˧ dṳ˩ dʑe˩
阿苟笃节,

ꁧꄘꇰ
pu˩ t'ɯ˧ k'u˩
在布摩台口,

ʑut˧ lɯt˧ mɯt˧ ɣa˩ ʑit˧
掌 握 做 的 呀。

mɯt˧ ʑɿ˩ ʐi˧ mɯt˧ ʑɯ˧
先 祭 天,

mi˧ mɯt˧ tʰu˧
祭 天 时,

tʰu˧ mɯt˧ tʰu˧ ʔu˧ lɯt˧
祭 地 时,

ɣɯ˧ bɯ˩ lɯ˩ ʐe˩
额 布 娄 舍,

tɕʰu˧ pʰa˩ dzu˧ a˩ na˩
愁 帕 阻 阿 那,

mɯ˩ de˩ dzɯ˩ mɯt˧ ʑit˧
莫 德 则 偶,

mi˧ ɯ˧ ti˩ li˩ tɕʰet˧
祭 天 他 跑 了,

tʰu˧ mɯt˧ tʰi˩ li˩ dʑit˧
祭 地 他 不 在。

a˩ pʰɯt˧ tsɯʁ̩ pʰɯt˧
布 摩 要 敬 酒,

mo˩ de˩ tsɯʁ̩ tɕʰɿ˩ pʰɯt˧
莫 德 说 别 敬 酒,

tʰi˧ di˧ lɯt˧
他 这 样 说 了。

pu˧ tʰɿ˧ tɕɿ˧ ʔu˧ ti˩ ma˩ dʑi̩
布 泰 蛊 伍 不 悦,

pu˧ tʰɿ˧ tɕɿ˧ ʔu˧ ti˧
布 泰 蛊 伍 说:

mi˧ ʑɯ˧ ɲi˧ he˩ ʑɯ˧
天 尾 的 山,

mi˧ ʑɯ˧ ŋo˧ li˧ ʑɯt˧
天 由 我 来 祭,

hu˧ ʑi˧ na˩ li˧ ʑɯt˧
青 山 由 你 祭。

tʰu˧ ʑɯ˧ ʑɿ˩ lɯ˧ ʑɯ˧
地 上 的 山 岭,

tʰu˧ ʑɯ˧ ŋo˧ li˧ ʑɯt˧
大 地 我 来 祭,

lu˧ ʑɯ˧ na˩ li˧ ʑɯt˧
山 岭 你 来 祭。

mi˧ pʰa˧ hu˧ ŋo˩
天 山 一 半 退 了,

mi˧ pʰa˧ hu˧ ma˩ ŋo˩
天 山 一 半 不 退。

169

肘霍数·畜牧篇

ꄰꉿꀁꄜ
tʰɯ˧ pʼa˦ lɯ˦ ŋgo˦
地岭一半退了，

ꄰꉿꀁꅱꄜ
tʰɯ˧ pʼa˦ lɯ˦ ma˧ ŋgo˦
地岭一半不退。

ꍒꎭꃰꄃꈀ
ɕie˦ ʐɯ˧ a˦ de˦ bɯ˦
主人阿德布，

ꉬꅂꐨ
tɕó˦ gɯ˦ xɯ˧
六个苟侯布摩，

ꉬꀁꎥ
ŋɯ˦ lɯ˧ ndɛ˦
五个鲁歹布摩，

ꂿꄓꎂꀕꃀ
me˦ dɯ˦ ɕe˦ pɯ˦ mɯ˧
是默德施布摩，

ꇈꀠꊥꏦꐒ
ŋga˦ li˦ to˦ ʐi˦ ʐə˦
请来为祭祖，

ꌠꄉꄜꅱꄜ
sɯ˦ tʰi˦ li˦ ma˦ tʰi˦
不请他说话。

ꌠꈲꐇ
sɯ˦ kɯ˦ dʑe˦
挤满人，

ꃅꇗꃆꃠꑣ
mɯ˦ lɯ˦ ɣa˦ nɯ˦ di˦
事在进行中。

ꀁꀜꇅꒉꑐ
a˦ ŋgɯ˦ dɯ˦ dʑe˦ nɯ˦
阿苟笃节说：

ꐇꑴꀋ
dʑe˦ bɯ˧ mo˦
这个布摩，

ꆅꂾꑐ
na˦ mba˦ lɯ˦
你的说法，

ꌃꈁꆫꌃ
sɯ˦ kɯ˦ nɯ˦ sɯ˦
三句话好听，

ꌃꈁꆫꑱꌃ
sɯ˦ kɯ˦ nɯ˦ ma˦ sɯ˦
三句话不好听。

ꃩꃀꄑꈎ
dɯ˦ dʑe˦ a˦ kɯ˦
笃节阿古，

ꃃꃅꃤꏦꄀ
mɯ˦ nɯ˦ vi˦ ʐa˦ tʼi˦
解开能维马，

ꑭꐰꊸꏦꈀ
pɯ˦ dʑe˦ tɕʼi˦ ʐa˦ kɯ˦
拴布摩座位脚。

ꄎꑬꌵꊪ
tʼi˦ lɯ˦ ŋgo˦ ʐa˦ tʰɯ˦
在此之后，

ꑭꐌꇊꊥꑉ
pɯ˦ tʰi˦ li˦ ɯ˦ ne˦
布泰蛩伍呢，

ꀭꌠꆃꇜꈇ
bɯ˦ sɯ˦ la˦ vɯ˦ vɯ˦
手作光记号，

ꇑꃢꃶꇬꄤ
la˦ tɕʼe˦ pa˦ tɕʼi˦ xo˦
抬手引太阳，

dzoɿ˧ ɿ˧ ma˧ kɯ˧ ɕi˧
太阳还未到。

tɕʰi˧ tɕʰo˩ ʐɯ˩ dʑa˧ ɻ̍˧ dzoɿ˧
启确生多手,

bu˧ tsu˧ ʐa˧ ɻ̍˧ ʋu˩
手作光记号,

bu˧ su˧ ʐa˧ ma˧ me˩
未及找光明,

dzoɿ˧ pu˩ me˧ lo˧ ɻ̍˧
先念请太阳,

dzoɿ˧ ma˧ do˧ ɻ̍˧ ɕi˩
日还未出来。

dzoɿ˧ do˩ mi˧ li˩ ʐe˩
日出绕苍穹,

dzoɿ˧ do˩ li˧ ɻ̍˧ o˩
日出之后,

dzoɿ˧ ɳɖʐɯ˩ ɕi˧ mi˧ dzoɿ˧
日行整齐天,

ɕi˧ mi˧ dzoɿ˧ o˩ ʋu˩
天空齐整了,

su˧ ŋɡoɿ˧ tɕi˧ ɳɖʐa˧ ɳɖʐa˩
难行处踏脚。

tɕi˧ tɕi˧ ɡe˩ hu˧ ɻ̍˧ xo˩
举脚引月亮,

hu˧ ʐɯ˩ ma˧ kɯ˩ ɕi˩
月亮还未到,

Pi˧ sɿ˩ ʋu˧ ɳu˧ ɳɡ̍˩
匹史力气大,

ʐu˩ tɕi˧ ɳbi˩ zɯ˩ zɯ˩
除障就明亮,

hu˧ do˩ bu˧ ʑi˧ ɻ̍˩
月出亮堂堂,

hu˧ do˩ tie˧ hu˩
月出云散。

hu˧ zo˩ li˧ ɳɖʐɯ˩ o˩
月亮升起后,

hu˧ ɳɖʐɯ˩ ɻ̍˧ dʑu˧ ɳde˩
整平月行地,

ʐi˩ dzoɿ˩ ɡu˧ tʰi˩ tʰi˩
四方路断裂,

Pɯ˩ li˩ Pɯ˩ tɕ'i˧ ɕi˧ ɻ̍˧ ɻ̍˩
布泰蛩伍吐,

ɳu˧ Pu˧ mi˧ bu˩ mo˩
看欧朴天空,

红鬃紫马

171

肘霍数·畜牧篇

puɿ˧ kɯ˧ kɯ˧ zu˧ ʐɿ˧
布的喊声响亮。

mɯ˧ dʐo˧ ɻɯ˧ tʰɯ˧ ɻɿ˧
如此做之前,

me˧ dʐe˧ zu˧ tʰɯ˧ hi˧
麦遮汝投说:

lɯ˧ ʐɯ˧ tɯ˧ ma˧ bɯɿ
要的不止这些,

hi˧ ne˧ tɯ˧ lo˧ dʑi˧
说出要掌握的。

puɿ˧ tʰɯ˧ ltɕi˧ ŋu˧ tʰɯ˧
布泰虿伍吐,

puɿ˧ kɯ˧ mi˧ ma˧ xɯ˧
口不念经文,

tʰu˧ ŋu˧ tso˧ ma˧ tsʰɿ˧
松尖未萎完,

naɿ ɣu˧ lɯ˧ dʐo˧ lɯ˧
你是在欧鲁,

puɿ˧ tiu˧ tsu˧ zu˧ ʐɿ˧
布话声朗朗。

tɕɿ˧ ɣɯ˧ ɻɯ˧ tʰɯ˧
开始的时候,

ŋu˧ su˧ kʰaɿ a˧ me˧
谷素卡姑娘,

xɯ˧ tɕʰe˧ xɯ˧ tʰo˧ ɣɯ˧
穿铁衣铁裳,

xɯ˧ be˧ xɯ˧ xɯ˧ fe˧
铁袍铁裙飘动,

mi˧ pi˧ lɯ˧ lo˧ tʂe˧
嫁给米迫娄⑩,

pʰɯ˧ lɯ˧ zu˧ kɯ˧ mo˧
迫娄九子之母。

ɕe˧ ʐɯ˧ tʰe˧ pi˧ tɯ˧
虿迫能主人,

mi˧ pi˧ lɯ˧ li˧ ʐɯ˧
在米迫娄之前,

tie˧ me˧ tsu˧ ɻɯ˧ ʐɿ˧
为官坐云端,

lɯ˧ ʐi˧ tʰi˧ lɯ˧ pʰi˧
住在二层边。

tɕʰɯ˧ lɯ˧ go˧ mi˧ ho˧
秋生麻木病,

nuɿ lɯ˧ dʐo˧ zo˧ ho˧
病生在腰上,

ȵdʑaɿtɯŋvi˧	a˩pʰɯ˩lɯ˩lo˧
有了灾难。	如阿迫料想,
tɕi˩lo˧tɯvɯ˧o˩ȵo˩	nɯ˧gu˧pʰɯ˧ɣa˧mɯ˧
在这之后,	能姑朴姑娘,
mei˩dzei˩mɑ˧	dzei˩be˩dzei˩tɕʰo˩ɣie˩
麦遮看见了,	穿铜袍铜衣,
tʰa˩tʰu˩tʰu˩ŋuɿ˧ɣa˧ŋa˩	dzei˩tʰie˩dzei˩xɯ˧fei˩
砍了一棵松,	铜衣铜裳飘,
tʰa˩tɕʰi˧tʰi˩ŋuɿ˧ɣa˧ŋa˩	dzei˩mi˧ȵdʑɯ˧ɣa˧ɻi̩
解一条辫子,	住在纪米纠,
tʰa˩zo˩tʰɯ˧ŋuɿ˧ɣa˧ŋa˩	mi˧du˧ȵdʑɯ˧ɣa˧ɻi̩
用一寄生草,	嫁到米堵纠⑪,
tʰa˩ndo˩ndo˩ŋuɿ˧ɣa˧ŋa˩	du˧ȵdʑu˧zu˧hi˧
放上一个蛋,	堵纠八子母。
tʰa˩kʰɯ˩kʰɯ˩ŋuɿ˧ɣa˧ŋa˩	tie˩mi˧tɯ˧a˩ȵa˩
天黑的夜晚,	天上的金鸟,
mɑ˩ɕi˩de˩ɣa˧no˩	mi˧du˧ȵdʑɯ˧li˧vi˧
就不会死了。	米堵纠来用,
hɯ˧ʔɯ˧lɯ˧ʔɯ˧	tsʰɯ˩lɯ˩tsɯ˧ɣa˧ȵi˩
山岭山峰,	为官坐地上。
di˧ɣa˧ndzi˧li˧suɿ˧	mi˧du˧ȵdʑɯ˧zu˧hi˧
好像避让了,	米堵纠八子,

红鬃紫马

肘霍数·畜牧篇

fɿ˧dʑə˧dɑ˧dʑə˥˧
牙麻木牙坏了，

fɿ˧dʑə˧zo˧zə˧ɿ˧
牙麻就痛，

dɑ˧dʑə˧zo˧zə˧tɕʰɿ˧
牙坏了就酸，

dʑɑ˧tɯ˧mɯ˧di˧ʋi˧ʐə˧
情况是这样。

tɕʰi˧ʔo˧tɯ˧mɯ˧ɳo˧ʐə˧
在这之后呢，

me˧dʑɤ˧tɕʰi˧tʰɑ˧tɕʰi˧
麦遮在一丈地，

tʰɑ˧ fɿ˧ fɿ˧
放一盆蒿草，

tʰɑ˧zo˧tɯ˧mɯ˧tɯ˧tɕʰi˧
放些寄生草，

tʰɑ˧ ndo˧ ndo˧
放上一个蛋，

tʰɑ˧kuə˧kuə˧tɯ˧mɯ˧tɕʰi˧
在天黑的夜晚，

tʰɑ˧tɕi˧pʼɿ˧zɯ˧bu˧sɯ˧
在地上的人群，

hu˧ tɕʰi˧ lu˧ tɕʰi˧
山岭脚下，

ɳu˧nɑ˧pɯ˧nɯ˧sɯ˧
像一大群鱼，

mi˧du˧tɕɯ˧mɯ˧ndʑɿ˧
为米堵纠祝告。

tɕʰi˧pɯ˧tɕɿ˧mɯ˧ʐə˧
布泰蛊伍，

pɯ˧kʰɯ˧lɯ˧mɯ˧hi˧
口里求天地，

tʰɯ˧mɯ˧lɯ˧vi˧di˧
向天说有过错，

mu˧tɕʰɯ˧dʑɯ˧mɯ˧zɑ˧
解下能节马，

pɯ˧dʑi˧tɕʰi˧ʐɑ˧kʰɯ˧
拴布座位脚。

ɡu˧tɕʰo˧tsʰɿ˧zo˧
六十个兔子，

ʋi˧lu˧ɳɯ˧zi˧xu˧
送解冤用牛，

tɕʰo˧tsʰɿ˧ɕɿ˧ʐi˧lu˧
六十条青骟牛，

拴布座位脚。

布莫舍省，

舍省手下，

能维马最好。

布传话去讨，

此马是能节马，

是史朴所有。

后布又传话，

布泰蚩伍来用，

给阿赤阿哈，

是布哈侯新种。

马种还不多，

神龙马种，

由他来传种，

后来益德说。

能直舍马，

妥能确马，

是纳舍马种。

吐鲁打洛⑫，

纳姆苏楷地，

出署宜枣骝马，

红鬃紫马

175

肘霍数·畜牧篇

reˋ ɿiˊ tɯdɯˋ ʑuˋ tɕiˋ
是维宜陡马种。

ʑuˋ tʻaˋ pʻuˋ ɕeˋ
额塔朴显，

muˋ tɕiˊ ɣoˋ tʻoˊ fiˋ tɕaˋ dɔˋ
出何脱费马，

xoˋ tʻoˊ fiˋ tɕaˋ ŋɯˋ
何脱费最好。

kʻuˋ tɕiˋ ŋeˋ duˋ
扣齐挨堵，

aˋ daˋ dɯˋ tsʻɿˋ
阿达德楚，

muˋ tɕiˋ tietˋ meˋ taˋ ɣɯˋ dɔˋ
出史代麦达马，

tietˋ meˋ taˋ ɣɯˋ tɕiˋ
是代麦达马种。

aˋ daˋ dɯˋ tsʻɿˋ aˋ tɕiˋ
阿大德楚阿支，

muˋ tɕiˋ zeˋ ɣaˋ dɔˋ
出史任马，

muˋ tɕiˋ zeˋ ɣɯˋ tɕiˋ
是史任马种。

aˋ dʑaˋ buˋ muˋ
阿匠布姆，

muˋ tɕiˋ ʔuˋ tɕdʑaˋ ɣɯˋ dɔˋ
出史伍匠马，

dʑaˋ ʔuˋ tɕdʑaˋ ɣɯˋ tɕiˋ
是史伍匠马种。

buˋ deˋ aˋ ʑiˋ
布迭阿以，

muˋ tɕiˋ huˋ buˋ muˋ ɣɯˋ dɔˋ
出史洪布姆马，

huˋ buˋ muˋ ɣɯˋ tɕiˋ
是洪布姆马种。

ŋaˋ ɣɯˋ muˋ tɕʻuˋ hɯˋ dɔˋ
安额出四匹马，

kʻuˋ tɕiˋ ŋeˋ duˋ
扣齐挨堵，

ŋaˋ ɣɯˋ muˋ tɕaˋ tɕiˋ
安额马的种。

guˋ dzɯˋ pʻuˋ kuˋ
苟卒朴构，

duˋ xoˋ toˋ ɣɯˋ dɔˋ
出现堵合莫马，

dut xo tom ghɯt
是堵合莫马种。

a¹ de¹ ɣɯ¹ gɯ¹
阿迭额苟,

ngɯ¹ bu¹ na¹ ɣɯ¹ do¹
出苟布纳马,

ngɯ¹ bu¹ na¹ ɣɯ¹ tɕɯ¹ ŋ
是苟布纳马种。

ɣɯ¹ gɯ¹ a¹ tɕy¹
额苟阿巨,

mɯ¹ sɿ¹ li³ ɣu¹ ɣɯ¹ do¹
出史利乌马,

tʰi¹ ɕi¹ ɣa¹ ɣɯ¹ ŋɯ¹
有四到五匹。

me¹ tɕe¹ tɕy¹ i¹ a¹ tʰa¹
麦遮巨益阿泰,

bu¹ bel¹ le¹ a¹ ve¹ zu¹
毕播勒阿外惹⑬,

mi¹ ɣo¹ tɕʰa¹ tɕʰo¹ ŋo¹
南边一地方,

he¹ nu¹ hu¹
马又好又多,

tɕʰet nu¹ du¹ hu¹ mi¹ ɣo¹ mi¹
多如星和人。

mɯ¹ su¹ tsu¹ a¹ hɯ¹
租阿努养马人,

ʂɿ¹ tʂʰu¹ tɕʰa¹ ɣɯ¹ ɕi¹ ŋ
史伍匠马,

mi¹ lɯ¹ tu¹ ɣɯ¹ vi¹ lɯ¹
成了财富,

ɣo¹ ɣɯ¹ zi¹ de¹ di¹
后来益德说。

tʰi¹ tsu¹ a¹ ke¹
租阿该,

nɯ¹ zi¹ tsɿ¹ ɣɯ¹ tɕʰɯ¹
能益省是亲戚,

a¹ ho¹ dɯ¹ pʰu¹
阿何德朴家,

mɯ¹ du¹ nu¹ va¹ ɣɯ¹ do¹
有枣骝花鼻马,

du¹ pʰu¹ va¹ zu¹ ʐi¹ tɕʰɯ¹
德朴旺汝带着,

红鬃紫马

177

肘霍数·畜牧篇

muɿ ʐo˧ guɯ ʝɯ˧ ɣɤ˧ʐɯ˧
嫁到慕俄勾。

ʝɯ˧ vi˩ ʝɯ˧ dzæ˩
额维额节,

tɕi˧ ny˧ dzɯ˧ ʝɑ˩ do˩
有纪诺则马。

ʝɯ˧ vi˩ ʝɯ˧ dzæ˩
额维额节,

ŋgɯ˩ hɿ˩ lɯ˩ lo˧ mɯ˩
养八只鹿子,

lɯ˩ lɯ˩ ʐo˧ guɯ
是娄娄俄勾,

ŋgɯ˩ hɿ˩ lɯ˩ ʝɯ˧ ʐɯ˩
鹿子的种属。

a˧ vu˧ dɯ˧ dʐæ˩
阿伍德乍的,

muɿ duɿ mi˧ ʑi˩
枣骝青嘴马。

duɿ dʐæ˩ a˧ pʰi˧
德乍阿剖的,

muɿ duɿ pʰi˩ nɑ˩
黑眼珠枣骝马,

muɿ nɑ˩ ʂe˩ guɯ
是宝贵黑马。

a˩ tʰi˩ a˩ vu˩
阿泰阿伍的,

muɿ duɿ ʐi˩ bu˩ nɑ˩
黑唇枣骝马。

tʰi˩ ʑi˩ lɯ˩ ʝɑ˩ do˩
有此四匹马,

ʐo˩ bu˩ tʂæ˩ ʝɯ˧ do˩
经过俄补。

bi˩ ʐi˩ mo˩ de˩ sɿ˩
毕益莫德孙,

po˩ tʰu˩ fie˩ se˩
保吐费腮,

ʑi˩ ʝɯ˧ kʰu˩ pʰa˩
益额苦帕。

du˩ ʝɯ˧ a˩ xu˩ sɿ˩
堵额阿虎孙,

po˩ tʰu˩ nɑ˩ kuɯ
保吐那勾,

tʰi˩ ʝɯ˧ vu˩ bi˩ ʐo˩
两个相距远,

ɣɯ˧ sɯ˧ sɯ˧ tʂʰɯ˧
舅 甥 走 串。

lɯ˧ lɯ˧ ʐo˧ gɯ˧
娄 娄 俄 勾,

ɣɯ˧ dʐɯ˧ mi˧ gɯ˧
额 直 米 勾,

be˧ tɕɯ˧ kʰɯ˧ li˧ lɯ˧
来 到 贝 额,

tʰi˧ ɣɯ˧ mɯ˧ to˧ ɣo˧
是 有 名 望 之 人。

tɕʰi˧ tɕʰu˧ mɯ˧ ʂu˧ sɯ˧
找 良 犬 马 种,

bu˧ tsʰɯ˧ mɯ˧ tɕɯ˧ ɣ
叙 上 代 名 望,

mɯ˧ ɣɯ˧ tʂʰɯ˧ mɯ˧ dʑo˧
辨 析 申 述。

mi˧ lɯ˧ ta˧ dzɯ˧ ɣɯ˧ ɣ
米 娄 大 汝 说:

pʰo˧ tʰu˧ na˧ kɯ˧ jo˧
播 吐 纳 勾 呀,

nɯ˧ ɣɯ˧ mɯ˧ ʐo˧ gɯ˧
你 慕 俄 勾,

mɯ˧ dzɯ˧ dzɯ˧ ɕi˧ sɯ˧
接 收 马 的 人,

na˧ kɯ˧ na˧ ma˧ vi˧
不 用 你 纳 勾。

ɕi˧ ʐɯ˧ hɯ˧ kʰɯ˧
在 山 上 七 天,

xe˧ tɕa˧ tɕi˧
祭 甲 祝 告⑭,

na˧ tʰi˧ zɯ˧ ɣɯ˧ di˧
你 去 吧。

pʰo˧ tʰu˧ na˧ kɯ˧ ɣ
播 吐 纳 勾 说:

ŋo˧ ɣɯ˧ mɯ˧ ʐo˧ gɯ˧
我 慕 俄 勾,

mɯ˧ dzɯ˧ tɕi˧ pɯ˧ sɯ˧
准 备 马 和 圈 者,

ʐo˧ ma˧ zɯ˧ ɣa˧ vi˧
不 用 我 去 了。

lɯ˧ lɯ˧ ɲi˧ hɯ˧
娄 娄 女 恒,

ɣɯ˧ ndɛ˧ pʰu˧ ɕɯ˧
额 代 朴 奢,

红鬃紫马

179

肘霍数·畜牧篇

嫁到慕俄勾，
额奏巨，
额奏陀尼之母。
额奏陡守规矩，
布奢按规矩做，
长为幼作好计，
护岩上的蜂，
护林中的鹿，
护好箐林，
是这样做的。
舅的根源好，

外甥就繁衍。
美丽慕俄勾，
到处显威势，
建业时间长。
德楚仁额，
布奢德巨，
左边三十天，
布奢德巨主管。
马圈的准备者，
朴蔡补莫，
阿毕阿巨，

ɣuɿ˧ lɯ˧ ɣɯ˧ nɯ˧
苟 娄 额 能,

tʰi˩ tsɯ˩ ʐo˧ ŋɯ˧ vi˧
用 他 们 三 个。

ʐo˩ ʐo˩ tsɯ˧ tsʰi˧ ʐo˩
右 边 三 十 天,

ɣɯ˧ dʑɤ˧ tʰo˧ ȵi˧ ɣɯ˧ be˩
额 则 陀 尼 主 管,

mɯ˧ tsɿ˩ tɕʰi˩ ɕi˩ sɯ˧
备 马 和 圈 者,

ʐo˩ vi˧ ʐo˩ dʑe˩
益 维 益 节,

ɣɯ˧ fi˩ a˩ vu˧
额 费 阿 伍,

pʰu˩ zu˩ be˩ mo˩
朴 汝 拜 莫,

tʰi˩ tsɯ˩ ʐo˧ ŋɯ˧ vi˧
用 他 们 三 个。

ɣuɿ˧ ʐo˩ tsɯ˧ tsʰi˧ ʐo˩
中 间 三 十 天,

ndʐɤ˩ tʰo˩ zɯ˩ ɣɯ˧ʐo˧ be˩
君 长 仁 额 主 管。

mɯ˧ tsɿ˩ tɕʰi˩ ɕi˩ sɯ˧
马 和 圈 准 备 者,

na˩ ɣɯ˧ bu˩ dʑo˩
纳 额 布 局,

a˩ kʰo˩ pu˩ ʐo˩
阿 可 布 依,

ʐo˩ ɣo˩ vɯ˧ mɯ˧ ɣo˩ vi˧
用 以 上 两 人。

ʐo˩ ɣo˩ ɣɯ˩ mɯ˧ ɣo˧ ɣuɿ˩
强 力 的 慕 俄 勾,

xe˩ me˩ kɯ˩ ho˩ dʑa˩
有 九 百 套 好 甲,

ɣuɿ˧ ndʐɤ˩ ho˩ lɯ˩ tɕʰi˩ dʑa˩ŋɤ˩
苟 祖 洪 鲁 启 最 好,

dzɯ˩ ɕi˩ dɯ˩
每 套 造 七 件。

fa˩ na˩ tsɿ˩ ɣɯ˩ to˩
次 为 法 纳 怎,

a˩ pʰu˩ ɣɯ˩ so˩
阿 普 额 索。

tɕɯ˩ tɕʰi˩ tʰi˩ pʰu˩ me˩
末 为 愁 启 吐 朴。

红鬃紫马

181

肘霍数·畜牧篇

mɯ˧mei˧kɯ˧ho˧t͡ɕʰi˧ɣa˧kʰɯ˧
宝刀九百把，

n̩˧kʰɯ˧ɣeɹ˧ɣa˧ŋɡɯ˧
姆苦额第一，

pɯ˧ɕeɹ˧ɣei˧mi˧kɯ˧
布邪哎姆勾，

mɯ˧zu˧ɣa˧ɹo˧dʑɯ˧
姆汝为第二，

ɣɯ˧ hieɹ ɕi˧
额 恒 施，

so˧ ȵi˧ di˧ mei˧
索 尼 迪 第三。

ŋɡo˧mei˧kɯ˧ho˧t͡ɕeʴ˧
火箭九百根，

t͡ɕʰo˧pɯ˧t͡ɕʰo˧t͡ɕo˧t͡ɕoʴ˧
禾穗长出禾。

a˧ŋɡɯ˧lɯ˧deɹ˧pɯ˧ɣa˧daʴ
阿荀鲁歹第一，

lɯ˧t͡ɕʰɯ˧ɣɯ˧mi˧ɣa˧deɹ˧
娄楚额密第二，

pɯ˧ du˧ a˧ mo˧
布 堵 阿 莫，

na˧pʰa˧fi˧ɣɯ˧mei˧
纳帕费第三。

tʰɯ˧kʰɯ˧ȵu˧ɣɯ˧ɦoʴ˧
还需要讲的，

ɦɯ˧ɣɯ˧tʰaɹ˧du˧tʰɯ˧
需要鹰白翅。

mei˧ɣɯ˧daɹ˧t͡ɕi˧lɯ̃˧
臣要大纪⑲，

ȵie˧ɣɯ˧lei˧t͡ɕʰi˧nɯ˧
耐的勒启能，

ʐɯ˧ɡo˧bu˧ɣa˧daʴ˧
实勺的羊皮。

t͡ɕɯ˧mie˧a˧so˧ɣeɹ˧
风过响声大，

nu˧ɣɯ˧nde˧du˧kɯ˧
雾也被吹来，

nɯ˧ hi˧ na˧ pɯ˧
开 眼 听 说，

sɯ˧tʰɯ˧ɣɯ˧ɣa˧deɹ˧
过了三时辰，

tʰi˧ li˧tʰɯ˧ma˧ɣɯ˧
不需要讲了。

182

花绸千万层,

还没说基业,

看来样样有。

娄娄俄勾,

额苟赫珠,

嫁慕俄勾家,

额德额诺,

额德果诺之母。

额德果珠,

带领额德果诺,

另外开亲路。

鲁作鲁卧,

额姆史密,

像龙样坐着。

额德果斗,

阿麻布堵,

在谈好文,

在论好史。

白天时间过了,

二人费时多,

到天亮时刻,

像额德果斗,

红鬃紫马

183

肘霍数·畜牧篇

tu˧ jɯ˩ ȵi˧ ɣo˧ ŋgɯ˩
辩论有传闻，

tu˧ bo˧ ɣo˧ nɯ˧ su˧
斗话呢中听。

tɕʰɯ˧ ɣɯ˧ lo˧ tʰɯ˩ ŋgɯ˩
臣议论成功，

tɕʰɯ˧ bo˧ nɯ˧ ʑi˧ tʰɯ˩
看好臣家，

gɯ˧ mɯ˧ ŋo˧ kʰo˧ kɯ˩
姑莫我去拜，

dʑi˩ lɯ˧ ɬi˩ tʰɑ˧ mɑ˥
没有说法了。

ɣɯ˧ dʑɛ˩ bɯ˧ to˧ tsʰɯ˧
额遮布朵，

fu˧ bo˧ li˧ nɯ˧ fɯ˧
有亲家就开亲，

nɑ˧ mo˧ tɕɛ˧ dʑɑ˩ dɯ˩
见星就别走，

bɑ˩ fɑ˧ li˧ nɯ˧ bɑ˩
该配就配婚，

bɯ˧ dʑɛ˩ mi˧ tʰɑ˧ kɯ˩
形升不克根，

sɯ˩ lɯ˩ tɯ˩ ɦɯ˩ vi˧
应该是这样。

gɯ˧ mo˩ lɯ˧ su˧
姑莫鲁索，

ɣɯ˩ dɛ˩ xɛ˩ so˧ tʰɯ˩
额德赫索，

vu˩ mɯ˩ bɑ˩ tɕʰi˩ tɛ˩
远处配大亲，

ŋgɯ˩ ɣɯ˩ nɑ˩ kɯ˩ dɯ˩
议论吸眼球，

dz˩ ȵi˩ bu˧ lɯ˩ mɯ˩
用皮筏渡羊，

sɯ˩ lɯ˩ tɯ˩ ɦɯ˩ vi˧
情况是这样。

ɣɯ˩ dɛ˩ xɛ˩ gɑ˩ ɦɯ˩
额德赫嘎，

tɕʰi˧ tɕ̪ʰɯ˩ ɦɯ˩ kɯ˩ tɯ˩
为了找好处，

me˩ tɕʰɯ˩ tʰɑ˧ xɯ˩ tɕʰɯ˩
带领姻亲，

se˧ ȵɯ˩ lɯ˩ gɑ˩ do˧
去到省伍娄。

ku˦tɕu˦fu˧mɯ˧su˩
喊做媒的人，

na˦mɯ˦gɯ˧ŋɯ˦lɯ˩
你去不去慕勾？

mɯ˦gɯ˧lɯ˩ŋɯ˦lɯ˧
要去慕俄勾，

du˩bɯ˦fi˦ɕi˧di˦
还要传话去。

lɯɯ˦gɯ˧su˦lɯ˦hɯ˩
慕勾的君长，

ndzɯ˦p'o˦lifou˩lɯ˦tsɯ˩
求君长阿诺，

mɯ˦k'a˦tsu˦p'ɯ˦ɣe˦
好马价钱高，

xe˦bo˦da˦ku˩mɯ˦tɕa˩
有甲戟威势高，

mi˦rɯ˦li˩no˩ne˩
地虽远实则近，

tso˦sɯ˩hou˦bɯ˩tsɯ˩
人走就传话，

di˩su˦ɯ˦tɕa˦me˩
人们这样说。

dɯ˦tsʻu˦zɯ˦tɕɯ˦ŋɯ˩
德楚仁额，

nu˦ʑi˦hi˦lɯ˦lɯ˩
听后说开了。

dɯ˦tsʻu˦zɯ˦tɕɯ˦ŋɯ˩
德楚仁额，

ɣe˦ʑi˦su˦mi˦ɣo˩
左边选南方，

fa˩ɣa˩bɯ˩de˩
法雅博德，

su˩xu˩bɯ˩ʑi˩
叟侯博尼，

t'i˦ʑi˦tou˦ɣɯ˦kɯ˦
在两者之间，

su˦k'o˦mɯ˦k'a˦hɯ˦
三年育壮马，

su˦hu˦mɯ˦k'a˦tɕu˦
三月壮马多，

kɯ˦mɯ˦tɕe˦ɣɯ˦kɯ˦
走马多如星。

kɯ˦tɕi˦ma˦mɯ˦kɯ˩
九天招兵马，

肘霍数·畜牧篇

ꊪꄷꇤꇴ
ʐeꜗ ɣuꜗ gaꜗ luꜗ
在嘎娄打仗。

ꈬꀊꃀꂵꀧ
kuꜗʐiꜗ maꜗ muꜗ fuꜗ
九天分兵马，

ꑸꀋꌕꋒꀧ
yeꜗ ʐiꜗ suꜗ tsʰuꜗ ʐiꜗ
左边三十天，

ꑸꀋꌕꋒꀧ
yeꜗ ʐiꜗ suꜗ tsʰuꜗ ʐiꜗ
左边三十天。

ꀘꊈꀘꂾ
pʰuꜗ tsʰeꜗ buꜗ moꜗ
朴蔡补莫，

ꀊꀘꀊꍝ
aꜗ biꜗ aꜗ tɕʰiꜗ
阿毕阿启，

ꈬꇉꒃꆀ
guꜗ luꜗ ɣuꜗ nuꜗ
苟娄额能，

ꀮꎹꄿꑭꀋꆏ
pʰuꜗɕeꜗduꜗtɕʰyꜗ liꜗ ɡeꜗ
布奢德巨主管。

ꑳꋒꌕꀘꐪ
ʐuꜗ ʐiꜗ suꜗ miꜗ kʰueꜗ
右边选北方，

ꇉꇊꌕꃅ
luꜗ luꜗ suꜗ ndiꜗ
娄鲁索迪，

ꈐꇉꀍꇤ
kʰuꜗ luꜗ ɣuꜗ gaꜗ
扣娄欧嘎，

ꅇꈬꊿꈌꁨ
duꜗ kʰuꜗ kʰuꜗ biꜗ buꜗ
笃沟九山岭，

ꌕꀋꃅꈌꉐ
suꜗ kʰoꜗ muꜗ kʰaꜗ huꜗ
育壮马三年，

ꌕꇬꃅꈌꄮ
suꜗ huꜗ muꜗ kʰaꜗ tʰuꜗ
三月壮马多。

ꈌꊈꀘꅺꇱ
kuꜗ ɣuꜗ ʐiꜗ nuꜗ guꜗ
渡古额尼努，

ꊪꄷꇤꇴ
ʐeꜗ ɣuꜗ gaꜗ luꜗ
攻打嘎娄，

ꈬꀊꃀꂵꀧ
kuꜗʐiꜗ maꜗ muꜗ fuꜗ
九天分兵马，

ꑳꋒꌕꀘꐪ
ʐuꜗ ʐiꜗ suꜗ tsʰuꜗ ʐiꜗ
右边三十天。

ꐯꑳꀊꃤ
ʐiꜗ yiꜗ aꜗ vuꜗ
益维阿伍，

ꐯꑳꐎꇱ
ʐiꜗ yiꜗ dzeꜗ ɣuꜗ
益维节额，

ꅽꀊꌃꀋꆏ
ndzuꜗ tʰoꜗ ʐiꜗ liꜗ geꜗ
奏陀尼主管。

ꇱꀋꌕꋒꀘ
guꜗ ʐiꜗ suꜗ tsʰuꜗ pʰuꜗ
中间三十处，

姆住维迪祖益代,

侯楚俄嘎,

它二者之间,

三年育壮马,

三月壮马多。

鲁遮鲁朵,

兵马渡九天,

攻打嘎娄,

九天分兵马,

中部九十天。

纳额布局,

阿壳腊依,

君长仁额主管。

卒密苦益,

我们分租赋,

嘎娄取兵器。

破中部早完成,

宣读治理文件。

妥雅抽益,

休整三个月。

在勺辅卓,

分绸银髻罩,

红鬃紫马

187

肘霍数·畜牧篇

田旦罗小办
maɿnaɿʑukuɿfuɿ
分麻纳姆古地。

卅昂九十币
guɿʑetkuɿtsɿbiɿ
打九十天仗，

日申两州氿
ndiɿgukáɿpüɿ
硬打开坝子，

万扔弓卆
aɿvɿɿzɿɿzuɿ
两位阿维，

申山丗州幼
guɿʑutmaɿɣatguɿ
各处兵渡河，

万世公卅欧
aɿvutmoɿtʂeɿtʂiɿ
阿伍祭母处，

以囟卅工江
t'aɿt'uɿɣatmuɿmeɿ
一时赶得上。

乇乱电日
puɿʂeɿɿɿɿkuɿ
布奢德巨，

瓜乞曲石而
ndzɿʑuɿduɿpiɿmuɿ
君长应该去，

田中弓州世
maɿɿɿdzaɿndaɿɣatvu
愿不愿意都得去。

幼万扔弓仏
tʂiɿaɿvɿɿʑɿɿtʂ'omɿ
这两位阿维，

申山比田讹
guɿɣutputmaɿteɿ
中部互不干扰，

分凶ㄨ世当
t'iɿdʐetmuɿmuɿsuɿ
像他们骑的马。

但而毛
ɿɿɿɿɿɿɿluɿɿɿɿdiɿ
小 的 说，

万山宀皿
miɿɿɿɿɿɿɿʂuɿɿɿɿdʐoɿ
来额暑卓，

亿囲元彻乙
meɿtsaɿdʐiɿp'iɿ
能否后接收。

万幼凶坐
miɿguɿɿɿɿɿɣoɿɿɿɿveɿ
姆勾俄外，

希日卅囲乙
xuɿɿɿɿɿɿtsɿɿɿɿtɕiɿ
白毡披得整齐，

世乙但礽玛
maɿmuɿtosɿɿɿɿviɿ
小的学用兵马。

万酉万向业
aɿt'iɿaɿvuɿniɿ
阿泰阿伍呢，

承两承田吾
suɿká̱ɿsuɿmaɿkuiɿ
勇敢还不及人，

子承彻卅己
diɿsuɿnuɿɣatmeɿ
人们这样说，

ka¹pu˧nɿ˧ȵu˧ kɯi¹
怒不可遏。

ʑi¹ʟo˩la˩ʑi˧zu˧lia˩
亲爱的两阿维，

gu˩bi˧mu˧zu˧ȵɚ˧
院里小儿子，

mi˩fu˧mu˧ȵu˧so˩
分给边角地。

ʑi¹ʟo˩la˩ʑi˧li˩
亲爱的阿维，

ma˩mu˧ɣe˧ȵu˧su˩
大队兵马，

ʐo˩li˧ʐo˩ma˩di˩
我不能得，

du˧tɕ'i˧ȵu˧ȵu˧ɣu˩
德巨在远处，

ʐo˩ t'u˩ na˩
看我脸面，

hu˩ p'u˩ so˩
接受山地。

dze˧tsu˩ɣa˧ȵu˧ʐɚ˩
十个五对马，

hu˩ʑu˧tɕ'i˧xu˧lia˩
打仗前先送来，

ma˩hu˧ɕi˧ȵu˧di˩
兵还要打仗。

ma˩du˧ kɯi˧ zi˩
兵到苦益，

t'i˧t'a˩ʑi˧ȵu˧fu˩
用一天分兵，

ɣe˧bi˧su˧mi˧ʟo˩
左边到南方，

ʐo˩lo˧ma˩ga˩tɕi˩
小的去麻嘎，

p'u˧t'u˧lo˧ɣu˧ɯ˩
过朴吐洛伍，

xɯ˧t'i˧li˧ɣu˧pa˩
侯梯利相伴。

La˧tɕɯ˩mu˧lo˧p'u˩
侯卓带着马，

mu˧tɕi˧di˩lu˧ȵu˩
套上辔头去，

du˧ȵu˧ʟu˧li˩
过堵额卓努，

红鬃紫马

189

肘霍数·畜牧篇

xɯ˧ na˩ dv̩˧ ɯ˧ lv̩˧
侯纳堵额禄[20]，

kʰv̩˧ ʐo˧ tʰɑ˩ ɯ˧ lv̩˧
壳益大额禄[21]，

bv̩˧ xɯ˧ mo˧ ʂe˩ lv̩˧
补侯莫舍禄[22]，

tɕʰi˧ pʰɯ˩ ʐi˧ mo˩ lv̩˧
启铺益莫禄[23]，

dze˧ ndo˧ mɯ˩ tʰɯ˧
快速去取城。

mu˧ sɯ˧ ʟo˧ tnɑ˧ mi˩
莫索洛那密，

sɯ˧ ʐi˧ tɕʰɯ˧ dɑ˧ hi˩
用话攻击三天，

hɯ˧ ʐi˧ pɑ˧ mɑ˧ ʐo˩
攻打又无对手。

ʐou˧ ʐi˧ tsɯ˧ mi˧ kʰɯe˩
右边走北方，

nie˧ mi˧ kʰɯ˩ bɑ˩ ʈʂɯ˩
过耐米扣罢，

lu˧ bv̩˧ ɑ˧ tʂʰɯ˩ gv̩˩
鲁补阿哲勾，

dv̩˧ mu˩ tʰɑ˧ tɕʰe˩ tʰɯ˩
另开一条路。

lu˧ bv̩˧ tsv̩˧ pʰɯ˧ lv̩˩
鲁补卓铺禄，

mɑ˧ kʰɯ˧ tsɯ˩ ɯ˧ ʐo˧
士兵争着取城。

tʰv̩˧ bv̩˧ kɯ˩ ɯ˧ lv̩˩
妥补古额禄，

mu˧ tɕʰi˧ di˩ ɯ˧ ʐo˩
马戴辔头取城。

ŋɯ˧ tɕʰv̩˩ tʰɑ˧ ɯ˧ lv̩˩
欧楚大额禄，

ɯ˧ ʐo˧ mɯ˩ ɯ˧ ʐo˩
火燎般取城。

gv̩˩ bv̩˩ ŋɯ˧ ɯ˧ gɑ˩
勾补欧额卧，

sɯ˧ ʐi˧ tɕʰɯ˩ dɑ˩ hi˩
用话攻击三天，

hɯ˧ ɑ˧ tʰɤ˩ mɑ˧ ʐo˩
首先无人应战。

gv̩˩ ʐi˩ tsv̩˧ ʈʂɯ˩ pʰɯ˩
径直走中央，

ndu˧ ɣa˧ tmi˧ pʰɯ˩
天 空 鸟 飞 快,

mu˦ tʰɯ˧ ndeɹ hɯ˧ tɯ˧
过 姆 投 德 洪,

mu˦ du˧ tʰiə˧ ɣeɹ guɹ
渡 姆 笃 大 河,

mi˧ ɣɯ˧ tsu˧ nɯ˧ ɣiɑ˩ tʰɯ
用 钟 和 祭 牲。

aɹ dʐo˧ ɯ˧ tʰɯ˧ o˧
阿 卓 伍 吐 卧,

bu˦ ɣa˧ nɯ˧ ɣɯ˧ tsʰɯ˧ hɯ˦
多 次 塑 偶 像。

hɯ˩ kuiʔ tɯ˦ lɯ˧ tɕy˩ tʰɯ˧
从 前 卓 洛 举,

ʐiɹ hɯ˩ ɯ˧ m̩ɕy˧ tmbuɹ
如 水 漫 中 央,

na˩ tsɯ˧ ɣɯ˩ tiet
那 知 额 代,

guɹ ma˩ tsɯ˧
未 清 理 林 野,

tʰiɹ ma˧ mo˦ mɯ˧ sɯ˩
不 见 人 跑 动。

aɹ ʐiɹ mo˩ ɣɑ˩ no˩
昨 天 看 见 了,

pʰuɹ tɕiɹ ɹeɹ
在 各 方 旋 转,

ʐoiɹ tɕiɹ bu˦ ɣɑ˩ ndu˧ liɑʔ
求 庙 偶 禳 解,

ʐoiɹ hieɹ ɣu˦ mu˦ kʰiəɹ
庙 里 把 马 拴,

bu˦ ɣɑ˩ ɣu˦ ŋeɹ tɕʰɯ˧
先 祭 偶 与 矛。

mu˦ tɕiɹ ɣmɯ˧ ɣɑ˩ ɣoɹ
做 完 这 些 后,

ma˩ mi˧ ʋeɹ tɕy˦ tʐpʰoiɹ
众 兵 齐 进 攻,

ʐoiɹ bu˦ mo˧ ɕeɹ luɹ
益 补 莫 舍 禄,

mu˦ tɕʰiɹ diɹ mi˧ ʐuɹ
马 戴 上 辔 头 去,

ʐoiɹ bu˦ mo˧ ɕeɹ pʰuɹ
越 益 补 莫 舍。

红鬃紫马

191

肘霍数·畜牧篇

ɣɯ˧ dei˧ xe˧ tu˧
额德赫斗，

ɣɯ˧ ɡu˧ nɯ˧ ʂe˧
额苟能聂，

hu˧ tɕʰe˥ xe˥ lɯ˩ li˩
带来搜山犬，

ma˩ mi˧ ɣe˧ ʝɯ˩ dʑi˩
众兵反复进攻。

tɕɯ˩ lɯ˩ ʑa˥ ɡo˩ li˩
到了愁娄雅卧，

du˧ ɡe˧ bu˧ tsɿ˧ xɯ˧
笃色补知，

tɕo˧ tɕʰɯ˧ dʑe˩ kɯ˩ xe˩
带着六十骑，

ʝɯ˩ ɣɯ˩ hi˩ lɯ˩ he˩ ɣa˩ di˩
先站着等候，

sɿ˧ ɲɯ˧ ho˧ ɣa˧ lɯ˧
开始等候着，

ma˩ ʝɯ˩ ɲɯ˩ ɣa˩ di˩ tɯ˩ xɯ˩
不是为观察，

kʰɯ˧ pʰa˧ po˧ ʝɯ˧ li˧
是为折转来，

ma˩ mi˧ ʝɯ˧ ɣa˩ dʑi˩
便于众兵攻击。

tsɿ˧ mi˧ di˧ tʰu˧ kɯ˧
到知米迪吐，

kɯ˩ li˩ ʝɯ˩ dʑa˩ lɯ˩
到后看见了，

a˧ kɯ˧ a˧ ha˧
阿勾阿哈，

ɕi˩ tsɿ˩ ɡe˩ dʑɯ˩ bɯ˩
主仆七十人，

ʝo˧ ɣɯ˧ hi˧ dʑa˩ lɯ˩
站在那里，

hɯ˩ ʝɯ˩ ʒɯ˩ xu˩ li˩
开始攻击杀死。

hɯ˧ ʝɯ˧ no˧ ma˧ ʝɯ˧
不是攻击，

ʝɯ˧ ɲɯ˧ tɯ˧ lɯ˧ lo˧
只是喊话。

kʰu˧ pʰa˧ vi˧ dʑo˧ ʂɯ˧
用旁边人问，

a˩ dʑe˩ ma˩ ʝɯ˩ nɯ˩
是否是阿哲兵？

若是阿哲兵，

慕勾纳幼子㉔。

请听我的话，

有势阿哲家，

德家的金片，

摆出金片来数，

女人用金片。

镶缎钉金扣，

在两个肩膀上，

如雾霭团散开。

梳子钉金片，

左右有金片，

刻上山和水。

矛用金片包，

口深如海样。

南方藏金人，

观看树梢头，

像尽是青鸟。

卓洛举打仗，

先占卜城池，

七十城抵挡。

占卜城池后，

红鬃紫马

肘霍数·畜牧篇

ɿu˧ da˧ ma˧ ɦoʑ˧ tsɿ˧
无故先攻城。

mu˧ dʑo˧ tɯ˧ l̩˧ ŋu˧
有马的时候，

nu˧ mu˧ ŋu˧ gu˧
你慕俄勾，

lu˧ mu˧ da˧ mie˧ l̩u˧ bɑ˧
有名达的大城，

hɑ˧ ɑ˧ du˧ l̩i˧ tsó˧
哈阿堵建造，

ʐe˧ ɣɯ˧ ɲi˧ ɦoʑ˧ tsɯ˧
维额尼管理。

du˧ dɑ˧ lɯ˧ l̩i˧ tsó˧
笃达娄建造，

ndzɿ˧ ɑ˧ ndẓe˧ l̩i˧ tsɯ˧
君长阿歹管理。

tɕʰi˧ ɑ˧ dɑ˧ l̩i˧ tsó˧
赤阿达建造，

ku˧ ɑ˧ ɣɿ˧ ɦoʑ˧ tsɯ˧
勾阿维管理。

lu˧ su˧ ʑoʑ˧ l̩i˧ tsó˧
三人来建城，

ndzɿ˧ tsu˧ tsʰɿ˧ ɦoʑ˧ tsɯ˧
三代君长管理。

tʰi˧ tɯ˧ bi˧ mɑ˧ bɯ˧
不仅仅这些，

me˧ su˧ ɲu˧ mɑ˧ xɯ˧
默不宣扬胜利，

nɯ˧ tsu˧ kĩ˧ mɑ˧ tsá˧
取胜不灭族，

mu˧ tsu˧ ɲɯ˧ ʐɑ˧ vi˧
是这样做的。

ʐoʑ˧ ʐo˧ tʰie˧ ɑ˧ kĩ˧
有势的恒阿扣，

ɑ˧ ɲɯ˧ dɯ˧ ɣoʑ˧
阿额德俄，

su˧ zuʑ˧ ɡɯ˧ l̩ɯ˧ vu˧
还愿作祭祀，

mu˧ bɑ˧ pu˧ ʐe˧ ɲu˧
祭祖规格高，

su˧ hɑ˧ tɕʰo˧ n̩i˧
三夜六天。

ɑ˧ ʑi˧ nu˧ ʐɑ˧ ɲu˧
昨天你数了，

ɕi˧ ho˧ ɣo˧˩ ʐɑ˧˩ ʝuɯ˧
数了七个花羊,

hi˧ lv̩˧ ɑ˧ nɑ˧ ʐɑ˧˩ ʝuɯ˧
数了八个黑猪,

kuɯ˧ bɑ˧˩ ʝuɯ˧ mv̩˧ mɑ˧˩ lo˧˩
祭法还不够。

huɯ˧ ts'i˧ suɯ˧ ho˧ dzɿ˧˩
三百套丝袍,

bɑ˧˩ ʔv̩˧ mpʰv̩˧˩ ʐɑ˧˩ lo˧˩
枕头配够了。

me˧ nɑ˧ suɯ˧ ho˧ p'i˧
黑绸三百匹,

bɑ˧˩ ʝuɯ˧ mv̩˧ mɑ˧˩ lo˧˩
做垫褥不够。

lv̩˧ ʝuɯ˧ suɯ˧ ho˧ ʑo˧
三百个女子,

ɑ˧ ʂu˧ ʝu˧ xuɯ˧ lo˧ ŋgɯ˧
阿勺女侯好。

bɑ˧ ʝuɯ˧ suɯ˧ ho˧ ʑo˧
三百个青年,

dɯ˧ nu˧ ɑ˧ ndɯ˧ lo˧ ŋgɯ˧
德努阿迭好。

muɯ˧ tʰu˧ tsʅ˧ dʑu˧
姆吐采珠,

tsʅ˧˩ bɑ˧ mɑ˧ tsʅ˧˩ bɑ˧
冷否都要配够。

suɯ˧ ɣuɯ˧ tsʅ˧ dʑu˧
叟额采珠,

t'i˧˩ ʐi˧˩ tɕɯ˧ ʝuɯ˧ kuɯ˧
它两地之间,

tɕʅ˧ ʐə˧ gɯ̈˧ mpʰɯ˧ ŋgɯ˧˩
这次追赶之战,

ɣo˧ dv̩˧ ɣə˧ mv̩˧ lo˧
后话还很长,

ɣo˧ ʝuɯ˧ dv̩˧ nv̩˧ lo˧
后来勇者成功。

kuɯ˧ ɣuɯ˧ dv̩˧ dʑu˧
勾额德卓,

tɕʅ˧ də˧ mpʰə˧˩ li˧ kuɯ˧
砍断赤的根,

tɕʅ˧ t'i˧ dv̩˧ li˧ mpʰi˧˩
居住在赤地。

muɯ˧ dʐo˧ t'u˧ ʐɑ˧ luɯ˧
在这样做时,

红髮紫马

195

肘霍数·畜牧篇

你 方 慕 俄 勾，
nɯ˧ ɟɯ˧ mɯ˧ ɣo˧ lɯŋ˧

创 业 人 名 声 大，
mi˧ sɿ˧ ɟɯ˧ tsu˧ ma˧ bɯ˧

益 迪 益 础，
zo˧ ti˧ zo˧ tsʰu˧

好 粮 搭 配 吃，
ndʐo˧ zɯ˧ mo˧ pa˧ tʂu˧

搭 配 献 足 粮，
lo˧ ɣa˧ pa˧ ɟɯ˧ xɯ˧

你 想 得 好 羊 皮，
nɑ˧ lo˧ ŋɯ˧ ho˧ biel

做 配 套 垫 褥。
ba˧ kʰu˧ hɯ˧

在 这 样 做 之 后，
ɟi˧ kʰi˧ zi˧ o˧ ji˧

不 仅 仅 这 些，
tʰi˧ tɯ˧ ni˧ ma˧ bɯ˧

有 势 的 恒 阿 扣，
zo˧ ɣo˧ hiel a˧ kʰu˧

阿 额 德 俄 的 舅，
a˧ ɟɯ˧ du˧ ɣo˧ ɟɯ˧

恒 阿 索 尼 知，
hiel a˧ so˧ ȵi˧ tsɿ˧

幺 姑 娘，
biel a˧ mel

给 笃 节 维 阿 麦。
zo˧ du˧ dʑel a˧ mel biel

舅 恒 额 努 阿 仁，
ɟɯ˧ hiel ɟɯ˧ nu˧ a˧ zɯ˧

益 补 女 努，
zo˧ bu˧ no˧ nu˧

迫 娄 收 九 地，
pʰu˧ lu˧ pʰu˧ ku˧ tsɿ˧

土 八 型，
no˧ hi˧ tʰi˧

奴 九 姓。
dʐu˧ ku˧ xɯ˧

九 代 主 人 先 来，
ɕe˧ ku˧ tsɿ˧ ɟi˧ li˧

到 密 姆 阿 笃，
mi˧ ma˧ du˧ tʰi˧ a˧ du˧

南 方 之 地，
pʰu˧ ɣa˧ jo˧

196

像客人样离去，

如在南方做客。

后来奴来了，

这样住着时，

你方慕俄勾，

纳阿宗时，

奴是冬史柱，

只有三父子。

马是罢舍堵，

只有三匹马。

松尖松球落，

边上的一个，

在场冬史柱，

三人号啕大哭。

冬史柱受害，

奴哭了之后，

越纪古鲁堵[23]，

牧四个配用马，

是这样住着的，

不止是这些。

显阿奈家呢，

阿可笃任时，

红鬃紫马

197

肘霍数·畜牧篇

ꏂꑌꈎꊨꈎ
muɿkʻaʅkuˉhoˋkuɿ
壮马九百九，

ꀏꄀꇻꑭꇶ
pʉˇtɕiˉkuˉʝʅhuɿ
攻打朴启勾。

ꄔꑍꅉꄧꌧ
duˉzɿˇnduɿtʻɿˇzeʅ
笃任陡泰时，

ꑂꁳꁳꂵꏁ
ʐiʅbuˇbuˇmeˉtɕeʅ
益补补麦节，

ꃱꂷꉂꉾꍊ
ʐieˉmaʅŋoˋhieˉdzoʅ
建房不用藤，

ꈎꋊꈎꆏꌐ
kuˉtsʅˊkuˉndoˋsuˊ
椽角全安好，

ꈎꐙꌋꅩꐎ
kuˉtɕiʅzuˊkʻaʅʐiʅ
给勇士们住。

ꈎꐙꌋꈎꂯ
kuˉtɕiʅzuˉmeˉtɕeʅ
众后生献祭，

ꈎꐙꄇꂯꇗ
kuˉtɕiʅdaˊmeˉtsʻoʅ
造了众多戟，

ꈎꐙꀘꃀꃄ
kuˉtɕiʅhieˉʝuˉkʉeʅ
拴着许多马，

ꂷꄧꈧꃀꑞ
muˉdzoˊɲʅʝuˉluɿ
就这样做时，

ꅇꀋꂷꎭꉪ
nuˋʝuˋmuˉʝoˋɡueʅ
你方慕俄勾，

ꄉꀲꌋꐚꅇ
daˋʝuˋʂuˊtɕiˉnuˋ
戟只有署启能，

ꂿꄉꑍꀿꁧ
maˋtɕiˊtʻuˊtuɿboʅ
和麻纪吐两种，

ꇊꀲꀿꁨꃼ
luˋʝuˋtuˊʝuˊviˉ
过去是这样。

ꋊꇗꇊꀲꉻ
tʻiˊtʻuˊluˋʝuˋkoˉ
那时的城中，

ꑽꄡꁧꀲꆂ
ʐiʅˋaˊʝuˉtuˉpoˉ
有势阿额德俄，

ꀉꇁꃀꊡ
aˋʝuˋŋuˊmuˊluˊ
从前的做法，

ꀉꄁꄮꀘꊡ
aˊmieˉnuˊliˉtuˊ
现在你照样做，

ꍣꀲꈍꀲꅩ
dzaˊʝuˋkʉˋʝoˉʝuˉ
会这样做后，

ꅇꀲꂷꁈꁨ
nuˋʝuˋxuˋʐaˊʝaˊ
献的祭牲猪，

ꑞꇊꀲꇖ
ʐeˋluˋʝuˉpiˊ
客去了就有了。

198

ꮲꮀꭲꮀꮑꮞꮢ
pɯ˧mɯ˧xu˧mɯ˧dʑi˧ɕi˧ʐi˩
布姆洪姆在时，

ꮈꮢꭶꮯꮂ
lu˧ɣɤ˧kɯɯ˧tɕi˧ʙi˩
为增加财富，

ꭰꮫꮍꮑꭴ
a˩ dʐo˧ tʂ'a˧ ndi˧ xɯ˩
攻阿卓赤坝子，

ꮇꮢꮜꮊꮈ
mɯ˧ su˧ ŋa˧ ʑi˩
是这样做的。

ꭸꮐꭴꮨꭾ
fie˧ dʑɯɯ˧ xɯ˧ lɯ˧ gɯ˩
从左边攻打，

ꮦꮒꮦꮥꭾ
t'a˧ ȵi˧ t'a˧ dʑe˧ gɯ˩
一天打一仗，

ꭹꮒꮐꮁꭾ
ʔɯ˩ ȵi˧ nɯ˧ li˧ gɯ˩
今天你来打，

ꮎꮊꮁꮝꭺ
nɯɯ˧ tsɯɯ˧ lɯɯ˧ ʑa˧ ŋgɯ˩
你们打得好。

ꮢ ꭽ ꭾ
ʐo˩   li˧   gɯ˩
我 来 攻打，

ꮢꭾꮢꮊꮁ
hɯɯ˧ gɯ˩ hɯɯ˧ tsɯɯ˧ o˧
我们十个攻打，

ꭿ ꭲ ꮈ
ʐɯ˩ nɯ˧ lɯ˩
从右后边去，

ꭷꮉꮲꮌꮀ
k'ɯ˩ tɕɯ˧ lɯ˧ dʐe˧ pɯ˩
令民缴供奉，

ꮦꮒꮦꮜꮀ
t'a˧ ȵi˧ t'a˧ sɯ˧ dʐe˩
一人缴一天，

ꮦꮒꮦꮜꭲ
t'a˧ ȵi˧ t'a˧ sɯ˧ de˩
每人要缴足。

ꮬꮊꮁꮜꭲ
ʔɯ˧ ȵi˧ nɯ˧ li˧ dʐe˧ de˩
今天你缴足，

ꮢꮣꮢꭲꮇ
ʐo˩ dʐo˩ ʐo˩ de˧ xɯ˩
我的也缴足。

ꭺꭶꮉꮛꮒ
mi˧ li˧ a˩ ŋgɯ˧ ȵi˩
到了明天呢，

ꭾꭾꭶꮛꮊ
ʐo˩ hɯ˧ nɯɯ˧ lɯ˧ ʑa˩
我说给你听，

ꮓꭶꭲꮀꭴ
zu˩ tɕi˧ lɯ˧ gɯ˧ pi˩
死了子的父，

ꮠꭶꭲꮀꭾ
ɣi˩ tɕi˧ lɯɯ˧ gɯ˧ ʐi˩
死了兄的弟，

ꮩꮨꭱꮀꮤ
t'u˩ nɯ˧ mɯ˧ xɯ˧ ɣɯ˧
脸上泪涟涟，

ꮥꭵꭿꭵꮌ
ȵɯ˧ tʂ'o˧ tɕ'u˧ tsa˧ sɯ˩
泪如筛东西。

红鬃紫马

199

肘霍数·畜牧篇

lu˧ lie˩ da˧ ʂe˧
鲁勒达舍,

tʼi˧ dʑu˧ mi˧ ʐe˩ lu˧
全部面积,

lu˧ lie˩ da˧ ʂe˧ mie˩ pʰo˧
鲁勒达舍受灾,

a˧ ha˧ ndʐɿ˧ tʰu˩ da˧
阿哈直吐达,

tʼi˧ mu˧ lu˧ ɣu˧ mie˩
因此而得名。

du˩ tsɿ˧ zɿ˧ ɣu˧ bi˧
德楚仁额,

a˩ ku˧ a˩ ha˩ su˧
阿勾阿哈们,

du˩ ʂo˧ ŋo˩ o˧ ku˧
德说我有工匠,

tsʰɿ˧ ʂo˧ ŋo˩ tme˩ hu˧
赤说我好物多。

nu˧ tʼi˧ du˩ tʼa˩ hu˧
你别听他的话,

tʰu˧ he˩ ʐi˧ ɣu˧ du˩
立即向屋内走去。

a˩ dʐo˩ lu˧ mu˧ kʷu˧ li˧ lu˧
到了阿卓城,

a˧ ndʑe˧ lo˧ tʐe˧
阿哲大官家,

ʐo˧ ɕu˧ lu˧ mu˧ tsʰɿ˧
卸鞍后收马,

tɕi˩ lo˧ tɕa˩ ɣu˧ tɕa˩
圈里交叉找,

tɕa˩ ŋo˧ tsu˩ hu˧ mu˧
拉弓蹦着吼叫,

tʼi˧ tsu˩ mɿ˧ ɣu˧ li˧
像远处在吵闹。

a˩ ʐe˩ ɣu˧ ʐi˩ zu˧
两位阿维,

zo˧ hu˧ mu˧ ɣu˧ ma˧
我养的兵马,

dʑɿ˩ gu˧ me˩ du˩ li˧
快速从后来。

a˩ tʼi˩ a˩ ɣu˧ ʐi˩
阿泰阿伍说:

su˧ li˩ mu˧ tʂɿ˩ di˩
人来为马种,

不是攻击人，

不能损坏城。

举侯先进城，

骑马找马人，

他会这样说。

你是骑马的人，

养大马的人，

腿长的骑马，

像吵着来的人，

心要多考虑。

亲爱的大哥，

我们两个分开，

在城边旋转，

查看棚子，

先问先别去，

后注目观看，

再在里面找，

我是这样做。

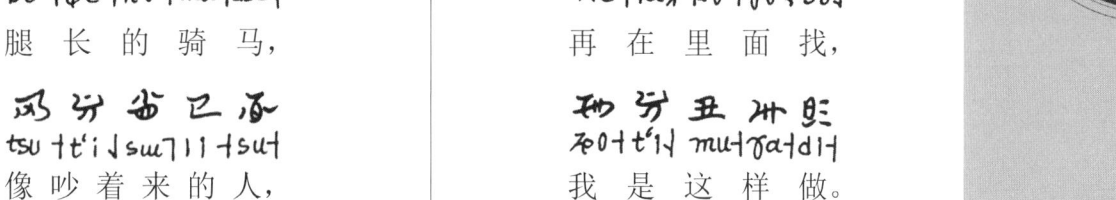

注释：

①慕俄勾：政权称号。彝族"六祖"中第六支慕齐齐的后裔妥阿哲在今贵州省以大方县为中心所建立的政权。

②达独吐：一种战戟。

③俄补：古地名，在今贵州省赫章县境内。

④洪鲁壳益：洪鲁为山名，壳益为地名。

⑤播勒和阿哲：播勒，家支名，出自"六祖"中的第五支德毕部。其政权中心在今贵州省安顺市一带。阿哲，人名。

⑥笃：三代以上的祖灵名称。

⑦沽：后人对取得君长地位的先祖依着辈分追赠的谥号。

⑧鄂：鄂莫的简称。鄂莫氏，古彝人部族，相传作战十分勇敢，被尊为战争之神。

⑨扯勒：支系名，彝族"六祖"中第四支系的分支。

⑩米迫娄：即天尊，司管理太阳之职。

⑪米堵纠：即地尊，司管理月亮之职。

⑫吐鲁打洛：古地名，在今云南省昆明市附近。

⑬阿外惹：即于矢部，今贵州省兴义市、兴仁县、盘州市等地为其领地。"六祖"中第六支祖慕辞辞传十九代至毕额勿，毕额勿生勿阿娄、勿阿克、勿阿纳、勿阿律四子。勿阿娄经米卧热地、迫默部（勿阿纳子阿纳德楚部）地盘，到濮吐珠益（今贵州省盘州市、普安县一带），建立阿外惹政权，汉史称之为于矢部。

⑭甲：古代军人打仗穿的护身器具，用皮革或金属做成。

⑮⑯⑰⑱苟祖洪鲁启、法纳惹、阿普额索、愁启吐朴：四者均为甲的名称。

⑲大纪：兵器名。

⑳㉑㉒㉓候纳堵额禄、壳益大额禄、补侯莫舍禄、启铺益莫禄：均为城池名，在今云南省西部。

㉔纳幼子：纳是慕俄勾君长勿阿纳的简称。幼子即勿阿纳的小儿子。

㉕纪古鲁堵：古地名，在今贵州省威宁彝族回族苗族自治县与云南省曲靖市宣威市交界处。

muʔ tʂiʔ tsuʔ
一群好马

pu⁴ sɛʔ du⁴ tɛʔ
布奢德巨，

mu⁴jɯʔxuʔzaʔlaʔzeʔ
带着马做生意。

pu⁴ʑu⁴ʐu⁴kúʔtoʔ
鸟到地上时，

tsoʔlu⁴ɣoʔɣuʔvu⁴
旋转再聚集。

ʐu⁴ɣaʔkúʔsu⁴ɖuʔ
鸟逗能起飞，

du⁴tsɯʔdɛpʰiʔmaʔ
不是攻击人。

lu⁴mu⁴buʔmaʔdu⁴
不能毁大城。

aʔ ɣu⁴ du⁴ dʐaʔ
阿伍德乍，

mu⁴ du⁴ ʐu⁴ ʐu⁴
青嘴枣骝马。

du⁴ dʐaʔ lu⁴ ɣu⁴
德乍鲁额，

mu⁴ du⁴ pʰiʔ tsɯ
眼明枣骝马，

pʰu⁴ tsɛʔ bu⁴ mu⁴
朴菜博姆的，

mu⁴ naʔ ɡeʔ ɡuʔ
宝贵黑马，

aʔ tʰiʔ aʔ ɣu⁴
阿泰阿伍的，

mu⁴ du⁴ ʐiʔ bu⁴ɦu⁴
黑嘴枣骝马，

tʰiʔ ʐiʔ miʔ ɣaʔɣu⁴
这四匹马最好。

203

肘霍数·畜牧篇

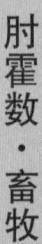

ɕi˧mu˧ ɕi˧zu˧o˦
其母生其子，

sa˦ʑi˧ sa˦nu˦
青气红气，

hi˧su˦nu˧hu˦tu˦
发情如雾霭起，

hu˦ʐa˦p'u˦lu˦su˦
像布满山头样。

do˦hu˦do˦na˦ɕi˦
日月护日眼，

su˦be˦gu˦hu˦
叟摆苟洪，

tsʼe˦tɕi˦de˦lu˦lo˦
梯土上园宽，

xɯ˦ho˦ndu˦lu˦su˦
像羊群散开样。

sa˦tʼu˦die˦lu˦
边上白气止，

die˦mie˦ʐa˦nu˦e˦su˦
边像成熟红莓。

la˦tsʼo˦p'u˦tsʼa˦o˦
双手抱着头，

la˦du˦ɕi˦nu˦
青红衣袖，

tʼu˦tse˦zu˦ɕi˦su˦
像山乍鸟冠子。

xu˦ɕi˦tsu˦xu˦xu˦
好耧头送了去，

tʼu˦na˦vu˦li˦su˦
妥那伍接收。

ɕi˦so˦pu˦bu˦su˦
像强大的风，

gu˦hu˦tsɿ˦tu˦
山林集一山，

zo˦pu˦e˦tɕi˦o˦
野兽生四脚，

hɿ˦tʼa˦su˦tʼa˦tʼo˦
别去大平坝。

vu˦lu˦vu˦du˦vu˦
鸟靠翅膀飞，

xu˦di˦tʼi˦tʼi˦bu˦
有引者就起飞，

lu˦li˦ki˦lo˦tʼu˦
来到慕俄勾，

du˧ tsɿ˧ zu˧ ȵu˧ ki˧
德 楚 仁 额,

tsi˧ ɑ˩ ʋi˩ ȵi˩ zu˧
这 伯 父 二 人,

ma˧ mu˧ tsʅ˧ sʅ˩ ʥɑ˧ tɕu˧ ȵu˧
大 队 兵 马 来 到,

mu˧ tsɿ˧ su˩ ʥɑ˩ gu˧
是 为 了 找 马 种。

ʁu˧ di˧ li˧ ɑ˧ ʋu˧
鸟 飞 有 两 翅,

du˧ ʒu˧ su˧ pʰu˧ ʋu˧
飞 时 先 振 翅。

sɿ˩ tmɯ˩ sɿ˩ tma˩ tsu˩
要 草 不 给 草 吃,

sɿ˩ tʰɑ˧ tsa˧ tu˧ tsu˧
只 给 一 截 树 吃。

ʐi˧ tmɯ˧ ʐi˧ ma˧ ndu˩
要 水 不 给 水 喝,

pʰɑ˧ tʰɑ˧ tsɿ˩ ʐi˧ ndu˩
给 叶 上 露 水 喝。

mɯ˧ tɕo˧ mɯ˧ ʑi˩ pɑ˧ du˧ tɕʰu˩
南 北 遍 地 落 叶,

ma˧ mu˧ tmɯ˧ ʥɑ˩ ʋi˩ ȵu˩
兵 马 最 好 呀。

mu˧ tɕu˧ ma˧ ȵu˧ di˩
为 求 马 种,

se˧ ȵu˧ se˩ kʰo˧ ndu˩
金 鞍 套 金 罩,

xu˧ lo˩ kʰo˩ ȵo˧ mu˩
日 照 辔 头 美,

tɕu˧ pu˧ ndo˧ ʐi˧ di˩
银 箭 筒 有 日 形,

ʁu˩ mi˩ tɕi˩ ʒi˩
用 四 包 财 物,

pʰu˧ ʋi˩ ʑi˩ ʥe˩
补 维 益 节,

mu˩ lu˩ ʥo˩ mu˩ ʋi˩ di˩
因 要 马 而 去。

gɑ˩ lu˩ tʰu˩ pu˩
嘎 娄 妥 伍 地,

ȵu˧ ʋi˧ ȵu˧ ʥe˧ ʒi˩
额 维 额 节,

tʰɑ˧ ʐi˩ m̩˩ kɯ˩ ʒi˩
一 日 天 黑 住 宿,

一群好马

205

肘霍数·畜牧篇

第二天早晨，

父本三百好马，

一次去带来。

带马能手，

迫维卯德，

数到二百九十个，

五个才开始来，

被卯德臣赶走。

纪 俄 勾，

阿嬷麻构

马带到面前，

五匹好马，

阿嬷麻构送来。

阿嬷麻构，

是为了这马，

未起身之际，

卯把马牵走。

阿嬷麻构说，

你的心是这样，

卯把马牵走，

连学了三句。

阿嬷麻构，

ȵɯ˧˥ʑi˧˥ ʑi˧ nɯ˧˩
听了发怒，

tsɯ˧sɯ˧ma˩do˧ʑɯ˩kʼɯ˧˩
喊此事做不成。

ɣɯ˧die˩dɯ˧tsɯ˧ȵ˧˩
额德德楚说：

tsʼɿ˩a˧moɯ˧ma˩kɯ˧
这阿嫫麻构，

nɯ˧tsɯ˧se˩dʑɐ˧ɣɯ˧
善识别好马。

ʑi˧ vi˧ ʑi˧ dɛ˧
益维益节说：

mɯ˧du˩mi˧ɣɯ˩lo˧˩
枣骝马的根源，

ɣu˩ɬɯ˩kue˧vi˩li˧˩
五匹都贵重，

pʼɛ˩vɛ˧mɯ˩die˧m˩li˧tsɯ˩
卯德把它留下。

a˧moɯ˧ma˩kɯ˧
阿嫫麻构说：

mɯ˧du˩mi˧ɣɯ˩lo˧˩
枣骝马根源，

ɣɯ˩ʑɯ˧mɯ˧tʼu˩la˧sɯ˩
尽力找管理人，

dzɯ˧dʑe˩bi˧sɯ˩tʼi˧˩
有二十一颗牙，

ma˩sɯ˧sɯ˩tʼa˧lɯ˩
是个不一般的，

tʼi˩ɣa˧tsʼo˩dɯ˧sɯ˩
和它在一起的，

bi˩mɯ˩lu˩mɯ˩tsɯ˩
是神龙马种，

tʼa˩mɯ˩ɣa˩vi˧
其中的一个，

tɕi˩la˩ʐɯ˩vi˩li˩
管马人捉来用，

mɯ˩sɯ˧mɯ˩hɯ˩lɯ˩
他们这样做。

ɣɯ˩vi˧pɯ˩dɛ˧ɦɯ˩
额维布节，

kʼa˩pu˩nɯ˩nɯ˩kʼɯ˩
怒不可遏，

ʑi˩ʐu˩he˩do˧tʼe˩ɦɯ˩
怒后先出房，

一群好马

207

肘霍数·畜牧篇

ɡɯ˧ɲɯ˧tʂ'ɯ˧ɬɯ˧ɕu˧
另找好管理人，

nɑ˩dʑɯ˧ɡɯ˧ɣɑ˩tɤu˧
捉着了的呢，

ʐɑ˩ɟɯ˧lɯ˩mɯ˩tsɯ˩
马种是龙马种，

mɑ˩dʑi˧ʑi˩ɡɯ˧
不用攻打了。

t'i˧tɯ˧di˩tʰu˧ʑi˩
他放出了话，

sɿ˩ʐɯ˧tsɤ˩k'u˩xɯ˩
绸鞍垫金罩，

xɯ˩tɕ'i˩kʰɑ˧pʰi˧ɡɯ˩
辔头日照美，

ʑu˧tɑ˩ŋɡɯ˧t'ɯ˧lɯ˩
整鞍为大臣，

t'ɯ˧pɯ˧dʑɑ˧t'i˩di˩
银箭筒有日形，

ʐɯ˩mi˩ɡi˩t'ɯ˩
财宝四包，

ʐɿ˩li˧t'i˩mɑ˩lɯ˩
我不要它。

dzɯ˧ʐɯ˧kɯ˩ɕi˩
首先叫集中，

mɯ˩dɯ˩me˧ʐɯ˧dɯ˩
枣骝马落后，

dɯ˩tsʰɿ˩zɯ˩ɡɯ˧pi˩
德楚仁额，

ʋe˩lɑ˩kue˩fu˩pɯ˩
为早富贵做生意。

ʐi˩ dʐe˩ pi˩
益 节 说：

tʰɑ˩ tʰi˩ di˩
别 说 了，

ʈʂɿ˧pɯ˩pi˧ɣɯ˩ko˩
征收四匹马，

ɕi˩fɯ˩ɲɑ˩ɡɯ˩ʑi˩
捉七匹来用。

mɯ˩ɣo˩ɡɯ˩k'ɯ˩li˩ɯ˩
来到慕俄勾，

mɯ˩tsɯ˩tɤu˩ɲɑ˩di˩
介绍马种。

ɡɯ˩diɤ˩dɯ˩tsʰɿ˩ɡɯ˩
额德德楚，

ʨi˧ ȵu˧ tʰɑ˧ dʑɯ˧kɑ˧
派两个人去。

lɯ˧ lɯ˧ ɣɯ˧ gɯ˧
娄娄俄勾,

ɣɯ˧dʐɿ˧mi˧su˧ɣɯ˧lo˧
额直米勾说:

mɯ˧ tsɯ˧ mɑ˧ dɑ˧
近亲马不交配,

bɯ˧dʐɯ˧lɯ˧lɯ˧
要行善事呀。

ɣɯ˧dʐɿ˧mi˧su˧ɣɯ˧
额直米勾,

ʨi˧su˧ȵi˧lo˧lɯ˧
两个差人,

tʰi˧lɯ˧ lɯ˧ ɣɯ˧ gɯ˧
传说娄娄俄勾,

ʔu˧ɣɯ˧fɑ˧tʰu˧lu˧
上起发吐禄,

me˧ɣɯ˧tʰo˧pʰɑ˧ʑi˧tie˧
下至陀帕益代,

ti˧ ȵi˧ tʰɯ˧ɣɯ˧ kɯ˧
它两者之间,

mɯ˧ he˧ ɣɯ˧ mɑ˧ bɯ˧
没有好马,

gɯ˧ kʰɑ˧ nɑ˧ ɣɯ˧ lɯ˧
周围全看了,

mɯ˧ kʰɑ˧ ɣɯ˧ mɑ˧ bɯ˧
没有强壮马。

ndi˧kʰu˧ʐi˧ɣɯ˧ʨi˧
坝里所有院落,

tʰu˧ɣɯ˧ȵi˧du˧dʑɯ˧
管者行迹分开,

nɑ˧ ɣɯ˧ ʐi˧ kʰo˧
你要征收牛。

m̩˧li˧ɣɯ˧tʰɑ˧ȵi˧
后来的一天,

pʰu˧dʐɿ˧sɑ˧mɯ˧dɑ˧
朴直交叉猛打,

ŋgɯ˧kʰu˧tʰo˧ʨɯ˧lu˧
搜索所有鹿,

nɯ˧fɑ˧ʐi˧ɣɯ˧ɕi˧
红岩整齐而长。

mɯ˧ʐi˧du˧li˧ɕi˧
木尼后来说:

209

肘霍数·畜牧篇

ꃀ tsʉ˩ ma˩ dʑi˩
马近亲不交配，

ŋɤ˩ li˩ tʼi˩ ma˩ sɿ˩
我不知此事，

tɕi˩ su˩ ʐi˩ ŋɤ˩ ʑi˩
派两个差人，

ꃀ˩ ŋɤ˩ gu˩ ki˩ ʑi˩
来到慕俄勾。

ʐu˩ die˩ du˩ tsu˩ tsɿ˩
额德德楚，

ʑi˩ ŋɤ˩ ʑi˩ gu˩
亲近慕俄勾，

ŋu˩ ta˩ dʑe˩ ŋu˩ dʑe˩
看阿迭额节，

fu˩ mi˩ pʼu˩ tɕi˩
表达开亲意。

lu˩ lu˩ ɤu˩ gu˩
娄娄俄勾，

pʼu˩ kui˩ dʑe˩ ɲu˩ ʑi˩
九株树地块，

tɕi˩ ʑi˩ ŋu˩ mu˩ ɤu˩
娶妻价很高，

fei˩ tiu˩ di˩ ɲu˩
询问聘礼银，

sɿ˩ kiu˩ sɿ˩ tsu˩ gui˩
喜见绸送到。

lu˩ lu˩ ɤu˩ gui˩
娄娄俄勾，

vu˩ sa˩ ta˩ ʂu˩ dʑe˩
有外族首领，

hie˩ ɤu˩ mu˩ kʼu˩ tɕi˩
房和马都倒了。

ɲu˩ ɤu˩ mi˩ tsu˩ dʑi˩
越过彝地河，

be˩ le˩ pʼi˩ mu˩ ɤu˩
播勒也有马，

dʑu˩ li˩ su˩ ɲu˩ vi˩
是一道来的人，

ŋɤ˩ li˩ ɲu˩ mi˩ su˩ ma˩ po˩
我说的不反悔，

xu˩ ʐu˩ su˩ ma˩ du˩
不用湖水待人，

ŋɤ˩ li˩ sɿ˩ tsu˩ tʂu˩ pu˩
我来只借贤者，

远见识文者。

苟娄额能时,

阿嬷麻构,

会相马之时,

俄直去买马。

苟娄额能,

根源打记号,

近亲马不交配。

去来之时,

脱下手镯,

播勒牧马人,

给牧马人。

额德德楚,

手拿的金耳环,

像把金碾长,

三根金脚接拢,

给播勒牧马人。

牧马人呢,

到了第二天,

看播勒尼家,

父本九十匹马,

照常早开圈门,

一群好马

211

肘霍数·畜牧篇

ɲdʑo˧ tʰa˦ ʑæ˧ tʰo˥ kieŋ˥
排排拴着马,

dʑa˦ lo˧ ɬu˧ ɲuɯ˦ vi˧
是像这样的。

sɯ˦ tsɯ˧ tʂʰa˦ ɡa˧ lɯ˧
加上三十六匹,

ŋu˦ tsɯ˧ ɮi˧ ɡa˦ lɯ˧
有五十四匹马。

tsʰu˦ tʰu˧ me˧ mo˧ na˦
白种尾毛黑。

lo˦ sɯ˧ tʂʰa˦ mi˧ zo˦
石木长青苔,

to˦ sɯ˧ tʂʰa˦ mi˧ zo˦
烧火树长青苔,

to˦ ʎi˧ bal tʂi˧ sɯ˧
像火散落堆叠,

tɕa˦ ʔu˧ tɕa˦ me˧
笼头缰绳,

ʑi˧ mu˧˦ li˧ ɡa˦ nu˧ i˧
褥垫整齐漂亮。

dzɯ˦ hɯ˧˦ ʑi˧ tʂʰɯ˦ pu˧
牙有二十一颗,

ma˦ tsɯ˧ sɯ˧ tʰa˦ ʎi˧
此马不一般,

mɯ˦ lɯ˧ ɬu˧ ɲu˦ hi˧
是来要马的。

ɲu˦ ʑi˧ dɯ˧ tsʰɯ˦ lɯ˦
舅舅德楚他们,

mɯ˦ xi˦ ɡɯ˧ ʑi˦ hɯ˧
第二天早晨,

pu˦ ha˧ kɯ˧ tsɯ˧ lɯ˦
父本九十匹马,

ɡa˦ lo˧ ʑæ˧ tʂʰɯ˦ kieŋ˥
排排拴厩里,

dʑie˦ li˧ ɡɯ˧ ʑa˦ vi˧
真的很喜欢。

sɯ˦ tsɯ˧ tʂʰa˦ ʑa˦ lɯ˦
数了三十六匹,

ŋu˦ tsɯ˧ ɮi˧ ʑa˦ lɯ˧
还有五十四匹。

tsʰu˦ tʰu˧ me˧ mo˧ na˦
白种黑尾毛,

ŋu˦ sɯ˧ tʂʰa˦ mi˧ zo˦
古树长青苔,

tɕa˧xɯ˧ba˧tɕi˧sɯ˧
像箭落堆叠样。

dzu˧dʑe˧ʐɿ˧tsʰɿ˧ʈʂʰɿ˧
有二十一颗牙，

ma˧sɯ˧sɯ˧tɕʰa˧lɯ˧
不像一般的马。

ʐɿ˧nɯ˧tɕi˧ɣa˧tɯ˧
褥垫整齐漂亮，

tɕa˧ʔɯ˧tɕa˧me˧
套笼头有缰绳，

tʰi˧ɣa˧hi˧dʑa˧lɯ˧
马站在那里。

a˧mo˧ma˧kɯ˧
阿嬷麻构，

ʐe˧ʐɯ˧xɯ˧tʰɯ˧tsɤ˧
在海子周围转，

mɯ˧le˧ga˧ʐɯ˧mo˧
观看马颈子，

sɯ˧ȵi˧tsɤ˧ʂɯ˧ʐɿ˧
连看了三次。

mɯ˧tɕʰɯ˧ma˧da˧
近亲马不交配，

tɕi˧ʐɯ˧dʑa˧ʂɯ˧gɯ˧
是这样的了，

tʰi˧ʐɯ˧nɯ˧ʂɯ˧ʐa˧dɯ˧
他看后捉马。

tʰi˧ʐɯ˧ʐɯ˧ɣa˧tɯ˧
从此之后，

ɣɯ˧dze˧mi˧gɯ˧
额直米勾，

mɯ˧pʰɯ˧tsɯ˧ʂɯ˧zɤ˧
牵十四父本马，

kɯ˧tsɿ˧mɯ˧mɯ˧zo˧
和驮东西的马，

mɯ˧he˧tsɯ˧lɯ˧zɤ˧
牵十四根好马，

mɯ˧sɯ˧tsɯ˧mɯ˧xe˧
带领三种马，

mɯ˧ʐɯ˧gɯ˧kɯ˧li˧lɯ˧
来到慕俄勾，

lo˧ po˧ bʌ˧ ze˧
洛波本热①。

a˧ ndʑe˧ ʐɿ˧ ɣɯ˧
阿哲氏家，

一群好马

肘霍数·畜牧篇

看走马就笑了，
父本七匹马，
生下来的马，
是先要的马种。
那益水源清退，
树从根上长。
外甥密勾，
来到贝取，
根源权柄长远，
保突知用权。
那时的城中，

备马邀约人的，
不是我，
而是你呀。
后来那勾，
因马而发笑。
保突那勾，
他开言说道：
看慕俄勾，
有很多好制度，
先不数好的面，
曾念过一次经，

ga˨ lɯ˧ ndi˧ ti˧
在嘎娄迪下方,

a˧ kɯ˧a˧ vi˧ tɕe˨
祭阿勾阿维,

ta˨ʙɿ˧ tsɤ˥ tsa˧ ne˥ tsɿ˨
扎笼头缰绳,

ti˨ pɯ˧ he˥ tɕi˧ lɯ˨ lo˨ tɯ˨ kɯɲ˨
牵七匹种马,

xɯ˥ tɕi˨ tsɿ˧ ndo˨
辔头套子踢开,

ti˨ ɕi˨ lɯ˥ tɯ˧ ma˥
只见七匹马,

ɣʯ˨ ɣɯ˨ zɿ˥ die˧ di˨
后来益德说。

ti˨ pɯ˧ he˥ tɕi˧ lɯ˨ tsɯ˥
父本七匹马,

ta˨ lɯ˧ ʙɿ˨
其中的一匹,

ma˨ mi˧ ɣɯ˧ gɯ˨
说不出的喜欢,

mɯ˨ nɯ˨ me˥ ʑi˧ ɲɯ˨
是能麦利马。

pɯ˨ tsɯ˨ li˨
父 本 种,

mɯ˨ tsɯ˨ ma˨ da˨
近亲马不交配,

mɯ˨ tsɯ˨ li˨
母 本 种,

ɲɯ˨ vi˨ ɲɯ˨ dʑe˨ ɲɯ˨
是额维额节,

dzɿ˨ ɲɯ˨ nɯ˨ ta˨ na˨
你用很多钱财,

mie˨ lɯ˨ tɯ˨ ɲɯ˨ vi˨
仅为了要名。

t'i˨ mɯ˨ nɯ˨ ʑi˧ da˨
能利马交配,

xɯ˨ tɕi˨ ma˨ bi˨
不带辔头,

tsɿ˨ ɣɯ˨ ma˨ kua˨
没拴在圈里。

dze˨ ɕe˨ ma˨ kɯɲ˨ ɕi˨
骑马主人未到,

一群好马

215

肘霍数·畜牧篇

ʜuɿ˧ ɑ˥ ŋɯ˩ kɯɿ˧ tsɯ˩
马在鹿群中跳，

tso˥ tɕ'i˧ t'i˧ ɣɯ˧ zo˩
转到松层林中，

t'u˧ ɣɑ˧ mɯ˧ du˧ kɯ˩
松林中有马蹄印，

tɕe˧ ɣɑ˧ tsɯ˧ bi˧ sɯ˩
像星落下样，

t'u˧ ɣɔ˩ t'u˧ pie˧ tsɯ˩
松尖松毛落。

fɑ˧ ɣe˧ ɣe˧ ɣɑ˧ ɣo˩
在大岩之下，

le˧ ɣɑ˧ dze˧ ʥ'e˧˩ ʨ'a˧ ɣ'ɑ˧ ɴdu˧
鸦想到自己窝，

bi˧ du˧ tɕ'ɿ˧ ɣɯ˩ ɣo˩
展翅翩翩。

xɯ˧ tɕ'i˧ bi˩
带上辔头，

ts'ɿ˧ vɯ˩ kua˩
拴在圈里。

dze˧ ɣe˧ kɯ˧ ɣɯ˧ ɣu˩
骑马主人到后，

nɯ˧ fɑ˧ ɣe˧ ɣɑ˧ ɣo˩
在能法大岩下，

mɯ˩ li˧ zɯ˧ ɣɯ˧ tsɯ˩
母马来小马跳。

ɴdɯ˩ fie˧ dei˩ ɕi˧ ɕi˩
摇珠子闪彩光，

p'ɑ˩ fie˧ dɕi˩ lɯ˧ lɯ˩
摇树叶纷纷落。

t'ɑ˩ lɯ˧ mɯ˧ ɣɑ˧ ʜo˩
得了一匹马，

pɯ˩ tha˧ hɿ˩ la˧ lɯ˩
种马停住脚，

tɕi˧ la˧ mi˧ du˧ liəp˩
脚和嘴是花的，

t'ɑ˩ lɯ˧ t'i˧ ɣɑ˧ ʜɿ˩
这一匹最好。

tsa˥ʔu˧ me˧ sɿ˧ hɿ˧
先结辔头缰绳，

t'ɑ˩ dzɯ˧ t'i˧ ɣɑ˧ kɯ˩
两样都牢固，

xɯ˧ tɕ'i˧ ts'ɿ˧ vɯ˩
拿辔头进圈，

216

t'a˧ dzu˧ t'i˧ ʁɑ˧ k'uɑ˧
用两样拴住，

t'a˧ lu˧ ȵi˧ t'i˧ hɯ˧
一匹马就是它，

t'a˧ lɯ˧ ȵi˧
还有一匹马，

pu˧ sei˧ du˧ tɕi˧
布奢德巨，

mɯ˧ tsɿ˧ zz ̩na˧ tɕɯ˧ vi˧
豹点花粉青马。

pu˧ tsu˧ li˧
父本种马，

mɯ˧ tsu˧ ma˧ da˧
近亲马不交配，

mu˧ tsu˧ li˧
母本种马，

ɣɯ˧ vi˧ ɣɯ˧ dʑe˧
额维额节，

mɯ˧ sɿ˧ nɯ˧ k'uɑ˧
引青马来拴住。

mie˧ lɯ˧ gɯ˧ ȵɯ˧ vi˧
要了马名，

t'i˧ mɯ˧ sɿ˧ zei˧ na˧
叫豹点青马，

me˧ xɯ˧ mo˧ tsɿ˧ ŋɯ˧
尾长分鬃很美，

ŋɯ˧ dʑa˧ sɿ˧ ɣɯ˧ vi˧
看着好青马。

hu˧ ɣɯ˧ ɣɯ˧ ʐi˧ du˧
山上降雪霜，

hu˧ lu˧ gɯ˧ tɕi˧
洪鲁林脚，

so˧ lɑ˧ hɯ˧ ŋɯ˧
青松树梢美，

pu˧ lɯ˧ mi˧ dʐɑ˧
每朵都长毛。

t'a˧ lɯ˧ ȵɯ˧ ɣɯ˧ hɯ˧
有了一匹马，

xɯ˧ tɕi˧ bi˧
带上辔头，

tsɿ˧ ɣɯ˧ k'uɑ˧
拴在圈里。

一群好马

217

肘霍数·畜牧篇

骑主到了后，

在宽广嘎朴，

鲁是先行者，

在希的欧朴内，

月亮神飞出，

像满天星密布。

先做是陪衬，

就像这样的。

外族官设祭场，

彝人外人聚，

外族设坐具，

彝人行献财礼。

彝助外族威势，

外族赞彝威。

黑出白枯，

赞威用好茶，

尽力供奉事毕，

就像这样的。

谈论父本马，

足迹踏遍希地，

其中之一是它。

结笼头缰绳，

笼头缰绳结实。

辔头修理好，

一套很牢固。

还有两匹马，

一匹马呢，

先和陀尼商议，

是红马鲁苏，

父本种马，

近亲马不交配。

母本种马，

额维额节，

你用很多钱财，

尽力为要名。

能鲁苏马，

听得很少，

有了威势，

有了一匹呢，

别看则迷踪迹，

日边隔明暗，

高山青松梢，

像交叉的样，

有这种情况。

一群好马

219

肘霍数·畜牧篇

地上的四方，

君是尼能人②，

凯保住湖边，

后来的一天，

来者喧哗凶恶，

风从山腰起，

昨天跑了一天，

第二天早晨，

天放晴了，

叶上露未干。

此时的城中，

议论求泉水，

骑马者站着，

看马的颈子，

取皮长线三根，

手指断不了线，

不转回庭院，

取水成功了，

姑娘舀水喂马。

天下南北方，

看鸟如线条飞；

天下东西方，

鸦鸣长队飞行。

未用完线团滚,

线团有名字,

做笼头和缰绳,

笼头缰绳结实。

辔头修理好,

一套很牢固。

马有三匹,

阿姆额则,

山上选得紫马。

父本马种,

近亲马不交配。

母本马种,

额维额节,

紫马是壮马好。

他选上紫马,

再次看青马,

像多层樱叶。

古今的马,

山岭很长,

牧人未闻喊声。

泉水九十一,

一群好马

221

肘霍数·畜牧篇

ɣɯ˧ma˧ʝo˩ɣɯ˧tɕo˧ʝ
有数不完之时。

m˧ kɯ˧ m˧ ʑi˧
天 下 天 上，

ɣo˩ʑe˩t'a˧tsa˧mɯ˧
中柱高一节，

xɯ˩p'e˧ndu˧ma˩le˧
揎毡做折难，

hu˩se˩kɯ˩tsɯ˩t'i˩
皮长线九十团，

ɣɯ˧ma˧ʝo˩ɣɯ˧tɕɯ˧
线团数不完。

ɣo˩mɯ˩si˧mɯ˩
珠子三百颗，

p'i˩ndzɯ˩dʑo˩mɯ˩ɣɯ˧
镶在祖髻中。

hu˩tsa˩tsɯ˩tɕ'o˩mɯ˩
皮绳十六庹，

ŋɯ˩t'a˩dʑə˧mɯ˩tɯ˩
一次只得一鹿。

kɯ˩ ŋɯ˩ ŋɯ˩
黑 沉 沉，

bɯ˩mɯ˩mɯ˩ɣa˩tɕɯ˩
看点点的山，

so˩ p'ɯ˩ p'ɯ˩
光 亮 充 足。

lɯ˩p'ɯ˩p'ɯ˩ɣa˩mɯ˩
看兴旺的城，

t'a˩lɯ˩mɯ˩ɣɯ˩ho˩
又是一座呢。

m˧ ɣo˩ m˧ kʰue˧
天下南方北方，

bɯ˩ sɯ˩me˧tsɯ˩dzɯ˩
布默人聚会，

nɯ˩ sɯ˩xɯ˩sɯ˩dʑɯ˩
糯侯人交往。

m˧ li˩ ɣɯ˩ t'a˩ hi˩
后来有一天，

ndzɯ˩zɯ˩lo˩zɯ˩li˩
君长大臣来，

mɯ˩ ndzɯ˩li˩sɯ˩mɯ˩
三匹好马，

dze˩mɯ˩ɕe˩mie˧t'ɯ˩
马主讲马名，

ꀨꀎꃀꄉꅐ
kʼu˧ dʐo˩ di˧ ma˩ ŋu˧
不需全都讲，

ꄚꒉꀋꋒꄚ
tʰa˩ lɯ˧ ȵi˧ tʼi˧ tʰu˧
只需讲一个。

ꊛꃆꊛꂯꑋ
tsa˧ʔu˩ tsa˧ me˧ ŋɯ˧
编笼头缰绳，

ꄚꂷꋒꌧꀎ
tʰa˩ dʐu˧ tʼi˧ ɣa˧ kʼu˧
一套都牢固。

ꑌꒉꂯꃀꑋ
xɯ˧ tɕʼi˧ ɣa˧ tʼi˧ ɣɯ˧
辔头拿进去，

ꄚꂷꋒꌧꏸ
tʰa˩ dʐu˧ tʼi˧ ɣa˧ kʼɯ˧
一套很结实，

ꀻꑌꒉꃀꀕ
ȵi˩ tʰɯ˧ lɯ˧ tʼi˧ ȵi˧
用来拴四匹马。

ꄚꒉꀋ
tʰa˩   lɯ˧ ŋɯ˧
一   个   呢，

ꀃꃅꑋꑌ
a˧ mɯ˧ ŋɯ˧ gɯ˧
阿姆额苟，

ꂯꑋꎴꂽꃀ
mɯ˧ ŋɯ˧ hi˧ tsʼɯ˧ ŋɯ˧
选好能恒马。

ꄙꃀꑋ
pʼɯ˧ tɕɯ˧ ri˧
父 本 马，

ꂷꋒꃀꄉ
mɯ˧ tɕɯ˧ ma˧ da˧
马近亲不交配。

ꂱꋒꑋ
mɯ˧ tɕɯ˧ ŋɯ˧
母 本 马，

ꑋꑍꑋꐚ
ɣɯ˧ vi˧ ɣɯ˧ dʐe˧
额维额节，

ꊦꑋꑄꂶꆫ
gɯ˧ tɯ˧ lie˧ mɯ˧ ŋɯ˧
苟的红鬃马，

ꋒꂷꒉꑌꊾ
tʼi˧ mɯ˧ nɯ˧ xɯ˧ tsʼɯ˧
他选择能恒马，

ꂪꐏꂫ
me˧ dzo˧ mo˧
后 要 求 看，

ꋒꅑꎭꋒꑋ
tʼi˧ du˧ tɕʼi˧ ɣɯ˧ tɕʼɯ˧
启堵青马种，

ꊦꂯꉪꄉꇐ
ɣɯ˧ ɣa˧ ȵi˧ la˧ lɯ˧
始有相马人。

ꀨꑋꊛꇐꑋ
xu˧ kʼu˧ ŋɯ˧ kʼu˧ ȵi˧
马的身价高，

ꅡꋒꄚꋠꂾ
tʼu˧ ȵi˧ tʼa˧ ku˧ sɯ˧
像一丛青松，

ꌌꊛꃅꂵ
dʐe˧ mɯ˧ me˧ ma˧
杆高覆盖宽。

一群好马

肘霍数·畜牧篇

ndzɿ˧zɿ˧ŋə˧tʂʅ˧lɯ˧
看青马很好，

gɿ˧du˩mi˧tʂʅ˧uɯ˥ʐɿ˧
始走天下。

bi˧ɣɯ˥ɑ˧zɯ˧tɯ˥lɯ˧
毕额阿仁得马，

mɯ˧ʐɑ˧ɯɯ˥ʑɑ˧lɯ˧
如下莫尼侯③。

nɑ˥tʂu˧ʐɑ˩nɑ˥
白黑眼珠，

ɣɛ˧k'ɯ˧ɯɯ˩li˧k'ɯ˥
江面是水盖处，

zo˧lɿ˥ɣɛ˧tʂʅ˧ʐɿ˥
大江天下流，

ɯɯ˧miŋ˧ɯɯ˧lə˥kʰoŋ˧
像鱼现鱼变。

mi˥dʑi˧mi˩ʐi˧
天下天上，

ki˥li˥nɯ˥tsɿ˧ʑɑ˧lo˧
我来砌石头，

fɑ˧ɣɛ˧tɯ˥k'uɛ˩dʐɿ˩
大岩向北延，

---

fɑ˧tʂu˩di˧luɯ˧tʂɿ˥
白岩如牛盖样。

hu˧pʰɿ˧no˥
洪培诺阁，

bu˩go˩bu˩dʐɿ˩
有弯刺竹，

ku˩tsɿ˧ȵiɛ˩gɯ˩
葛赤藤断，

tsɯ˧o˩li˧ʑi˧lɯ˧
好像是并生的。

tʼɑ˧ɯɯ˧ʐɯ˧ho˩
得了一个，

kɯ˥tɑ˩dɛ˩tʂʅ˧tsɯ˧ɯɯ˩dʑɑ˩
就得一簇葛赤。

ku˧lɯ˩tɛ˥tʂʅ˧ho˩
一个葛赤种，

dʑu˧tsɿ˩tsɿ˧hu˩
林中种类多。

ɔ˧uɯ˩hu˩li˧fɿ˩
乌蒙家有马④，

bu˥ɯɯ˩ɣɛ˥kɑ˩dʐɿ˩
山上树枝长，

树脚套拴绳，

绳子套好了。

果卓地方，

愁热苟扣⑤，

见熊四面散开。

天上有闪电，

如低处雾缭绕。

果娄默地方，

松树林里，

野鸡箐鸡走动，

如急并飞样。

父本马高大，

起步踏缺地，

是个这样的马。

编笼头缰绳，

一套都牢固，

拿辔头进去，

拴得两匹马。

一匹马，

德楚仁额的，

大头白马，

一群好马

225

肘霍数·畜牧篇

p'ɯ˧ tsʼɯ˧ ʃʃ˧
父 本 种 马，

mɯ˧ tsʼɯ˧ mɑ˧ dɑ˧
近亲马不交配。

mɯ˧ tsʼɯ˧ ʃʃ˧
母 本 种 马呢，

ɣɯ˧ ʐi˧ ɣɯ˧ dʑəɯ˧
额 维 额 节 的，

gɯ˧ ʃɯ˧ pɯ˧ tʼɯ˧ guɯ˧
全 身 白 到 脚，

tʼi˧ ʂʮ˧ mɯ˧ pɯ˧ hɯ˧
大 头 白 马。

ʐu˧ pi˧ ŋi˧ lɑ˧ ʑi˧
鸟 飞 有 两 翅，

du˧ ɣɯ˧ sɯ˧ tɕi˧ ʑi˧
三 次 扇 动 翅。

ɣɯ˧ dzoɯ˧ li˧ ɣei˧
古 时 生 的 大，

ɣɯ˧ dzoɯ˧ li˧ ɣɯ˧
今 时 生 的 小，

du˧ ʐu˧ li˧ ɣɯ˧ toi˧
翅 头 扇 得 够，

du˧ tɕi˧ mei˧ ti˧ tsui˧
如 狐 摇 尾 样。

ʐi˧ sɯ˧ nɑ˧ mɑ˧ diel˧
看 者 看 不 够，

ŋɯ˧ tsɯ˧ nɑ˧ mɑ˧ ʑi˧
观 者 不 合 眼。

tʼɑ˧ lmɯ˧ mɯ˧ tɕɯ˧ hoŋ˧
有 了 一 匹 马，

ndi˧ mɯ˧ hem˧ mo˧
打 扮 好 的 马鬃，

ndzɯ˧ dzəɯ˧ tɕɯ˧ mɯ˧ ʑi˧ hɯ˧
看 漂 亮 的 脸。

be˧ ɣɑi˧ tʼu˧ hɯ˧
柏 雅 妥 洪⑥，

du˧ ɣɯ˧ fe˧ tɕɯ˧ ɣɯ˧
德 额 辉 有 马⑦，

lɯ˧ tʼɯ˧ hi˧ɣ˧ tʼu˧ mpɯ˧
像 洗 净 白 鹇。

tsʼoɯ˧ sɯ˧ hɯ˧
秋 三 月，

seʔ˧ tʼu˧ hi˧ lɯ˧ sɯ˧
像 站 在 树 梢 样。

226

ʂɿ˧ ʂuɯ˧ hu˩ 夏 三 月，	ʑe˧ ly˧ mɯ˧ ʐɿ˧ ȵi˩ 左 边 沙 挤 来，
lo˧ pʰɯ˧ xɯ˧ dzɯ˧ 像 洛 波 侯 卓⑧。	zo˧ ly˧ mɯ˧ kɯ˧ ȵi˩ 右 边 沙 涌 来，
be˩ ʐi˩ be˩ ȵu˩ 青 红 银 杏，	lo˧ tʰa˧ mɯ˧ tɕʰi˩ 谷 里 全 是 沙 子。
sɿ˧ ȵa˧ xɯ˧ hu˧ tɕɿ˧ 像 獭 浮 水 样。	tsoɯ˧ ȵu˧ ʐa˧ mi˧ zɿ˧ 转 身 看 前 面，
tsɿ˧ ȵɯ˧ kv˧ ȵɿ˧ tɕoɯ˧ 声 有 应 响，	ze˧ ʐi˧ dʑi˧ ʐi˧ zɿ˩ 像 一 片 大 箐 林，
tʰi˩ kʰɯ˧ ȵi˩ 它 走 来，	tʰɯ˧ ʐi˩ tʰɯ˧ ȵu˩ 青 松 红 松，
tʰi˧ sɯ˧ ȵi˧ tɕʰɯ˧ 它 行 走，	bɯ˧ na˧ ʐa˧ sa˧ dɯ˩ 其 中 有 黑 竹。
kv˧ bɯ˧ tsɿ˧ ma˧ sɯ˩ 浮 水 露 不 沾 身，	tsʰɯ˧ ʐi˩ tsʰɯ˧ ȵu˩ 一 簇 青 一 簇 红，
kv˧ ʐo˧ ȵi˧ ma˧ dʑi˩ 走 路 泥 不 沾 脚。	tsʰɯ˧ se˧ ȵu˧ tsʰɿ˧ 大 者 得 繁 殖。
tɕʰo˩ suɯ˧ hu˩ 秋 三 月，	tʰi˧ dɯ˧ tʰo˧ ʐɯ˧ dzo˧ 地 上 云 雀 叫，
lo˧ pʰɯ˧ xɯ˧ tɕo˧ hu˩ 洛 波 沙 子 响，	sɿ˧ ʔu˧ tʰi˧ ȵ˧ sɿ˧ 树 梢 招 引 风。

肘霍数·畜牧篇

鸟君早离开，

此时人群中，

管理者葛来了⑨，

舞队未开始，

女的拿舞帕，

男的奏竹笙。

站在歌场里，

女脚银铃响。

女起坐垫褥，

像是护头发。

有名的够呢⑩，

天亮了走来，

舞队已编成，

女的用舞帕，

男的奏竹笙。

站在歌场里，

等一语结束。

又有一个呢，

南方北方，

布默人聚会，

糯侯人交往。

这之后的一天，

ndʑɿ˧ zu˧ mo˧ zɿ˧ ʑi˩
君长大臣来，

ʔy˧ tʰu˧ dʑi˩ tɕʰi˧ ʐa˧ se˩
头饰以金银，

dʑɤ˧ dʑi˩ sɿ˧ tɕʰi˧ ʐa˧ mei˧
腰饰以丝绸，

mei˧ tɪ˩dʑi˩ kuɪ˧ ʐa˧ lɪ˧
后饰绫与罗，

mei˧ fɪ˧ lɪ˧ mei˧ tsa˧ tsʰo˧
装饰马尾巴。

kuɪ˧ dʑi˧ ɣe˧ ɲɤ˧ʐa˧ ʐo˩
天黑还早时，

ndʐɤɪ˧ puɪ˧ dəɪ˧
像孔雀飞进，

ɲuɪ˧ ʐa˧ tsʰɿ˩ mɪ˧ mi˧ tsuɪ˧
鸟群中间样。

tʰa˧ lɪ˩ mɪ˧ ɲu˧ vi˧
为这一匹马，

tsa˩ʐu˩ tsa˧ mei˧ɪ˩ tɕʰi˧
编笼头缰绳，

ɢe˧ tʰa˧ dzu˧ tʰi˧ kuɪ˧
换一套牢固的，

xuɪ˧ tɕi˧ tsʰɿ˧ ɲu˧ luɪ˧
辔头也修理好，

tʰa˧ dzu˧ tʰi˧ ɲu˧ kuɪ˧
用一套拴马，

ʑi˧ luɪ˩ ɲu˧ mɪ˧ ɲu˧ vi˧
看见的是这样。

tʰa˩ ɪ˩ ʑi˩
一匹呢，

ʐi˩ dʐɿ˧ vi˧ a˩ ŋu˩
益直维阿构，

pʰu˩ tsʰu˩ lɪ˩
父本种马，

mu˩ tsʰu˩ ma˩ dəɪ˩
近亲马不交配。

mu˩ tsʰu˩ lɪ˩
母本种马呢，

ɲu˧ vi˧ ɲu˧ dʐe˩
额维额节，

ɢu˩ ʑu˩ tɕe˩ tʰu˩ tɕi˩ tɕu˩ vi˩
林摇出星宿。

一群好马

肘霍数·畜牧篇

ndʐɿ˧ a˧ tʰu˧
妥 阿 哲，

pʰɯ˧mɯ˧tʰu˧ ʐe˩
布摩大臣为大，

mɯ˧zɯ˩tʰu˧ʐɑ˧dʑi˧
管捉马的事。

ʔʉ˧ʐɯ˧mɯ˩tʰɯ˩
上自姆独能，

me˩ʐɯ˩dzɯ˧ʑi˩tie˩
下至祖依代，

ʐe˩ʐɯ˩tʰɑ˩pɯ˩
左至塔布博，

zo˩ʐɯ˧tsʰɿ˧mɯ˩ɦe˩dʑe˩
右至赤能益节，

tʰi˧ȵi˩ɦo˧ʐɯ˩kɯ˩
此二者之间，

hɯ˩pʰi˩zo˩tʰɯ˩
能养壮马的人，

pʰɯ˩ȵi˩ʑi˩ nɯ˩
濮尼埃能，

sɑ˧tʰu˧ɕi˩pʰɯ˩
啥吐七百姓，

---

a˧ndʐe˧mɯ˩zo˩
阿哲牧马人，

mɯ˧ɡo˩tʰɯ˧mɑ˩dʑi˩
收马时候到，

ɦi˩nɯ˩dzo˩ɳʐɯ˩dʑi˩
求听收马事。

tʰo˧ zɯ˧tsʰɿ˧ no˩
朵惹此人呢⑪，

mɯ˩zo˩mɯ˩ȵi˩ʐo˩
想 去 捉 马。

zo˩mɑ˩dʑi˩ɡɯ˩dʑi˩
不 能 捉 马，

mɯ˩dʑu˩dzo˩pʰo˩dʑi˩
问马的话回了。

a˧ndʐe˧ɕi˩pʰi˩
阿哲七毕额⑫，

sɯ˩sɯ˩tʰɑ˩xɯ˩
这样的一姓人，

mɯ˩tʰɑ˩ʐu˩zo˩mɑ˩xɯ˩
一 匹也不能捉，

du˩mɑ˩dzo˩ʑi˩dʑi˩
以 后 也 不 能 捉。

ꁈ ꂯ ꂷ ꑾ
pʉ˧ mi˧ ma˧ ʐu˩
花 衣 马 育⑮,

ꂰ ꂰ ꂷ ꅉ ꆏ
mi˧ mi˧ ma˧ ɳʐɿ˧
多 而 数 不 完。

ꀘ ꑌ ꑌ ꑳ ꆈ
pʉ˧ ȵi˧ ȵi˧ ʐa˧na˧
海 螺 也 很 多,

ꄔ ꑌ ꁊ ꑭ ꈌ
du˧ ȵi˧ mi˧ ʐi˧ kʉ˧
号 角 声 应 天,

ꄉ ꇁ ꀈ ꈜ ꂵ
dzei˧tɕe˧ tʉ˧tʂ'a˧ ne˩
敲 铜 鼓 铜 锣,

ꑬ ꑌ ꉹ ꀕ ꃀ
xu˧ ȵi˧ tɕa˧ku˧ de˩
用 竹 子 来 打。

ꏃ ꁁ ꑞ ꀋ ꉪ
lu˧ phu˧ ngu˧ ntsa˧
用 好 茶 好 荞,

ꅇ ꀨ ꌕ ꀆ ꊰ
nu˧tsa˧ mu˧tsa˧ su˧
安 皮 绳 竹 绳,

ꁈ ꃆ ꆀ ꇁ ꆍ
pʉ˧ hi˧ li˧ ni˧ hi˧
站 在 濮 尼 埃 能,

ꆈ ꅑ ꂷ ꃅ ꈎ
mu˧ dʐo˧ ma˧ tʂu˧ kʉ˧
到 马 在 处,

ꊿ ꅑ ꀕ ꀘ ꑊ
ŋu˧ nu˧ vi˧ a˧ ȵi˧
额 努 维 阿 尼,

ꊿ ꄸ ꐪ ꃅ ꁨ
gu˧ t'o˧ li˧mi˧ tʂ'u˧
到 谷 底 赶 马,

ꉘ ꐥ ꐪ ꃅ ꋒ
hi˧ du˧ li˧mi˧ tʰu˩
如 风 穿 过,

ꅇ ꀨ ꄷ ꊰ
hu˧ tsa˧ mu˧ tsa˧
皮 绳 竹 绳,

ꈎ ꋒ ꌕ ꍔ
ɳʐɿ˩ tsu˩ su˩ tɕ'e˩
二 十 三 根,

ꐗ ꒉ ꃅ ꂵ ꅐ
ʐu˧ lu˧ ngo˧ ma˧ tʂ'e˩
突 然 不 能 拉,

ꁮ ꅑ ꀜ
mu˧ nu˧ po˩
大 雾 翻 滚,

ꈊ ꃀ ꑭ ꃅ ꈎ
kʉ˩ hi˩ ʐu˧ mi˧ li˧
天 渐 渐 昏 暗,

ꌐ ꅉ ꇬ ꃅ ꈎ
so˧na˧ pu˧mi˧ ŋo˧
苎 那 不 断 说,

ꌐ ꅉ ꐞ ꊪ ꇬ
so˧na˧ tɕ'u˧tsu˧ pu˩
苎 那 启 汝 说,

ꄿ ꋋ ꑌ ꌺ
t'a˧ kʉ˧ ȵi˧ tʂ'i˧
一 言 两 断,

ꁧ ꉰ ꃅ ꎭ ꑊ
pu˧tsa˧ mu˧ ʂu˧ ni˧
补 侯 摩 舍 益,

一群好马

231

肘霍数·畜牧篇

ꄷꀋꈑꀋꈑꅐ
tʰaꜝ kɯꜛ ꀱꜛ kɯꜛ ndoꜝ
喝一口两口，

ꉬꊖꊖꄧ
ŋgiꜝ tsaꜛ tsaꜛ tʰɯꜝ
手量接绾绳，

ꂷꄜꆿꅰ
maꜝ tʰiꜛ laꜛ dʐɯp
马的脚套，

ꆳꀋꇅꄿ
nde˞ꜝ ꀋ laʑꜝ ꀱꜝ
柔软像吊着，

ꌠꑭꋤꊉꄨ
suꜝ ʂɯꜝ dzaꜝ ɣaꜛ tʰɯꜝ
就像这样的。

ꄮꀋꆳ
tʰuꜛ aꜛ ndeꜝ
妥阿哲，

ꁌꂷꁮꑾꇋ
puꜝ maꜝ ɮɯꜝ ʑaꜝ ɣep
布摩大臣为大，

ꂿꍥꋠꊉꎭ
muꜝ zaꜝ dʑa˞ꜝ ɣaꜛ ꀱuꜝ
可以捉的马，

ꃀꂵꃆꂿꉇꅔ
muꜝ mieꜝ miꜝ ꂿꜝ kʰuꜝ diꜝ
要有马名地界。

ꀋꆳꂿꃤꍣ
aꜛ ndeꜝ mꜝ hiꜛ gu˞ꜝ
阿哲姆恒谷，

ꃆꇬꆅꄿꉋ
zoꜝ ꀱꜝ tʰoꜝ hiꜝ tʰoꜝ
我所看到的，

ꑭꑴꃀꅠꊉꊿ
ꉬꜝ ʑuꜝ duꜝ mꜝ tsoꜝ
心因笃慕热，

ꄧꀀꄹꄮ
tʰuꜝ ɣaꜝ ꍹꜝ tʰɯꜝ
妥雅殴投，

ꂿꒉꄸꄸꄛ
muꜝ ɣaꜝ diꜝ diꜝ ꒉꜝ
因为有了马，

ꉟꅊꁘꁀꒆꃅꌠ
ŋguꜝ du˞ꜝ diꜝ ɣaꜝ ʐeꜝ ɣuꜝ suꜝ
热议论说的人，

ꀻꅺꌶꑾꁨꅑ
ndiꜝ luꜝ luꜝ ꀱuꜝ puꜝ
坝里络绎不绝。

ꂷꑌꄚꐯ
maꜝ ʐiꜝ tʰiꜝ dʑuꜝ
麻尼启珠，

ꂷꅠꄚꇪ
maꜝ nɯꜝ tʰiꜝ go
麻能启果，

ꁌꉆꁮꋠ
puꜝ ha˞ꜝ ɮuꜝ tɕeꜝ dʑo
种马如明星，

ꋚꂺꌶꀑꄉ
tsoꜝ hi˞ꜝ muꜝ luꜝ suꜝ
像转着站立样。

ꁨꋠꄮꂫꇪ
buꜝ tʰuꜝ tsoꜝ ɣaꜝ tʰꜝ ŋgo
采扁叶，

ꃆꑘꌋꄚꆸ
muꜝ ɣieꜝ zoꜝ aꜛ meꜝ
姑娘祭母亲。

232

t'a˧lɯ˧tsu˧k'i˧dʑe˧
人们组队唱歌,

nɯ˧fa˧li˧tɕi˧tɕi˧
大岩如篱笆,

fa˧ʐi˧ fa˧nɯ˧
青岩 红岩,

lu˧bu˧ndau˧dʐu˧
像村边议事样。

na˧ʐi˧li˧mi˧fie˧
大水把地分开,

ʐe˧mbu˧lu˧ʐa˧li˧
漫到城里时,

mi˧nɯ˧tsɯ˧du˧ha˧
地上洞涨水,

tɕ'i˧di˧li˧lɯ˧su˧
像扇起来的样。

ze˧ʐi˧li˧ɣu˧fie˧
箐里显实力,

ze˧ku˧tie˧ʐa˧ʐe˧
豹声绕云间,

ɣɯ˧hi˧tsu˧ŋ˧dʑe˧
熊叫声应天,

dzu˧mbu˧ku˧dʑe˧t'u˧
虎啸如击鼓,

ŋɯ˧tu˧lo˧tsɯ˧de˧
众獐逃走了。

ʐi˧ʐo˧ dzu˧ ho˧
我每天捉兽,

dzu˧ʑi˧ʐo˧ɲi˧dʑi˧
有兽则兴旺。

gɯ˧mi˧dʑi˧ma˧li˧
贼兵来林地,

sɔ˧hu˧t'u˧ɕe˧
他单牵青马,

a˧ndʐe˧ma˧zu˧mɯ˧
阿哲选马育,

sɯ˧ku˧t'u˧ʐa˧t'u˧
开始尽力搜索。

ʐe˧lɯ˧ʐi˧ʐa˧tsɔ˧
每次到处转,

fa˧lu˧tɕi˧ʐu˧li˧
岩内放填塞物,

hu˧ tsa˧lɯ˧ tsa˧
皮绳竹绳,

一群好马

233

肘霍数·畜牧篇

ȵo˧ tsɯ˩ ɕi˧ tɕʰe˩
六 十 七 根。

gɯ˩ di˩ tʰi˩ tɕɯ˧ⁿdzɯ˩
众 人 商 议 妥,

ʝɯ˩lɯ˩ ʐa˧tɯ˧ŋgɯ˩
只 喂 进 来 的,

tʰu˩ tɯ˩ʝɯ˧ʐa˩sɿ˩
只 拴 在 松 树 上。

tɕʰo˩ ha˧ sɿ˧ ma˩ tsɯ˩
六 夜 不 喂 草,

ɕi˧ ha˧ ʐi˧ ma˩ tɕo˩
七 夜 不 喂 水。

mi˩ʐɯ˩fa˩na˩sɿ˩
天 上 鲁 砌 大 岩,

ȵi˩ʐɯ˩tʰa˩lɯ˩dʐo˩
地 上 出 个 鲁,

ndi˩ nɯ˩ nɯ˧ tɕɯ˧ⁿdzɯ˩
坝 里 络 绎 不 绝,

ze˩ʐe˩du˩lɯ˩lɯ˩
凡 箐 里 迹 印,

ʝɯ˩nɯ˩vi˩a˩nɯ˩mie˩lɯ˩
由 额 努 命 名。

tsɯ˩tʰi˩ ha˩tɕɯ˩lɯ˩
到 了 十 一 夜,

lu˩ tʰɯ˩ ʐa˩ts'ɿ˩ndʑi˩
白 獐 和 鹿 皮,

na˩ʐi˩kʰo˩ʐa˩di˩
因 你 要 征 牛。

dɯ˩tsɯ˩zɯ˩ɲɯ˩ȵi˩
德 楚 仁 额 说:

ʐo˩ʐi˩he˩ɲɯ˩ʐi˩
我 是 好 孙 子,

dzɯ˩ɲi˩tɕɯ˩tsʰu˩bɯ˩
有 高 位 亲 戚,

dʑe˩ʐo˩ⁿdzɯ˩ʐa˩lɯ˩
想 成 骑 马 人,

su˩ni˩tɕe˩tɕɯ˩su˩
人 中 胆 大 的 人。

tʰa˩ʐo˩ⁿbie˩li˩ɕi˩
还 有 胆 小 的 人,

dʑe˩ kʰu˩ li˩ ma˩ ɲɯ˩
不 是 会 骑 马。

xɯ˩ⁿbi˩li˩ tɕʰi˩ma˩
来 要 马 辔 头,

234

没有辔头来套，

给各样套马具，

骑马排长队。

他走来了呢，

地边有闪电，

若隐若现的，

非常之快。

到了第三夜，

自己过扑扯，

到了局扑扯。

第二天早晨，

林鸟还在睡，

松枝上鸟多，

青草不抬头，

白蒿都在睡。

在那样的时候，

左手右手，

两手打野兽，

像线绺伸开样，

地上震天雷，

骑主他换马。

冬三月，

一群好马

肘霍数·畜牧篇

sz˧tɕʰi˧pʰie˧ɬui˧ɣe˧
茅草还是青的，

dzu˧mi˧hi˧ɣui˧dʑu˧
在高处伸展，

ɣe˧tɕʰa˧me˧kɑu˧lui˧
江上九个姑娘，

nui˧me˧tsu˧ɡui˧lui˧
姑娘齐汇集，

nui˧me˧ɡui˧lui˧ɣɑ˧
姑娘站成圆形，

pʰui˧mɑi˧bui˧lui˧su˧
不止聚成簇。

hi˧ku˧hi˧kʰu˧
打洞建房，

bi˧ɣo˧bi˧lɯ˧
蚂蚁自建房，

li˧mu˧dʑɑ˧ŋɑ˧ɡui˧li˧
我在我来埋。

pʰui˧ɕi˧lui˧dʑui˧zu˧
死了父亲之子，

ʋi˧ɕi˧lui˧ŋie˧
死了兄的弟，

dʑɯ˧pe˧lui˧ɕe˧
拴祭牲牵去，

ʐi˧ku˧tsui˧ɣui˧do˧
出肥幼牛，

ndui˧mɑi˧dʑ˧lui˧tsui˧
像不能争的样。

sz˧tɕʰi˧se˧xe˧
丝袍金甲，

ʐi˧ɣɑ˧bui˧ɣui˧liɑ˧
扛在肩头上，

nu˧ȵi˧nu˧tɯu˧tsui˧
青红雾成团，

ku˧ɡui˧li˧pʰui˧dʑo˧
盖着遇了人，

ʋe˧nui˧ʋe˧ɣui˧lei˧
把垫的揭开，

hu˧dʑɑi˧tsui˧m˧bui˧
雨和水并流，

mi˧ŋe˧se˧m˧pʰui˧
持矛和金剑，

m˧ɣo˧se˧dzu˧zui˧
南方长队人，

sɿ˧ ʔu˩ ʂɯ˩ ɳgv̩˧
看树梢头上，

ʑu˧ ʐɿ˧ dzɯ˩ ʂɯ˧ tsʰɯ˩
像鸟祭林样。

ɕe˧ ɳgv̩˧ mu˥ bu˧ ŋgo˩
献祭天也花，

ɳɯ˧ zɯ˩ ma˧ ɳɯ˩ zɯ˩
是否行彝礼，

ʐo˩ ʑu˧ dɯ˩ ʈʂʰɯ˧ Li˩
传说德楚，

dv̩˧ ʐʅ˩ kʰɯ˩ dʐɯ˧ tɕʰi˩
顶着日头站着。

ze˩ pʰv̩˧ tʰi˩ ʑu˩
林遮着一片地，

mi˧ ŋge˩ tʰi˧ ŋge˩
天矛地矛，

ɳu˧ tʰu˧ ɳu˩ tsʰɿ˧
插白箭黑箭，

ʑu˧ dzɯ˩ tu˧ kʰu˧ ʂɯ
像集众演武样。

ŋo˧ ɳɯ˧ ɳɯ˩ zɯ˩ tɕʰi˧
我是尼能子孙，

pɯ˧ha˧ tɯ˩ xɯ˩ tsʰe˩
布摩独佩刀，

tʰi˧ tɯ˩ ɦi˩ tɯ˩ se˩
他只一天磨刀，

tsa˧ ʔu˩ tsa˧ mɯ˩ sɿ˩
编笼头缰绳，

tʰa˩ dzɯ˩ tʰi˧ ʑu˩ kʰɯ˩
一套都牢固。

xɯ˩ tɕʰi˩ tsʰi˩ ʑu˩
安好辔头，

tʰa˩ dzɯ˩ tʰi˧ ʑa˧ kʰɯ˩
用一套拴马。

ɕi˩ lɯ˩ tɕʰi˩ tʰi˩ ʑɯ˩
马有七匹，

tʰi˩ pɯ˩ he˩ ɕi˩ lɯ˩
七匹父本种马。

ga˩ lɯ˩ ɳdi˩ tʰi˩
嘎娄迪体，

a˩ kɯ˩ a˩ vi˩
阿勾阿维，

tsʰe˩ dʑe˩ lɯ˩ kʰɯ˩
来到祭场，

一群好马

237

肘霍数·畜牧篇

ꊿꇐꀋꃀ
t'ɯ ʑa ku ʔɯ
他是走来的。

ꆪꌕꅉꑋꁧ
ne tsu thɯ ʔɯ lo
到了春三月，

ꋊꈌꋊꋊ
tu khu tʰu tʰu
各物都生长，

ꌕꄳꌐꉬꉬ
sɯ tʰi pʰu bu
走到高处风大，

ꉼꇐꃀꑭꃶ
hɯ lu va ʑɯ
经过恒鲁旺，

ꇖꀕꋀꉐꑠ
ʂɯ ɳɯ ŋɯ ʑa pi
四方都到了，

ꌕꑓꋀꃀꀕ
sɯ ʑɯ ndʑɯ ʑa ʑi
是这样的。

ꈍꉐꆆ
tʰu a ndzo
妥阿哲家，

ꀍꑊꇽꑊꀣ
pu ʑu li ʑu ɹa
布摩大臣为大，

ꊿꊈꊿꉋꌐ
t'ɯ pu t'ɯ hu mu
他讲他说的，

ꎇꃀꌐꈀꆹ
ʑi lɯ lɯ li ʑu
样样都要有。

ꌠꊿꆹꌋꅉ
su t'ɯ mi su di
外甥米勺说：

ꂷꐬꃀꌐꄿ
m ɹu mu su tʰi
南方三种马，

ꀉꆦꃀꌐꄿ
a le mu su tʰi
阿勒三种马，

ꊿꃀꄧꌦꃀ
t'i mu du sɿ mu
都是德施马。

ꂷꐎꃀꂷꀋ
m khue mu a ʑu
北方马要数，

ꈷꄓꂷꐎꌦ
khue du m khue ʑu
块堵北方数，

ꊿꃀꄧꌦꃀ
t'i mu du sɿ mu
都是德施马。

ꂨꊈꃀꑋꋒ
ʑi p'u mu tʰo mi
中央有马六万，

ꆪꊈꃀꑋꋒ
ne p'u mu tʰo mi
纳马六万匹。

ꅇꂷꀉꋌ
ndi ʔu a tsʉ
迪伍阿楚地，

ꀎꂭꃀꑭꋒ
p'u ma mu ta mi
布麻马一万匹。

ndi˧ dʐo˩ sɿ˩ dzɿ˩
迪卓勺阻地，

ɜi˩ dv˧ mɯ˧ tɕa˧ mi˧
益朵马一万匹。

ndi˧ me˧ ɣɯ˧ v˧
迪买额维地，

a˩ kv˧ mɯ˧ tɕa˧ mi˧
阿构马一万匹。

ndi˧ tʰv˧ bv˧
迪妥补地，

a˩ ha˧ ɣɯ˧ sɿ˧
阿哈额施，

mɯ˧ tɕa˧ mi˧
马一万匹。

kv˧ ɣɯ˧ lɯ˧ ʝɯ˧
古额娄哎地，

ɣɯ˧ ȵo˧ a˩ ndzv˧
额纽阿卒，

mɯ˧ tɕa˧ mi˧
马一万匹，

ʝɯ˧ vɛ˧ zɯ˧ ɣɯ˧
俄维仁额地，

pʰu˧ nv˧ mɯ˧ tɕa˧ mi˧
朴努马一万匹，

ne˧ ɣɯ˧ mɯ˧ tɕʰo˧ mi˧
纳马六万匹。

di˧ su˧ tɕʰɿ˧ ȵu˧ v˧
人们这样说。

ndzʅ˧ ɣɯ˧ mɯ˧ sɯ˧ mi˧
君长三万匹马，

lo˩ pʰu˧ lɯ˧ dʐv˧
洛波能珠地，

du˧ tsʰu˧ zɯ˧ ɣɯ˧ mɯ˧ tɕa˧ mi˧
德楚马一万匹。

ɕi˩ ha˧ gv˧ ɱ˧
喜哈谷姆地，

ɣɯ˧ dzɜ˧ tʰo˩ ȵi˧ mɯ˧ tɕa˧ mi˧
额则马一万匹。

ɣɯ˧ vɛ˧ zɛ˧ ɦ˧
俄维热纪地，

pu˧ sɛ˧ du˧ tʰo˧ mɯ˧ tɕa˧ mi˧
布舍马一万匹。

一群好马

239

ndzɿ˦ ɣɯ˧ m̩˧ tsɯ˧ mi˨˩
君长三万匹马，

ʑo˨˩ lɯ˨˩ su˧ ŋɯ˧ vi˦
都有牧马人。

pɯ˧ ɣɯ˧ m̩˧ tsɯ˧ mi˨˩
布摩马三万匹，

bi˨˩ tsu˨˩ lu˨˩ bu˧
毕组鲁布地，

ɣɯ˨˩ bo˨˩ mu˧ tʻa˨˩ mi˨˩
额博马一万匹。

ɣu˥ na˧ dzu˨˩ m̩˧
乌纳卒姆地，

ɣɯ˨˩ bo˨˩ bu˨˩ ʑi˥ mu˧ tʻa˨˩ mi˨˩
布依马一万匹。

lo˧ ɕe˨˩ ndu˨˩ di˥
洛邪朵底地，

ʑo˨˩ ʑi˧ m̩˧ tʻa˨˩ mi˨˩
我有一万匹马。

pɯ˧ ɣɯ˧ m̩˧ tsɯ˧ mi˨˩
布摩马三万匹，

ʑo˨˩ lɯ˨˩ su˧ tʻi˨˩ ŋɯ˧
都有牧马人。

tʻa˨˩ xɯ˧ su˧ m̩˧ ȵu˧
一姓人的马多，

tʻu˧ a˨˩ ndʐe˧ ma˨˩ dɯ˨˩
多不过妥阿哲。

di˥ ŋɯ˧ ku˨˩ ɣu˨˩ no˧
会有人说，

ne˧ ʑi˦ tʻɯ˥ ʑi˦
纳家的规矩，

ne˧ dʑi˦ tʻɯ˨˩ dʑi˦
天地间规矩，

dʐa˧ ɣɯ˧ su˧ ŋɯ˧ lɯ˨˩
是这样的了。

tsa˧ ʔu˧ tsa˧ me˧ sɿ˦
编笼缰绳，

pɯ˧ he˧ ɕi˥ lɯ˧ kʻɯ˧
拿到父本马处，

xɯ˨˩ tɕʻi˦ tɕʻi˨˩ vɯ˧
拿进辔头，

pɯ˧ he˧ ɕi˥ lɯ˨˩ lo˧ kʻue˥
套七个父本马，

ɣu˨˩ ɣɯ˧ su˥ ɣɯ˧ mi˧ su˨˩ di˦
归甥米勺所有。

ʑo˦ dʑɿ˦ mi˦ su˧ ȵo˦
益直米勺说：

pu˦ ɣu˧ mi˦ tɕɿ˦ ɣe˦
布摩和臣为大，

ma˦ zou˧ no˧ t'a˧ zou˦
不去就别去。

ʑo˦ tɕɿ˦ na˧ ku˦ dʑi˦
有势的那沟，

su˧ tsou˦ li˦ su˧ vi˦
三次差来人，

zou˦ me˦ kiu˦ tsu˦
烧我的房子。

tom˦ zo˦ tɕ'o˦ mi˦ ɣt'o˦
见马踏着厩栏，

nɿ˦ ndʑi˦ k'u˦ ɣu˦ pu˦
心想口里念，

na˦ mo˦ la˦ li˦ ŋgo˦
眼见用手拉。

ɣu˦ me˦ zu˦ ʂɿ˦ ku˦
古默人始攻，

t'a˦ su˦ t'iu˦ ŋdʐa˦
如别人说的样。

mi˦ me˦ su˦ t'u˦
好财物三包，

se˦ sɿ˦ vu˦ la˦ tɕ'i˦ vɿ˦
金碗加私储，

po˦ t'u˦ na˦ ku˦ t'u˦
赠保吐那沟，

t'i˦ se˦ sɿ˦ vu˦ la˦ dʑi˦
他喜欢金碗财宝。

be˦ le˦ t'i˦ ɦɿ˦ ȵu˦
播勒尼家，

ma˦ do˦ mi˦ ȵu˦ lu˦
是不出手之地，

po˦ t'u˦ na˦ ku˦ li˦
保吐那沟呢，

t'u˦ lu˦ mi˦ ȵu˦ tsu˦
什么都有的人。

a˦ hɿ˦ ȵi˦ ȵu˦
阿哲尼家，

pu˦ he˦ ɕi˦ mi˦ ʑo˦
有七四父本马，

pu˦ lu˦ mɿ˦ zoi˦ ȵu˦ vi˦
是这样传说的，

一群好马

241

肘霍数·畜牧篇

ɣuɿ ʑuɿ zɿ dieɿ dıɿ
后来益德说。

pʰuɿ tsʰeɿ buɿ muɿ
朴菜博姆,

mıɿ naɿ seɿ guɿ
黑马很宝贵,

miɿ pʰiɿ suɿ ɣuɿ luɿ
其价值上万。

lu˧ na˧ a˧ kʰo˧ li˧
洛那阿可来,

mi˧ tu˧ hi˧ bi˧ ye˧
出买价万金,

a˧ ŋu˧ zɿ˧ li˧ li˧ dze˧
给阿努益维骑,

tʰi˧ ʑi˧ ɣu˧ li˧ tsʰi˧
他有这个心,

kʰuɿ bo˧ tʰu˧ tʰi˧ kʰuɿ
到扣博妥体,

ne˧ ɣuɿ daɿ muɿ pʰuɿ ɣɯ
和纳臣商议。

a˧ le˧ a˧ ha˧
阿勒阿哈,

lu˧ na˧ a˧ kʰo˧
洛那阿可,

ȵi˧ na˧ me˧ ɣuɿ na˧
两眼角的泪,

ȵuɿ xuɿ tuɿ ɣuɿ tɿ
哭得泪涟涟。

ɣu˧ dzɿ˧ hi˧ ɣu˧ vi˧
直身站着,

lu˧ na˧ a˧ kʰo˧ hi˧
洛那阿可说:

tʰi˧ mu˧ lu˧ ɣu˧ me˧
他有好品德,

a˧ ŋu˧ du˧ dze˧
想我真不真呀。

a˧ lə˧ ʑu˧ bu˧
阿努额维说:

lu˧ le˧ kʰu˧ mu˧ hi˧
武洛撮后裔,

mi˧ ɣu˧ lo˧ dzo˧ ɣu˧
是血的来源,

ɑ˧ ŋɯ˧ dv˧ dzɯ˧
流泪是想你，

ɑ˧ lɯ˧ ɣɯ˧ bv˧ ʝɯ˧
心向远祖，

tʰi˧tʰi˧ nɯ˧ɑ˧ nɯ˧zɑ˧ bv˧
想念纳阿宗，

nv˧mɑ˧ gv˧ lɯ˧ sv˧
额鲁博额，

tʰɑ˧ lɯ˧ tʰo˧ sv˧
想阿哲毕额。

tʰi˧ tʰi˧ kʰo˧ ɣɯ˧dzɯ˧
局欧阿施，

ɑ˧ lɯ˧ ɣɯ˧ bv˧ʝɯ˧
阿娄额布呀。

ʐɯ˧dv˧ ɣɯ˧tsʰɯ˧ dv˧
代代传想念。

ɑ˧ hɑ˧ nɯ˧ ʝɯ˧ʐ̩˧
阿哈你们呢，

ki˧li˧ sv˧ ŋɯ˧ lɯ˧
是到来的人。

lv˧ nɑ˧ ɑ˧ kʰo˧ʝɯ˧
洛那阿可说：

sv˧li˧ ŋɯ˧ʝɯ˧ ʐ̩˧
如此一来呢，

pʰv˧ tsʰɤ˧ bv˧ mv˧
朴采博姆，

ŋɯ˧ nɑ˧ sɤ˧ gv˧
宝贵的黑马，

ʐo˧ li˧ dzɤ˧ li˧ oʑ̍˧
是我骑着的，

sʐ̍˧ ʝɯ˧ tsʰɯ˧ mɑ˧ lɯ˧
不要好丝褥，

xɯ˧ tɑ˧ ʑ̍˧ sv˧ lɯ˧ sv˧
辔上日照美。

tsʰi˧ ʝɯ˧ sʐ̍˧ gɑ˧ lɯ˧
分丝来包装，

sv˧ tʰv˧ mi˧ mɤ˧ ʝi˧
用三封好财物，

nɑ˧ nɑ˧ ɣɯ˧ tɕʰi˧ fi˧
托安那额启，

ɑ˧ lɤ˧ ɑ˧ hɑ˧
阿勒阿哈，

dv˧ ɣɯ˧ xu˧ ʝɯ˧ lɯ˧
循踪迹送了去。

一群好马

243

肘霍数·畜牧篇

ŋa˦na˦ȵu˦tɕʰi˧ʑi˦
安那额启说：

m˦xu˦du˦sɯ˦kɯ˦
送马的三句话，

zo˦ma˦tsʰɛ˧ʑɯ˦to˦
我不答请求话。

fi˦ȵu˦bu˦gu˦
东方山前，

ʑo˦ȵu˦bu˦ʐo˦
西方山里，

ȵi˦pʰu˦bu˦nu˦
中央山后，

dzɛ˦ʑɯ˦mi˦sɯ˦dɯ˦
三处地相连。

tu˦su˦tʰa˦ʑu˦kʰɯ˦
书里说得好，

fi˦ȵɯ˦tsʰu˦kʰɯ˦
东方马种高贵，

ʐo˦Li˦tsʰu˦ʐo˦
西方马种矮小，

ȵi˦pʰu˦tsʰu˦hɯ˦
中央马种体高。

hi˦ȵu˦mi˦sɯ˦dɯ˦
站在三处地，

ku˦ȵi˦tʰa˦ȵu˦to˦
踏上一方土，

m˦lu˦lu˦ŋɯ˦di˦
是为马去的。

a˦lɛ˦a˦ha˦ȵɯ˦
阿勒阿哈呢，

tsʰɿ˦lo˦ȵɯ˦ʑi˦zɿ˦
从今以后，

m˦kʰɯ˦m˦kʰaŋ˦ɯ˦
北方找马的话，

a˦kʰo˦na˦dzo˦ȵu˦
阿可你再去，

nu˦lu˦lu˦ŋɯ˦v˦
去听有关话。

ȵu˦kʰo˦m˦ti˦tʰu˦
次年那时候，

sɯ˦ma˦kʰu˦ga˦
叟麻苦嘎，

tsʰɿ˦ȵi˦xɛ˦m˦kʰɯ˦
喊着十二人，

xe˧ kʰv˧ kʰuɚ˧ kʰɯe˧ tʂʅ˧
喊到了北方，

su˧ ʑi˧ ɯɚ˧ tʂʰu˧ fiɚ˧
臣赠四匹马。

ɯɚ˧ ʑi˧ ɯɚ˧ tʂʰue˧ fiɚ˧
北方大臣赠马，

ɯɚ˧ tʂo˩ lo˧ tɕʰo˧ ɯɚ˧
南方树因叶好，

a˧ kɯ˧ ɣɯɚ˧ dʑɚ˨˩ lɚ˧
阿果额直来，

ɯɚ˧ tʂue˧ lɯ˧ su˧ ɯɚ˧
北方秧因果好。

a˧ lɚ˧ a˧ haɚ˧ lɚ˧ tʂʅ˧
阿勒阿哈来做，

hi˧ pʰɯ˧ sa˧ ɣɯ˧ tɕʰi˧
外族归附中央。

lɯ˧ na˧ a˧ kʰo˧ li˧ tʂʰɯ˧
洛那阿可，

ɯɚ˧ tsu˧ ɣɯ˧ ɚ˧ lɯ˧
是做事的人。

pʰv˩ tɕʰeɚ˩ bɯ˩ mɯ˩
朴菜博姆，

一群好马

mɚ˧ na˧ ɕe˧ ɡuɚ˧
黑马很宝贵，

hu˧ me˧ tsɯ˧ dv˧
宣扬出好马，

mɚ˧ lɯ˧ ʑɯ˧ mɯ˧ lɯ˧
是这样去做的，

ɣɯ˧ ʑɯ˧ di˧ die˧ diɚ˧
后来益德说。

tʰi˧ a˧ ɡuɚ˧ a˧ ɣu˧
阿勾阿武的，

mɚ˧ du˧ ɣiɚ˧ bu˧ na˧
黑背脊枣骝马，

dv˧ tsʰu˧ tsa˧ ɣɚ˩ dʑe˧
德楚仁额骑。

dʐuɚ˩ lo˧ ma˧ ɡa˧ tiɚ˧
到觉洛麻嘎，

mɚ˧ kʰv˧ ndeɚ˧ ʑu˧ tɕuɚ˧
经过姆苦迭，

pʰv˩ tʰv˩ lo˧ tʂu˧ ɡuɚ˧
经过朴吐洛，

245

肘霍数·畜牧篇

pu˧ tu˧ ho˩ ʐo˩ zɑ˩
下濮吐殊益。

ʐɯ˧ hi˧ ʐɯ˧ hi˧
前后两天，

mɑ˧ kɯ˧ dzo˧ do˧ hɯ˧
马出陷落声，

bu˧ zi˧ lɑ˧ tsu˧
补依出手，

ʐɯ˧ ho˧ mɑ˧ dzɿ˧
阿武见而不来，

ʐɯ˧ bo˧ bu˧ li˧
额博补依来。

ʐi˧ dɯ˧ dɯ˧
天昏沉沉，

dzɤ˧ ʐɯ˧ tie˧ bu˧ sɯ˧
日与云同行，

dzɤ˧ go˧ tie˧ mɑ˧ go˧
日回云不归。

tie˧ mɑ˧ go˧ ʐɑ˧ hou˧
云不归的呢，

dzɤ˧ go˧ tie˧ ndu˧ lɯ˧
日回云挡着，

tie˧ mɑ˧ ndu˧ ʐɑ˧ hou˧
若无云挡着，

dzɤ˧ ko˧ lɯ˧ li˧ zou˧
虎要取日命，

lɯ˧ li˧ zou˧ lɯ˧ vi˧
要被虎吃掉。

sɯ˧ dɯ˧ dɯ˧
夜昏沉沉，

hu˧ ʐɯ˧ tɕe˧ mɯ˧ xɯ˧
月亮带星星，

hu˧ go˧ tɕe˧ mɑ˧ go˧
月回星不归。

tɕe˧ mɑ˧ go˧ ʐɑ˧ hou˧
星不归的呢，

hu˧ go˧ tɕe˧ ndu˧ lɯ˧
月回星挡着。

tɕe˧ mɑ˧ ndu˧ ʐɑ˧ hou˧
若不是星挡着，

hu˧ ko˧ tɕɤ˧ li˧ dzɯ˧
狗要吃月亮，

tɕɤ˧ li˧ dzɯ˧ lɯ˧ vi˧
要被狗吃掉。

246

ɣu˧ ʐu˧ tsʻe˧ m̩˧ tsʻɿ˧
须设献天场，

ɕe˧ ʐu˧ pu˧ bu˧ hu˧
主人布摩同护，

ɕe˧ go˩ pu˧ ma˩ go˩
主回布不归，

pu˧ ma˩ go˩ ʐa˧ ʁo˧
布摩不归去呢，

ɕe˧ li˧ pu˧ ndu˧ lu˧
主人挡了布摩。

pu˧ ma˩ ndu˧ ʐa˧ ʁo˧
布摩不挡着，

ɕe˧ li˧ sɿ˧ ʐa˧ vu˧
主人宣示力量，

sɿ˧ ʐa˧ vu˧ vi˧ ʁo˧
须宣示力量。

hu˧ lu˧ nu˧ hu˧
恒娄能洪，

ʐu˧ die˧ ʐu˧ ɦi˧ ɕi˧
额德额启死了，

zi˧ die˧ du˧ tsu˧ ʁo˧
益德德楚呢，

Ka˧ pu˧ nɪ˧ nu˧ kin˧
心痛说不完。

zi˧ lu˧ tɕi˧ tɕi˧ t'e˧ me˧ tsɪ˧
因益启默扯，

mu˧ die˧ pu˧ tsu˧ ndu˧
德请好布摩，

dzo˧ lu˧ xu˧ ʐa˧ di˧
送到所在处。

ʐu˧ bo˧ bu˧ li˧
额博补依，

pu˧ kiu˧ mi˧ ma˧ xu˧
布摩口不献话，

t'u˧ ʔu˧ to˧ ma˧ tsʻa˧
树梢没缀完。

ɿɿ˧ ʐo˧ hu˧ mba˧ t'a˧ fe˧
君长发话是命令，

k'u˧ pu˧ tsu˧ ɕi˧ di˧
命令很急迫。

lu˧ ɲi˧ tɕo˧ pu˧ lu˧
蝌蚪呱呱叫，

lu˧ ʐu˧ me˧ t'i˧ hɯ˧
听到牛拍尾声，

一群好马

247

肘霍数・畜牧篇

dzɯ˧ tʻa˩ mɯ˧ tʂʻɯ˧
大家一同去，

pɯ˩ ɣɯ˧ mɯ˧ ma˧ ŋa˩
不请父和母。

ʐɯ˧ tʂɯ˧ tʻo˧ dzɯ˧
鲁朵缺食物，

ləʂ˧ lɯ˩ tʻəi˩ ɣi˩ tsɿ˩
洗利推稗子，

gɯ˧ ʐɯ˧ kʻɯ˩ ŋgɯ˩
林鲁去攻收，

na˧ tsɯ˧ mkʻo˩ loŋ˩
那勺额果最强。

a˧ me˩ dɯ˧ tsʻɯ˧
阿默德楚，

bɯ˧ m̩˩ ɣa˧ lo˩
补姆雅洛下，

vu˧ tʂɯ˧ tsɿ˩ ɣɯ˩
求得这样做，

dzɯ˩ ɲu˧ dza˧ ɣa˩ ɲi˩
祭场是这样的。

kʻu˧ tsu˧ po˧ mɯ˧ li˩
全都转回来，

ɣu˧ nəʔ˩ kʻɯ˩ li˧ lɯ˩
后来到路上，

ɣu˧ tʂɯ˧ dzɯ˧ mei˧ li˩
赶上了日出，

tɕi˧ tsɯ˧ gu˧ dzɯ˧ bɯ˧
同走背着盾，

tʻəi˧ tsei˧ tɯ˧
拿着弓，

lɯ˧ ɣa˧ ɣu˧ ŋgɯ˧
在城门口，

ɲi˧ pɯ˧ lɯ˧ dɯ˧
像樱桃树上鸟，

qu˧ hi˧ m̩˩ dʑo˩
端正站立着，

dɯ˧ tsʻɯ˧ zɯ˧ m̩˧
德楚仁额，

tɕʻu˧ sɯ˧ bɯ˧ tsu˧
立即往高山走，

ma˧ ŋgu˧ tsu˧ ɣa˧ di˧
急于撤兵。

a˧ ndʐei˧ a˧ ɣu˧ hi˩
阿哲阿伍说：

立即走两山，

立即走三山前，

不需忙撤兵嘛。

还未见日出，

未闻开始打仗，

莫失勇士威信，

君长别胆小，

省那克克嘎，

征父本马时，

牛在甩尾巴，

立即一齐收。

额博补依，

后去了三次，

别怕同去住处，

别瞒勇士威信，

说了你不听。

阿益阿伍，

令模德请布摩，

模德善猎兽，

勇士管打仗。

我　　不　　管，

由谁人来管呢，

一群好马

肘霍数·畜牧篇

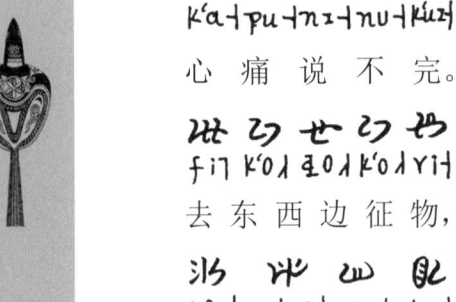

ka˧pu˧tsɿ˧nu˧kuɑ˧
心痛说不完。

fi˧ kʻo˧ʐo˧kʻo˧vi˧
去东西边征物，

lo˧ ndʑe˧ ɣu˧
洛 局 额 只，

zoi˧bu˧ pu˧tɕi˧ lo˧
益 博 补 依，

ɕu˧ liu˧ tsu˧ ɣu˧ vi˧
走 了 进 去，

ɣui˧dɛi˧ du˧ tsu˧ zi˧
额 德 德 楚，

pu˧ ɣu˧ ku˧ ɣu˧ du˧
和 布 摩 走 去。

gui˧ tu˧ mi˧ pʻɑ˧vi˧
白 鹤 半 边 天，

na˧ tɕi˧ lo˧ tʻɑ˧ vi˧
你 别 去 动 它。

na˧ go˧ ʐu˧ mi˧ zi˧
你 今 起 回 去，

go˧ ɣu˧ ʐu˧ tsʻu˧ ɑ˧ lo˧ŋ
踏 上 回 归 路。

m̩˧ ɣu˧ gu˧
慕 俄 勾，

kʻui˧ ʑi˧ lui˧
来 到 了，

tɕi˧ ɣu˧ tʻɑ˧ dzu˧ kɑ˧
派 一 队 使 者 去，

ɑ˧ ku˧ ɑ˧ vu˧ lo˧
阿 勾 阿 武，

m̩˧ du˧ ʐi˧ bu˧ ʐɑ˧
黑 脊 枣 骝 马，

lui˧ m̩˧ kuɑ˧ ɣu˧ lu˧
要 辨 认 马 呀。

ɑ˧ gu˧ ɑ˧ vu˧ ɕi˧
阿 勾 阿 武 说：

ŋo˧ fu˧ m̩˧ ɣu˧ ɕo˧
我 从 此 以 后，

mɑ˧gɑ˧ ʐi˧ mɑ˧ dɛi˧
麻 嘎 也 不 过，

pu˧ tsʻu˧ ʐi˧ mɑ˧ gui˧
朴 处 也 不 渡，

m̩˧ ɕi˧ ʐi˧ mɑ˧ ɣu˧
西 方 也 不 去，

不牵祭祀牛。

黑脊枣骝马,

吐启布摩介绍,

是有人看见的。

去到补益,

换笼头缰绳,

托两个差人,

往益德德楚的,

向城院里送,

是这样做的。

次年的某时,

洪依妥太,

播勒阿哲两家,

起了争端。

黑脊枣骝马,

两马身脚异色。

阿态阿伍,

播勒阿哲失和。

这事发生后,

都断送了威势。

亲情要另启动,

脚手要另开头。

一群好马

肘霍数·畜牧篇

ꌠꏃꑊꎴꀕ
sɿɭpʰuɳɡuɯdɔitʰu
树尖劈刺，

ꃴꋊꉍꊈꁧ
vutvutʰɯtŋutvit
须要用力分开。

ꀊꄉꀊꃴꑲ
adtʰɿlalvuɯɿit
阿态阿伍说：

ꀒꅔꀨꁳꐊ
kɯɭŋɯɭmɯɭɯxpɯ
君长你以后，

ꔷꀋꅐ
pʰɯ tʰu mo
见 祖 面，

ꉈ ꑊ ꈌ
mɯ sɿ kʰe
要 记 住 摩史；

ꔷꀋꅐ
ɡɯɯ tʰu mo
见 仇 人 面，

ꊒ ꏃ ꂷ
zuɯ kʰaɯ ndɯ
要 想 到 勇 士，

ꌤꃀꋍꀕꁱ
suɭmuɯtuɯɳdi
就像这样的。

ꑴꁅꀋꊏꊪ
suɭlitʰaɭtsuɭdi
人有一计说，

ꀒꅔꏃꀋꐊ
kɯɭŋɯɭpʰuɯmɯɯxpɯ
君长寿命长，

ꐊꄮꀉꁌꀕ
fetkiɯɳdɯmalsuɯ
想权令就不愁。

ꊒꏃꀕꀋꐊ
zuɯkʰaɯpʰuɯkoɯtset
勇士寿命长，

ꅐꋠꊪꁌꊏ
dzɯɯmtʰɿimaldzet
坐骑就不小，

ꌤꁧꊪꂷꌦ
suɭtiɭdiɭkuɯtʰus
人们会那样说。

ꂷꄞꅝꁘꌉ
ndɯduɳtiɡduɳat
黑脊枣骝马，

ꂷꀕꅑꂓꏸ
ndɯtʰɿimɯɯtɕitsa
两马身脚异色。

ꊿꋊꀕꏸꋊ
ɣoɳtsuɭitɣadoɳ
我住的城呢，

ꈍꁏꅝꏸꊿ
kiɯlitɡuɯɣadiɭ
到来就攻打，

ꊸꒉꃀꁌꏸ
tsiɯɕihaɯɣuɯmi
十七个夜晚，

ꉻꁌꀕꄻ
huɯɣuɯtʰu tʰɯ
洪 额 妥 太，

ꀝꁧꀋꐊꊈ
belletahndɯɯduɯ
播勒阿哲翻脸。

252

aɿ˧ tʰi˦ aɿ˧ vu˨
阿态阿伍，

m̩˦ du˨ ʐi˨ bu˨ ɳɑ˨
黑脊枣骝马，

su˨ ʐi˨ bu˨ ʝɯ˨
连进三天，

su˨ ʐi˨ ti˨ ɡo˨
连出三天，

hu˨ su˨ tsʰɿ˨ dʑɯ˨
打胜就昌盛，

ɡu˨ zɛ˨ kʰu˨ hu˨
打仗威势强。

m̩˦ su˨ ȵi˨
这样做呢，

hu˨ mei˨ sɿ˨ du˨
好马宣扬出去，

zi˨ lɯ˨ tɯ˨ ȵi˨
原因是这样，

ʝi˨ ɯ˨ dɛ˨ li˨
后来益德说。

pʰu˨ ku˨ nu˨ kʰu˨ bo˨
先祖糯克博，

tʰi˨ ltsɯ˨ m̩˨ tsʰi˨
他要迁徙，

ku˨ kuɑ˨ nɔ˨ mei˨ ɡu˨
古嘎诺买勾，

kʰu˨ li˨ hu˨
来到了，

kʰu˨ pʰu˨ nɔ˨ ʑu˨ ȵi˨
扣普诺鲁尼，

du˨ du˨ ʐo˨ lu˨ bei˨
陡朵卧鲁败，

tsɿ˨ kʰu˨ ʐo˨ lu˨ tsɿ˨
赤叩卧鲁只。

pei˨ mei˨ tsu˨ mu˨ su˨
迫买三母马，

pʰu˨ nɔ˨ hu˨
公马诺洪，

mu˨ nɔ˨ lu˨ ȵu˨
母马是诺鲁。

mu˨ nɔ˨ pei˨ mei˨ ɑ˨
母马迫买呢，

kʰu˨ bo˨ ʐi˨ hi˨ mi˨
是克博养马根，

一群好马

肘霍数·畜牧篇

子是大黑马，
克博转着养。
孙是枣骝马，
马中枣骝马，
跨主糯克博，
管所有的马。
牧马要许愿，
一圈好十圈好，
十圈好百圈好，
百圈好千圈好。
还不满八坝，
千圈还未数，
能繁的马呢，
母马全不挪开。
小马要驯养，
母马不能肥，
子马肥而有力。
不用母马打猎，
用子马打猎。
母马都不黑，
子马是黑头马。
母马非枣骝马，

子是枣骝马。

等待克博来，

设置五行，

是能做到的。

牧马的仁德，

一方仁德大。

实君实阿伍，

实的一青羊，

娶亲时要用。

要用羊两只，

做了许愿事。

用公马诺洪，

用母马诺鲁，

克博牧马根。

先祖糯克博，

住地与牧场间，

距离很遥远。

先祖糯克博，

陪同着布摩，

走到山上站着，

看能见之地，

看洛武的地方，

一群好马

肘霍数·畜牧篇

pɯ˧mi˩ ʐɑ˧ʑɯ˧tɕi˧
布摩爬去坐着。

ɑ˩ ʐo˧ dɯ˧ dɯ˧
静 悄 悄,

pʻe˧ʐɑ˧tʻɑ˧dʑɯ˧hɯ˧
做一组旗子,

lu˧ʑɯ˧tɕe˧ dʑɯ˧hoŋ˧
洛武可住地,

pʻe˧ʐoŋ˧bɯŋ˧dʑɯ˧
旗上竹竿直。

pʻɯ˧me˩ʐi˧ɕi˧tsʻɯ˧
四次摸去好地,

tʻɑ˩kʻɯ˧ʑɯ˧lo˧dip˧
每得到一处,

ndzɯ˧lo˧tsʻo˩ liəp˧
分路建棚子。

pʻɯ˧ʑɯ˧nu˧kʻiŋ˧bo˧
先祖糯克博,

tʻi˩tsʻʐ˧mɯ˧ʑɯ˩li˧
他迁徙过来,

mi˧ʑɯ˧lu˧ʑɯ˧tʻe˧
住在洛武地。

lu˧ɔŋ˧bɯŋ˧ sɯ˧
洛武博索,

ʑɯ˩ lu˧ xɯ˧
又 杀 牛,

dɯ˧dʑi˧lɯ˧ʑɯ˧tʻɯ˧
管这一片土地。

pʻɯ˩ tsʻɯ˧ me˩
地是这里好,

lo˩nɑ˧ʑi˧ʐɑ˧nɯ˧
深谷长着草。

no˩tsʻɯ˧lɯ˧ʑɯ˧sɯ˧
土是这里好,

ʑɯ˧dʑi˧hə˩me˧lɯ˧
管所有地头尾。

tɕə˧ sɯ˧ lɯ˧
向住地树祝告,

dɯ˧dʑi˧lɯ˧ʑɯ˧xɯ˧
在住地杀牛,

tɕe˧sɯ˧tɕi˧ʑɯ˩
须祝告住地树,

gɯ˧pʻɯ˧tɕi˧mɑ˩sɑ˩
林地木未剔除,

m˧ tʂʅ˧ tɕæɻdi˧ tsɿ˧
像马带嚼环样。

suɻnoɿ tvɛɻmaɿvu oɿɻɯ
荒地块不用，

du˧lv̩˧ mi˥ ndzaɿmi˥ ɯŋ
像乌嘴青狐。

dəɻvɛɻmɛɻpi˧ kʰe˧
上面阳光充足，

ʐoɿli˧ tɛɻ ɣaɻnoɻ
我来居住呢，

tɕi˥ xu˥ maɻ vi˥
不用刀耕，

ʐiɻtɕiɻtʰv̩ɻ ɣaɻndeɻ
平地修牛栏，

toɿ tsu˧maɻ vi˥
不用火种。

noɻɣaɻvuɻsuɿndəɻo
地上粮难运，

xɛɻmɛɻpuɿsoɿ saɻ
穗饱交叉放，

tsɿɻmɛɻnoɻmɛɻtsɛɻ
收满地上仓，

pʰuɻndzəɻbiɻkue˥tɕi˥
向地还愿求富，

no˥tʂu˥gumɿfu˥ɣu
向土祝告祈贵。

lu˥vu˥tɛ˥ʐaɻdi˥
住在洛武地，

lu˥vu˥ŋuɻʐaɻmu˥
洛武谷雅莫，

hu˥qe˥tʂi˥ʑo˥
他是山的主人。

naɻ vu˥ tsɿ˥
你是武迁徙否？

naɻndzaɿtsʅ˥ŋuɻ ŋuɻ
你是乍迁徙否？

naɻ bu˥ tsɿ˥
你是布迁徙否？

naɻmɛ˧tsʅ˥ŋuɻŋuɻ
你是默迁徙否？

naɻ nuɻ tsɿ˥
你是糯迁徙否？

naɻxuɻtsʅ˥ŋuɻŋuɻ
你是侯迁徙否？

一群好马

257

肘霍数·畜牧篇

pʰuɯ̄ʂu˧ nu˩ kʰɯ˩ boʔ˧
先祖糯克博，

ŋɤ˧ ɣu˩ tsʔ˧
我非武迁徙，

ŋɤ˧ ndʐɤ˩ tsʔ˧ ma˩
我非乍迁徙。

ɣu˩ mi˧ tsɯ˧ mɤ˧ tʰu˧
武地选在多同，

ndʐɤ˩ mi˧ sɯ˧ kʰu˩ tɤ˧
乍地选在苦夺，

gɯ˩ lɯ˩ dzɯ˩ dʐɤ˩ vi˧
喜高兴地住着。

ŋɤ˧ nu˩ tsʔ˧
我非糯迁徙，

ŋɤ˧ xu˩ tsʔ˧ ma˩
我非侯迁徙。

nu˩ mi˧ tsɯ˧ mɯ˧ ɲu˧
糯地在姆俄，

xu˩ mi˧ sɯ˧ ʑi˩
侯地在易莫，

tsʔ˧ nɯ˩ dzɯ˩ ɣɯ˧
他留下基业。

na˧ mi˧ lu˩ zu˩ tsʔ˧
纳米鲁幼子，

kɯ˩ boʔ˧ ŋɤ˧ di˩ vi˧
我就是克博，

ŋɤ˧ xu˧ tsʔ˧ pʰu˩ tɤ˩ di˩
我要借地居住。

lu˩ vu˧ ŋɯ˧ ɯ˧ mɯ˧
洛武谷额莫，

ŋɤ˧ mi˧ ɣu˩ di˩ di˩
说我可出卖地，

pʰɯ˧ ɣɯ˩ nu˧
先祖听了，

tɕi˧ ɣu˧ na˩ tʰi˩
骑黑头马，

m̩˧ ɲu˧ tʰɤ˧ di˩
找了一天的地，

m̩˧ tʰɤ˧ ʑi˧ di˩ lu˩
到了天黑时，

ŋɤ˧ ɣɤ˩ vu˩ lu˩ di˩
我卖地给你，

lu˩ vu˧ ŋɯ˧ ɯ˧ mɯ˧
洛武谷额莫，

t'ut˧ sɛt˩ pɯt˧ dɔt˧ dɛɹ˧
金银要摆满地，

ȵit˧ ho˧ tɕit˧ dɛ˧ ɡuɹ˧
要成圈牛羊。

k'u˩ bo˧ tɕ'u˧ ʔu˧ mu˧
克博立即行动，

vu˧ su˧ dɹ˧
骑马像鸟飞，

ȵit˧ su˧ t'o˧ t'u˧ mɛ˧ lɑ˧
骑马像兽跑，

ku˧ ȵit˧ su˧ mɯ˧ lɯ˧
九天走的路，

t'a˧ ȵit˧ tɯ˧ mɯ˧ su˧
一天就走完。

m˧ t'a˧ ȵit˧ ɯu˧ ku˧
一天天黑时，

pu˧ ɯu˧ nu˧ k'u˧ bo˧
先祖糯克博说：

ŋu˧ tɕu˧ mu˩ mɛ˧ jɛ˧
谷额莫摩呀，

t'ut˧ sɛt˧ pɯt˧ ɔt˧ dɔt˧ tut˧
金银摆满地了，

ȵit˧ ho˧ tɕit˧ dɛɹ˧ ɡuɹ˧
牛羊满圈了，

vɛ˧ mɑ˧ to˧ tsa˧ su˧
买卖要交接好，

na˧ mi˧ p'u˧ ta˧ li˧ di˧
你来讨地价。

ŋu˧ tɕu˧ mu˩ mɛ˧ ȵit˧
谷额莫摩说：

k'u˩ bo˧ na˧ ʔu˧ mu˧
克博你先行动，

m˧ t'a˧ ȵit˧ mu˧ su˧
找了一天的地，

m˧ t'a˧ ȵit˧ ku˧ mu˧ hoɹ˧
一天到黑，

tɛi˧ kʰu˧ tɛ˧ ɹa˧ loɹ˧
马都在奔跑，

ɹut˧ su˧ mi˧ tɯ˧ li˧
找了许多地，

lu˧ ʔu˧ ku˧ mi˧ ku˧
洛武全部地边，

t'u˧ lu˧ hu˧ dɛp˧ zɛɹ˧
宇宙八方地界，

一群好马

259

肘霍数·畜牧篇

到处你都到了。

洛武谷雅莫，

查地到边界，

示意是主人，

我走山路累了，

没立即骑马，

没有议定牛，

我的地不卖了，

买地事要反悔。

先祖糯克博，

没听买成地，

听见悔卖地，

真握土地权，

始议种境内地。

注意规矩的话，

托日月传信，

买卖不能反悔。

洛武迁林地，

迁到树林去，

土地全丢荒，

后又迁外地。

侯堵苟利沟，

muɯ˧tɕuɿ˧ȵi˧lɯ˧ hi˧
站在莫处四方，

su˧ȵi˧ȵi˧ kʼu˧tɕuɿ˧
找第二迁徙处。

xe˧du˧kuɯ˧li˧ ɣɯ˧
赫堵苟利沟。

hu˧su˧ȵi˧mɯ˧tɯ˧
洪索山很高，

su˧ȵi˧suɯ˧kʼu˧tɕuɿ˧
找第三迁徙处。

ʐo˧mɯ˧ȵi˧dɯ˧dɯ˧
水浑沉沉的，

su˧ȵi˧ȵi˧kʼu˧tɕuɿ˧
找第四迁徙处。

bi˧ku˧kuɯ˧mu˧ʐɯ˧
纪小九母子，

kua˧no˧tʰɯ˧pi˧su˧
停在八平坝，

su˧ȵi˧ŋu˧kʼu˧tɕuɿ˧
找第五迁徙处。

bu˧hu˧ȵi˧dzɯ˧mɯ˧
补洪两地高，

to˧tʰu˧mɯ˧nɯ˧
多同姆能，

su˧ȵi˧ɕi˧kʼu˧tɕuɿ˧
找第七迁徙处。

tɕʰu˧hu˧kuɯ˧bi˧bu˧
楚洪九山岭，

de˧ʐa˧tʰɯ˧tɕʼi˧kʼu˧
边界到八方，

su˧ȵi˧tɕʼi˧kʼu˧tɕuɿ˧
找第八迁徙处，

tʰa˧xu˧ma˧lo˧ʐɯ˧
已不是一姓了，

tʰi˧ɔi˧tʰi˧o˧lɯ˧
他是这样的。

注释：

①洛波本热：古森林名。

②尼能：彝族历史第二时期的氏族。其活动中心在今四川盆地至宜宾市、自贡市及滇西一带。尼能氏被认为是昆明、古莽这些古代部族的先民。同时尼与夷、宜为同一古音，彝族的自称源于尼能之"尼"之说，应当可以成立。

③莫尼侯：湖泊名。

④乌蒙：即乌蒙部，南诏三十七部之一，又是著名的乌蛮七大部之一，其政治中心在今云南省昭通市。乌蒙部出自"六祖"中第四支侯支系。

⑤愁热苟扣：古森林名。

⑥柏雅妥洪：古地名，在今四川省古蔺县一带。

⑦德额辉：彝祖"六祖"侯支系中扯勒家支中的一位君长。

⑧洛波侯卓：古地名。

⑨葛：人名，葛阿迭的简称，为古代工匠始祖之一。

⑩够：人名，够阿娄的简称，为古代工匠始祖之一。

⑪朵惹：征缴租、掌管粮食的官员。

⑫阿哲七毕额：阿哲，彝族"六祖"中的第六支慕齐齐的第二十五代孙名叫妥阿哲。妥阿哲的下一代名为阿哲毕额，"七"是数词。因为妥阿哲名身显赫，以其名代表家名，称为阿哲家。

⑬濮尼埃能：当时妥阿哲住地范围内的另一种民族。

⑭啥吐：指今布依族先民。

⑮花衣马育：指今苗族先民。

牛的来历

天地形成了,
一是知雅额①,
二是额雅莫②,
三是莫雅楚伍③,
四是伍伍欧④,
五是欧雅姆⑤,
六是姆伍启⑥。
它原在天上,

从天降到地。
一强壮的牛,
找到高处去,
快的去外族地,
慢的到彝地来。
后来的六祖⑦,
将牛收拢来,
天牛全收拢,

ꂷꑿꄉꆹꄯꒉ
mi˧ɣa˧tɕiɯ˧li˨li˧tɯ˧
用来祭天地，

ꇤꑿꃅꆹꇯꀕ
gu˧ɣa˧tɯ˧mu˨li˨ŋɯ˧
用牛祭沽能⑧。

ꁌꑿꀻꃘꒉ
pʰu˧ɣa˧pʼi˧tʂɯ˧ni˩
为祖宗收牛，

ꆹꄯꄉꄯꆹ
liə˩pʰu˩tɯ˩pʰu˧li˨
祭娄位祖先，

ꄜꆹꄜꀀꆹ
tʼi˩li˩tʼi˧ŋ˧lɨ˩
它是这样的。

注释：

①~⑥知雅额、额雅莫、莫雅楚伍、伍伍欧、欧雅姆、姆伍启：牛繁殖的代数名。

⑦六祖：笃慕俄的六个儿子，史称"六祖"。"六祖"亦指一个历史时期，即彝族历史上的第六个时期。

⑧沽能：两个天神位。

ȵi˧ tʰi˧ mie˧
论 牛 圈

a˧so˧ȵi˧nu˧pʰu˧kʻa˧ma˧
从前尼能父与母，

tʰi˧ȵi˧tsʰɯ˧ɣa˧li˧
他俩相结合，

ȵi˧ bu˧ dzɿ˧
生了尼好汉，

nɯ˧kɯ˧kʻa˧li˧
生了能勇士。

kɯ˧kɯ˧kʻa˧ne˧pɯ˧
用能干的匠人，

ȵi˧ tʰi˧ mu˧
和尼启姆，

nɯ˧kʻo˧fi˧ɣa˧ndzɯ˧
能壳费商议。

tɯ˧tʂʰɯ˧bu˧ne˧me˧
头楚补最好，

sɿ˧sɿ˧ȵi˧tsʰɿ˧
树木青油油，

lo˧hɯ˧lu˧do˧
有红色石头，

mu˧zi˧ɣa˧ʑe˧
青松与红樱。

bu˧kʻu˧ɣa˧ʑu˧
山口也有树，

ɡo˧na˧ɣa˧ʑi˧
长着大松树。

ɣɯ˧kʻe˧li˧mɯ˧
又向上发展，

tʰi˧ɣɯ˧la˧li˧kʻe˧
许多人砍树，

kɯ˧kʻe˧ɡɯ˧pʰu˧lʲ˧
砍梧桐解板，

肘霍数·畜牧篇

ʂɿ˧kʻɤ˧ɕo˧ʥɯ˧
砍榆树建房，

ʂo˧kʻɤ˧lɯ˧ʥɯ˧
砍松建牛圈。

tɕʻi˧ʥi˧tɯ˧sɯ˧ʥɯ˧
驴圈编三道，

bɯ˧ʥi˧tɯ˧tɕʻo˧ʥɯ˧
羊圈编六道，

mu˧tɕʻi˧tɯ˧kɯ˧ʥɯ˧
马圈编九道。

bɯ˧mɯ˧ʥɯ˧ho˧
高山砍檩木，

lo˧nɑ˧ɯ˧ɣɤ˧toɿ
深谷拉藤子，

dzɯ˧ʂo˧ɯ˧tsʻɯ˧
长草地割草，

bɯ˧tɕʻi˧tɕʻi˧ʥɯ˧
山上编牛圈。

bɯ˧pu˧ʐɿ˧tʻɯ˧hɯ˧
山顶宽广，

bɯ˧tʻo˧li˧ʐɿ˧tsɿ
山下收牛。

bi˧tɕʻɤ˧pɯ˧lo˧tɯ
布摩理牛源，

ɣɤ˧ bɯ˧ kɯ˧
养牛为哎哺，

tɕʻɤ˧ʐo˧hɯ˧mɯ˧tɯ
为且舍的威势。

ʂɿ˧ɣɯ˧ʐi˧bɯ˧tɯ
实牛项包高，

kɯ˧kɯ˧to˧lɯ˧bɯ
能连叫九声。

ʐi˧bɯ˧kɯ˧dʐo˧ho
绕牛圈九次，

lɯ˧tɕʻi˧ɣɯ˧lɤ˧tɯ
圈里牛满圈。

ʂɿ˧ɣɯ˧kɯ˧ʐo˧mɯ
实的大花牛，

tɕʻo˧kɯ˧to˧lɯ˧bɯ
能连叫六声，

ʐi˧tɕʻi˧to˧dʐo˧ho
绕牛圈六次。

lɯ˧ʐi˧ɣɯ˧dɯ˧tɕɤ
宫室里人满。

ʑɯ˧tɕʰi˧tʂʅ˧a˧na˧
实 的 大 黑 牛，

sɯ˧kʰɯ˧to˧lɯ˧mbu˧
能 连 叫 三 声，

ɔi˧tɕʰi˧tsɯ˧do˧tɕʰi˧
绕 牛 圈 三 次。

ʒɯ˧tsɿ˧ʒɯ˧zɿ˧tʰi˧
谷 满 大 粮 仓。

ɔi˧tɕʰi˧dʐo˧ɣo˧bo˧
牛 圈 有 由 来，

ma˧tɯ˧no˧ma˧dɯ˧
不 说 不 知 道，

di˧ʝa˧di˧tɯ˧ɲɯ˧
是 这 样 说 的。

论牛圈

267

duꜛʑiꜛkuꜛmuꜛmeꜛ
天下最好的德家牛

aꜛsoꜛhiꜛɑꜛtoꜛsɿꜛ
从前尼天形成，

nuꜛ duꜛ buꜛ
能 地 形 成，

ɣeꜛdoꜛliꜛɣuꜛleꜛ
是 同 时 的。

ʑiꜛɣuꜛmiꜛquꜛbuꜛ
尼人话相通，

muꜛɕoꜛɣaꜛlɯꜛ
能人语优美。

ndzɿꜛɣaꜛhoꜛŋuꜛhɯꜛ
力 强 侯 狩 猎，

ʑɿꜛkuꜛɣoꜛlɑꜛpuꜛ
在实苦和洛普，

luꜛȵɿꜛmɿꜛmuꜛluꜛ
三 条 有 名 牛。

ɑꜛmiꜛhiꜛpɯꜛbuꜛ
刮 起 了 大 风，

liꜛphiꜛɣɯꜛdiꜛqɿꜛ
风 力 很 强 劲，

nuꜛʑiꜛdzɯꜛkiꜛlɯꜛ
青 雾 云 上 升，

nuꜛlɯꜛɣɯꜛʑiꜛzaꜛ
红霭水下降，

luꜛʑiꜛmiꜛʑaꜛhaꜛ
惊 扰 四 条 牛。

feꜛɣaꜛmiꜛluꜛʑiꜛ
掌 文 青 牛，

muꜛkuꜛluꜛɣuꜛdoꜛ
在 姆 古 鲁①，

kuꜛɣaꜛguꜛluꜛmuꜛ
管 史 红 牛，

ȵi˧ȵi˩pə˥ɣa˧
在密阿那②,

k'iu˧ʑu˧ɳi˥ba˧ba˧
祭牛声声叫。

ȵo˩hu˧ɣa˧dʐo˥
在夺洪索③,

ɣa˩mi˩gu˩t'a˩
啥米苟塔④,

a˩bi˧ndʐu˧tɯ˩
得独耳马,

du˧ a˩ na˧
德家得大黑牛,

tɕi˩mi˧dʐo˥pɯ˥
牛生三只角,

ɕi˧mu˥lu˧mu˥dʐe˥
骑神龙马,

ʑi˩o˥ʑi˧o˥mi˥
放牧牛羊。

su˧mi˧o˩ɣu˩ʑi˥
往南方的牛,

t'a˩pu˩bu˧dʐi˥ŋo˥
在塔布博纪。

t'a˩pu˩bu˧dʐi˥ŋo˥
塔布博纪呢,

ɣu˧ku˧ku˧ho˩ku˥
牛多如鸟群,

se˥t'a˥se˥ɣu˧ʑi˥
如树的影。

su˧mi˧k'i˥ɣu˧dʐi˥
往北方的牛,

tɕ'e˩tɕ'e˩li˥ʑi˥ŋo˥
在彻扯宜益,

ʑi˩dʐa˥ga˩dʐi˥ŋo˥
益假嘎几呢,

ɣu˧ku˧ɣo˩ho˩ŋu˥
牛多如鸟群,

se˥t'a˥na˩ɣu˧ʑi˥
多如树上鸟。

su˧mi˧fi˧ɣu˩ʑi˥
往东方的牛,

tɕ'e˩tɕ'e˥ɣa˩ʑi˥ŋo˥
在扯扯雅益⑤,

tɕ'e˩tɕ'e˥fa˩se˥ŋo˥
扯扯法舍呢,

天下最好的德家牛

269

肘霍数·畜牧篇

ɣɯ˧kɯ˧su˧ho˧su˧
牛多如鸟群，

se˧tɕa˧tsɿ˧ɣa˧tɕi˧
如树丛的影。

tʰi˧bi˧dɯ˧ʂɿ˧tɕi˧
那是德施牛，

dɯ˧ʂɿ˧tɕi˧tsɯ˧ɣo˧
德施集中放牧，

dɯ˧tɕi˧tsɯ˧ɡo˧ɣa˧
德牛集中关。

ŋɯ˧tɕi˧tɯ˧mɯ˧tɕi˧
一是祭天牛，

dʐɯ˧tɕi˧ȵi˧mɯ˧tɕi˧
二是祭地牛，

me˧ɣɯ˧pi˧tɕi˧mɯ˧tɕi˧
三是耕地牛，

tʰa˧ɣɯ˧lɯ˧ɣi˧tɕi˧
另为祭娄牛⑥，

zo˧tʰi˧mɯ˧ɣa˧tɕi˧tʰo˧
我是这样做。

su˧bɯ˧ɡe˧ɣɡe˧tɕi˧
甥旁的金辉，

ɣɯ˧ɡɯ˧ɣa˧ɣɯ˧ȵo˧
映在舅院里。

kɯ˧lu˧ʑe˧ɡɯ˧
在扣娄额谷⑦，

dɯ˧ʂɿ˧tsʰɯ˧mo˧tɕi˧
德施臣议事，

ʂɿ˧ɣɯ˧hu˧mɯ˧fei˧
施要祭牧神。

lɯ˧hi˧ma˧dzei˧tɕi˧
还没建房屋，

ʐo˧ɡɯ˧tɕi˧ɣa˧dzei˧
先建好畜圈，

tsɯ˧tɕi˧ɡɯ˧pʰo˧sɿ˧
建成鹤翅形。

dɯ˧ʂɿ˧tɕi˧su˧dzei˧ɣa˧
德牛生三只角，

dɯ˧dzu˧tʰa˧ȵi˧nei˧
德牛丢失了，

ʂɿ˧pʰɯ˧mɯ˧mɯ˧tɕi˧
施的独耳马，

ɡo˧ɣɯ˧o˧tɕi˧dɯ˧
没有在圈里。

pɯ˧ ʂɯ˧ ʦ˧ ɣɑ˧ dɯ˧
父亲默雅德，

nei˧ ʐoɭ˧ ɕi˧
去 找 丢失 牛，

qo˧ ʐo˧ ŋgɑ˧ lɯ˧ zo˧
去 追 失 散 牛。

ʔi˧ ʈʂɯ˧ zɛ˧ ȵi˧ tʂ'i˧
到 以 础 热 舍[8]，

dzɯ˧ lɯ˧ kʼɯ˧ pɯ˧ ɲi˧
路 上 遇 见 虎。

tʼo˧ ɣɑ˧ ȵi˧ tɯ˧
妥 雅 尼 透，

mɑ˧ nɑ˧ hɯ˧ ɲɯ˧
乌 黑 骟 牛，

dzɯ˧ tʼo˧ zo˧ ɣɑ˧ tɕi˧
虎 见 虎 恐 惧。

mbɯ˧ ɣo˧ lɯ˧ dzɯ˧ ɲɯ˧
骟 牛 叫 着 去，

de˧ tɕi˧ o˧ vɯ˧ vɯ˧
喉 动 鼓 起 来，

sɑ˧ tɕɯ˧ no˧ kʼɯ˧ kʼɯ˧
吐 出 团 团 气，

dzɯ˧ ɣɑ˧ dzɯ˧ mɑ˧ kɯ˧
虎 不 敢 靠 近。

tʼo˧ ɣɑ˧ ȵi˧ tɯ˧ nei˧
妥 雅 尼 透，

zo˧ zɯ˧ o˧ tʂ'o˧
我 子 名 德 施，

tɕɯ˧ pɯ˧ dɯ˧ ʐo˧ fi˧
愿 德 施 胜 利，

dɯ˧ ʐo˧ gɯ˧ zɛ˧ kɯ˧
打 仗 显 威 力，

ʐo˧ tʼi˧ mɯ˧ ɣɑ˧ di˧
我 为 他 做 事。

mbɯ˧ ɣo˧ lɯ˧ o˧ dzɯ˧ mbɯ˧
牛 叫 连 声 叫，

dɯ˧ ʐo˧ hɯ˧ o˧ ɛ˧
施 牛 叫 声 长，

kɯ˧ kɯ˧ tsɑ˧ lɯ˧ mbɯ˧
九 声 连 着 叫。

ȵi˧ mbɯ˧ dzɯ˧ mbɯ˧ tʼo˧
牛 虎 对 着 叫，

dzɯ˧ mbɯ˧ ȵi˧ kʼɯ˧ ʐo˧
虎 叫 激 牛 威，

天下最好的德家牛

肘霍数·畜牧篇

ȵitmbuɿdaɿɣaɿzeɿ
牛声压虎声。

dzuɿadnaɿʃuɿzuɿ
老虎与牛斗，

luɿɣeɿmɿɣaɿmei
牛先行进攻，

ɕiɿkeɿdzeɿʃuɿȵiɿ
在洗阶节地，

ɣaɿkuɿt'i²maɿkuɿ
敢斗不敢停。

ndzɿʃuɿsumɿhoɿloɿ
斗了三个月，

tɕ'iɿhoɿt'oɿmɿpuɿ
角下皮脱落，

tɕ'iɿt'aɿʃuɿhoɿzaɿ
角上皮掉了，

buɿvuɿguɿȵuɿmɿ
腿像没有力。

miɿsuɿduɿʐmɿtsʰoɿ
地名以标志，

dzoɿpuɿlaɿkeɿliɿ
因长洗阶呢。

luɿhaɿdzoɿdzaɿsuɿ
古时的东西，

aɿmɿdzoɿʐmɿɕiɿ
现在还存在，

duɿɣoɿdzuɿt'iɿseɿ
德家牛御虎，

t'iɿmuɿluɿnemɿmɿ
因此命名，

diɿɣaɿdiɿtumɿȵuɿ
是这样说的。

dumɿȵiɿsumɿtɕʰiɿmeɿ
德三条好牛，

luɿȵiɿsumɿsuɿ
这三条牛呢，

zeɿmuɿnaɿʃuɿɣoɿ
在热姆那地⑨，

duɿmuɿɣaɿȵiɿliɿ
祭笃慕的牛。

luɿdzaɿtɕʰmɿluɿ
首先打的牛，

牛开林中路，

牛引导亡魂，

牛找归宿处，

到祖先中去。

从前强劲神风中，

有名的牛，

生在南方。

树木萌芽，

在一高山里，

产有名的牛。

青牛去南方，

南方鲁乍转。

红牛去北方，

在北方局嘎。

南方贤人死，

要到祖地去[10]，

需要用牛，

要用牛来祭，

到祖先在处去。

牵魂牛去中央，

天下最好的德家牛

273

肘霍数·畜牧篇

ꃅꆈꌠꀉꋆ
nɯ˧pu˧su˧me˧ɕi˧
中央贤人死，

ꉬꄹꆈꀉꋆ
ŋu˧dɯ˧do˧lɯ˧no˧
要到五地去，

ꃅꊭꆹꇬꊭ
mɯ˧dze˧lɯ˧li˧dze˧
要用牛来祭，

ꃅꇤꆹꇬꇤ
mɯ˧ka˧lɯ˧li˧ka˧
祭时必用牛。

ꑘꂾꆹꇬꂾ
ɣo˧xɯ˧lɯ˧xo˧
牛引导亡魂，

ꋠꄻꆹꇬꄻ
ze˧tʂa˧lɯ˧li˧tʂa˧
牛开林中路，

ꈌꇐꆹꇬꇐ
kʻe˧tso˧lɯ˧li˧so˧
牛找归宿处。

ꄉꀧꈬꉬꋆ
du˧bi˧ku˧mu˧me˧
天下德牛好，

ꀉꑞꂾꃅꃅ
ʔu˧ɣu˧mi˧mu˧mu˧
第一用牛祭天，

ꊰꑭꀨꃅꋆ
dzo˧ɣu˧pi˧mu˧ʔo˧
第二用牛祭地，

ꄷꃅꌦꅑꋆ
tʻa˧no˧lɯ˧ɕi˧mu˧
第三用牛祭娄。

ꉬꋆꈫꃅꑌ
ŋu˧mu˧ŋo˧ɣa˧nu˧
需时圈里牵，

ꄉꃅꇐꐩꈜ
di˧ɣa˧di˧mu˧mu˧
是这样说的。

注释：

①姆古鲁：又译作米古鲁，是由咬发展起来的，也是太极图里白色的部分，又代表天。

②密阿那：是由哺发展起来的，是太极图里黑色的部分，又代表地。

③夺洪索：地名，在今云南省大理白族自治州境内。

④啥米苟塔：地名，在今云南省大理白族自治州境内。

⑤扯扯雅益：即今川黔界河赤水河。

274

⑥娄：对取得君长地位的祖先追赠的谥号。
⑦扣娄额谷：地名，在今云南省西部。
⑧以础热舍：滇西大森林名。
⑨热姆那：地名，在今滇东北一带。
⑩祖地：祖先发祥地。

seˉtɯˉȵiˊɕiˉŋuˊ
色投的牛群

aˍheˉɣɯˉtʂɯˉzeˉ
从前的时候，

seˉtɯˉɕeˉseˉhiˉ
色投舍色①，

ȵiˊtʂhiˊȵiˉtʂhiˉ
有六百头牛，

loˊɣɯˉmpˊɣaˊviˉ
足有这样多。

tˊaˊȵiˉxɯˊtʂhiˉ
一天早晨起来，

ȵiˉdʐuˉneˉɣaˊlɯˉ
名叫局的牛，

taˊɣaˊɕeˉliˉhoˉ
被黄鹰抓走。

dʐuˉpˊuˉȵiˉɣaˊlɯˉ
叫局普的牛，

nuˉhiˊtˊhoˊkoˉtˊhiˉdʐɯˉ
放开脚步，

tˊaˊlɯˉtɯˉmɯˉtʂɯˉlˊɯˉ
从低往高走。

seˉtɯˉȵeˉseˉhiˉ
色投舍色，

kˊaˊpuˉneˉȵaˊkˊhiˉ
极其愤怒，

dʐɯˉdʐɯˉhiˊɣɯˉtˊuˉ
到局在处去。

dʐɯˉneˉɣuˉliˉmɯˉ
局有许多粮，

ɣɯˉneˉdʐɯˉhiˊtʂhiˉ
是局充饥谷，

mboˉneˉȵiˉɣaˊmboˉ
要饱时能饱，

肘霍数・畜牧篇

276

ɦz̵˧ne˧mbo˩li˩lɯ˩
饥时能吃饱。

ʐo˩ne˧tɕ'i˧ʈʂə˥lɯ˩
我很喜欢它,

ʐo˩ne˧tɕ'o˥ho˩gɯ˩
牛中它最好。

tɕy˧mɯ˧ʐa˩di˩lɯ˩
开始的时候,

ta˩ʐa˩ʂe˩li˩tʰo˥
黄鹰来抓牛,

nɯ˧ho˧kɯ˧mɯ˧dɯ˥
见牛放开脚步,

tʰa˩lɯ˩mɯ˧ʐo˥vi˥
由低往高走。

ɕi˩ mu˧ mi˧ ʐi˥
高 天 之 上,

ʐi˧ŋɯ˧su˧gɯ˩li˩
犁牛人说好。

tʰa˩ɬo˩ɦi˧lɯ˩ʐ̵˥
过了一时,

ʐi˩ ʐi˩ dʑo˩˩ lɯ˩
有家畜野兽。

se˩tɯ˩ʂe˥se˩ne˩
色 投 舍 色,

ɣo˩ke˩ne˧ɣo˩mi˩
古 时 说 贵,

ɣo˥ ke˩ ta˩do˩ma˩
今求鹰降贵。

ʐi˥ts'ɯ˩ɣo˩li˩di˩
还 有 牛 种,

tɕ'ɯ˩dʑɯ˩ɦo˥lɯ˩li˩
全收在圈里。

ɣo˩ ko˩ mi˩ tɕ'i˧ tʰɯ˥
次年这时候,

se˩tɯ˩ʂe˥se˩ʐi˩
色 投 舍 色,

ʐi˩tsʐ˩ʐi˩ʐo˥ho˥
有 六 百 头 牛,

lo˩ ʐɯ˩ ɦɯ˩ ʐa˩ vi˥
足有这样多。

色投的牛群

277

注释：

①色投舍色：色投，氏族名；舍色，人名。色投，又译作色体、省体、色吞，古彝人僰氏的一支，由哎哺—鲁朵—武焚为脉络发展下来，同武蒂、仇娄阿姆、德布、陀尼、武濮所、武古笃等六个有亲缘关系的部族一起被称为"七勾则"，发展成为君长制政权的一种高级形态，称雄于"六祖"兴起前的历史时期。

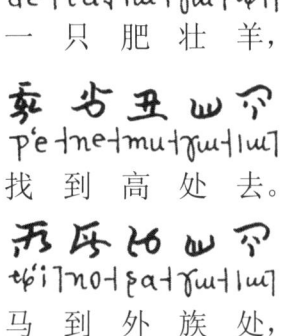

(十) 历史
ho˧ tɕy˧ tiɯ˩
绵羊的来历

ɑ˨ he˧ ɟy˧ tɯ˧ zɛ˨
从 前 的 时 候，

ʐi˧ dɯ˨ bɯ˨
天 上 羊，

ʐɛ˧do˨ li˨ ɟɯ˧ pi˨
成 群 降 下 来，

dɯ˨ ɣɑ˨ bɯ˧ne˧tɯ˨
一 是 豆 雅 补①，

bɯ˧ ɣɑ˨ ɕe˧ne˧ ʐi˨
二 是 补 雅 色②，

ɕe˧ tsɿ˧ nu˨ ne˧ sɯ˨
三 是 色 只 努③，

tsɿ˧ nu˨ dʑu˧ne˧ ʈʂi˨
四 是 只 努 肘④，

dʑɯ˨ ɣɑ˨ bɯ˧ne˧ ŋɯ˨
五 是 肘 雅 补⑤，

bɯ˧ndʐu˧ ho˧ne˧ tɕʰo˨
六 是 补 珠 合⑥。

bɯ˧ mo˧ bɯ˧ tɕi˨ ho˨
羊 体 型 漂 亮，

bɯ˧me˧ ɣɑ˨ tʰi˨ mi˨
羊 毛 质 量 高。

bɯ˧ do˨ ɣɑ˨ do˨ ndzɯ˨
爱 惜 降 下 的 羊，

lɯ˨ tsʰɑ˨ bɯ˧ ɟɯ˨ sɯ˨
像 请 来 的 羊。

de˧ tʰɑ˨ lɯ˨ ɟɯ˨ pi˨
一 只 肥 壮 羊，

pʰe˧ ne˧ mɯ˨ ɟɯ˨ lɯ˨
找 到 高 处 去，

tɕi˨ ho˨ ɣɑ˨ ɟo˨ lɯ˨
马 到 外 族 处，

ꁱꂷ ꃅꅉ ꄉ꒒
bu˧no˧ mu˩ ʑu˩ li˩
羊到彝地来。

ꑳꃅꀱꆈꇤ
ɣo˩ ʑu˧ du˩ ɣo˧ pʰu˩
后来的六祖，

ꅩꂷꃅ ꈷꋽ
gu˩ ʑu˧ mu˩ tʰu˩ nu˩
用牛祭沽能，

ꋬꑲꎭꃅꀊ
tse˧ mi˩ du˩ tsʰi˩ la˧
向始祖献酒，

ꁈꋪꀑꀎꈤ
pʰu˩ ʑa˩ pʰi˧ ɣo˩ mu˩
向祖先献祭。

ꁈꀑꅐꆍꇁ
pʰu˩ pʰi˧ mu˧ xu˩ li˩
让祖先归根，

ꄹꅉꄹꎂꇁ
tʰi˩ o˩ tʰi˩ tʰo˩ li˩
它是这样的，

ꄆꂷꄆꆳꀤ
di˩ ʑa˩ di˩ tu˩ mu˩
是这样说的。

注释：

①～⑥豆雅补、补雅色、色只努、只努肘、肘雅补、补珠合：皆为羊产生的代数名。

va˧ tɤy˧ ɪ˧ tiu˧
猪的来历

a˧ he˧ ʑu˧ tʼu˧ ze˧
从前的时候，

va˧ ɣu˧ na˧ lu˧ lu˧
猪是黑色的，

ʑi˧ ʑa˧ ɣu˧ kʼu˧ mi˧
用来祭祖灵。

ɣi˧ tʼo˧ lu˧ pʼo˧ lu˧
哎哺形成了，

ɣo˧ pe˧ tʼa˧ tʼkʼe˧ pʼo˧ bu˧
一方出丽日，

pʼa˧ li˧ tʼa˧ tʼo˧ lu˧ pu˧
一次皓月转，

su˧ tʼ mi˧ ɣo˧ lu˧ mi˧
走到南方去，

lu˧ lɪ˧ ʑa˧ to˧ mɪ˧
天地形成了。

ʑi˧ ku˧ lu˧ mu˧ mu˧ tʼi˧
天地高远，

ɣu˧ ʑa˧ tʼe˧ lu˧ no˧
又发生变化。

va˧ tʼu˧ bu˧ tʼu˧ tʼ
现白猪白羊，

va˧ na˧ tʼi˧ ku˧ ka˧
黑猪焦九杈，

va˧ ʑe˧ kʼo˧ hi˧ ɕa˧
黄猪蹄八岔，

bu˧ tʼu˧ kʼo˧ i˧ tʼu˧
白羊生四蹄，

ɕi˧ lu˧ mu˧ ɣu˧ lu˧ tɪ˧
去四方高处。

va˧ tʼu˧ tʼ tʼu˧ tʼi˧
白猪生白角，

肘霍数·畜牧篇

ʑi˧no˩mi˧ʑi˩ko˦
在天上睡觉，

dɑ˦no˩ʑi˧ɡɯ˦kɯ˩
吃在青林中，

sɯ˦no˩ʑi˧dʑo˦lɯ˧
行走高树下，

dʐo˧no˩ɖi˩tʰu˦ɔ˩
在宽坝活动。

ɡɯ˦dʐɯ˧ʑi˩dʐɑ˦lɯ˧
举祖祭祀猪种，

pu˦tʰo˧mɯ˧pʰɑ˦
署府还愿猪伴，

ʁo˦mɯ˦tʰɑ˦ʑi˧no˩
后来有一天，

mi˧vɑ˩ʑi˩ɣɯ˦ʂɯ˧
天猪到尼处，

nɯ˦vɑ˩tɯ˦ɣɯ˦do˩
地上出能猪。

tɯ˦vɑ˩mɯ˦ɣɯ˦ʂɯ˧
地猪到能处，

ɣɯ˦vɑ˩ɡe˦mɯ˩do˩
又出现黄猪。

hɯ˦mɯ˩ɡe˦ɣɯ˦kɯ˧
黄猪到额处，

so˩vɑ˩tʰu˦vɑ˩do˩
索处出白猪，

tɕʰo˩pʰɯ˩ɣo˩vɑ˩nɑ˩
六祖的黑猪，

vɑ˩nɑ˩lɯ˩hɯ˩do˩
黑猪出现了。

tɕʰo˩pʰɯ˩vɑ˩li˦e˩
六祖繁殖猪，

pɯ˩pʰi˩tʂɯ˧dy˩ɕi˦
用来祭祖先，

tiɯ˩ɣɯ˩mbɯ˩lɯ˦ɣe˧
遍布大地上，

di˩ʐɑ˩di˩tʰɯ˧mɯ˧
是这样说的，

tsʰɯ˩pʰo˩ɦi˧mɯ˩ɣo˩dʐɯ˩
这样流传的。

花斑白犬

hɛ˧ ȵui˧ tɯi˧
远古的时候,

ȵi˩ mi˧ kuɪ˧ guɪ˧
宜米举勾①

ȵi˩ɣai˧ tʂʰuɪ˧ ʑi˧ tʂʰuɪ˧
尼能迁徙,

zei˧ mi˧ tʰoi˧ tuɪ˧
热米妥度②,

kʰɛ˧ɣai˧ pʰoi˧ tʂʰuɪ˧
凯保迁徙③,

zei˧ ɣai˧ ʔui˧ ɣuɪ˧ tʂʰuɪ˧
热欧迁徙④,

tʰɔ˧ ɕiɑŋ˧ tʂʰuɪ˧ ɯ˧ tʂʰɔ˧
都想迁武处。

tei˧ tʰui˧ puŋ˧ ɣo˧
代吐博卧⑤,

tɕʰi˧ lui˧ tʂʰuɪ˧ ʑi˧ tʂʰuɪ˧
实勺迁去后,

hɛi˧ tʰʂʰei˧ʔei˧ mei˧ tɕiei˧
猎犬埃麦且,

guɪ˧ lɑ˧ ʔo˧ pɯ˧ ɣuɪ˧
去了武侯处⑥。

sɿ˧ lɿi˧ tʂʰuɪ˧ ʑi˧ tʂʰuɪ˧
斯里迁走后,

sɿ˧ɣai˧ ʔuɪ˧ mei˧ tɕiei˧
斯的乌麦且,

puŋ˧ soŋ˧ pʰuɪ˧ loŋ˧
出现在博索铺。

hɛi˧ tʰʂʰei˧ʔei˧ mei˧ tɕiei˧
猎犬埃麦且,

tʰʂʰei˧ luɑ˧ lɑ˧ dzɿ˧ lɑ˧
犬变成了虎,

283

肘霍数·畜牧篇

dzɯ˧a˧ tɕɑɹ˧ lo˩lɯ˩
变成了猛虎。

dzɯ˧a˧ tɕɑɹ˧ lo˩lɯ˩
变成大老虎，

ji˧ a˧ dzɯ˧ lo˩lɯ˩
又变成于阿局，

sɯ˧tɕeɹ˧ dzɯ˩tɕoɹ˩
三代虎样生活。

ɣo˧ʑi˧ tɕɑɹ˧tɯ˩ɯ˩
后来有一天，

tʰɯ˩ kɤɹ˧ tʰɯ˩ʑɯ˩tɯ˩
扭铁作铁链，

dzɯ˧a˧ tɕɑɹ˧ kiɹ˧
给大老虎戴上，

ɥɯ˧ɣɯ˩ tɯ˧piɹ˩li˩tʂʰɯ˩
被武人得到，

zɯ˧no˧ ɭi˩ ʂa˩diɹ˩
它是野物，

tɕi˧dzɯ˧ nɑ˩pʰɯ˩ lɯ˩
认为是虎犬。

tɕi˧ nɯ˩ ji˧ a˧ tɕoɹ˩
猛犬于阿局，

ɕi˧tʰo˩ɹ˩ ʁiɑ˩tɕi˩ mi˩li˩
是斯犬传下的，

ɭi˧tʰɑm˩ tɯ˩ li˩ ɣɯ˩
闻所未闻，

lɯ˩zoɹ˩ lɑ˧ soɹ˩lɯ˩
像更为远古事。

ɣoɹ˩ li˩ʑ dʑɯɹ˧
再扭铁链，

tsʰɯ˧ tɕoɹ˩ nɯ˩ li˩
像套大鹿子，

ɥɯ˩tɯ˩ pɯ˩ li˩toɹ˩
武德布出外⑦，

hi˧hi˧ʐoɹ˩tɕi˩toɹ˩ʑɯ˩
把畜送长者，

ɢɑ˧tɕeɹ˩ pʰɯ˩hi˩xoɹ˩
送外族主人，

ɢɑ˧tɕeɹ˩ pʰɯ˩li˩ ji˩
给外族主人用。

dʑoɹ˧ɭɯ˩ xɯ˧tɯɯ˩tʂoɹ˩
吃食只喂肉，

zi˧ɣoɹ˩ me˩nɑ˩tʂeɹ˩zi˩
睡有黑绸缎，

bo˧ dʑa˧ tsu˧ ɲu˩
是为富有者。

γo˩ hɯ˩ pa˧ ȵi˧ ɣo˩
后来有一天,

ɲu˩ dʐʅ˩ ɑ˧ vei˧
伍直阿维,

lu˩ li˧ tɕi˧ dʑo˩
赶牛出栏,

ɣa˩ ɣu˧ bu˧ ɣi˧
圈里的猪变了。

ɣa˧ ɣu˧ ɣe˧ pi˧ʔ ɣi˧
外族的主人,

hui˩ tɕi˩ ɕi˩
犬追赶野兽,

ɲu˩ ʂa˧ lo˧ xa˩ li˩
兽散在各处。

ɣa˧ ɣu˧ ɣe˧ pi˧ ɣɑ˧
外族主人呢,

tɕo˧ ʐi˧ zu˧ dʑu˧
派卓尼汝,

sɯ˧ mi˧ kʼe˧ ɲu˧ kɑ˩
到北方去,

sɯ˧ kʼo˧ sɯ˧ ho˧
三年又三月,

tɕo˧ hɑ˧ tɕu˧ ɲu˩
定了去的时间,

tɕʰo˧ kʼo˧ tɕʰo˧ hɑ˧
六年又六月,

ma˩ go˩ li˩ ɲu˩ ɣi˩
还不回来。

tʼɑ˧ ɲu˩ ɕi˧ xa˩
有一天早晨,

tʼi˧ ɲu˩ pa˧ ɣo˩ ɲu˧
他出现了,

ɣa˧ ɣu˧ ɣe˧ pʼu˧ ɣi˧
外族主人:

tɕo˧ ɲu˧ zu˧ ȵi˧ ɣo˧
卓尼汝呀,

ɣo˩ nai˧ kai˧
我派你去,

sɯ˧ kʼo˧ sɯ˧ ho˧
三年又三月,

tɕo˧ hɑ˧ tɕu˧ ɲu˩
定了去的时间。

花斑白犬

肘霍数·畜牧篇

li˩ tɯŋ˧ go˧ ma˧ li˩
为何不回来，

nai˧ dʑo˧ tɯŋ˧ bo˩ ji˧
你有无理由？

tço˩ ɲi˧ zɯ˧ tˢi˧ o˨
卓尼汝说：

hi˧ bo˩ tɯŋ˧ bo˩ jo˨
我延期有理由，

mi˧ kʻi˧ mɯ˧ hɯ˨ dʑi˨
北方湖泊多，

xɯ˧ tʻa˩ bi˧ bɯ˨ dʑi˨
湖里浮鸭子多，

bi˧ ŋa˧ zi˧ li˨ o˨
鸭是我的舅，

ɯ˨ ŋa˧ bi˧ li˨ zɯ˨
我是鸭的甥，

ɯ˨ mi˧ tɕo˧ pʻi˧ ŋɯ˧
我住在舅处，

sɯ˧ kʻo˧ sɯ˧ ho˧
三年又三月，

tˢi˧ ɣɯ˧ dʑo˨
他是为了这事。

mi˧ kʻi˧ tʻo˧ dzo˧ ɳɯ˨
北方松树多，

tʻo˧ tʻa˧ tço˧ gɯ˨ ɳɯ˨
松上蝉多，

tço˧ ŋa˧ tço˧ li˨ o˨
蝉是我宗族，

hi˧ ŋa˧ tço˧ li˨ zɯ˨
我是蝉家族，

tço˧ ʎɯ˧ dzɯ˧ ɯ˩ o˨
住在蝉处时间，

ɳi˨ ho˧ ɲi˨ ŋɯ˧ dʑɯ˧ ɯ˨
住了两个月。

mi˧ kʻi˧ zɯ˧ ɳi˨ ɳɯ˧
北方箐林多，

zɯ˧ tʻa˧ ŋɯ˧ bo˩ ɳɯ˨
箐上莺多，

ŋo˧ ŋa˧ zi˧ li˨ o˨
莺是我的甥，

ɯ˨ ŋa˧ ŋo˧ li˨ zɯ˨
我是莺的舅，

ɳa˨ mi˧ tço˧ pʻi˧ ŋɯ˧
住莺处的时间，

ȵi˩ kʻo˧ ȵi˩ lɑ˦
两年又两月，

tʻi˩ ȵy˧ tøʰ˦ mɯ˨˦ lɑ˦
就是住那里，

tɕo˩ kʻo˧ tɕo˩ lɑ˦
六年又六月，

tʻi˩ ȵy˧ dzo˩
是为了这事。

ɦæ˩ ȵy˧ βɯ˩ lɑ˧
外族主人问，

tɕo˩ ȵi˨ lɯ˧ ȵy˩ ly˧
卓尼汝呢，

hu˩ lɑ˧ mi˨ dui˩ tɕo˦ mɯ˨˦
回答延期的问话。

ɣɯ˧ dɑ˨˨˩ a˧ vei˧ ly˧
伍直阿维：

sɯ˩ li˧ ŋɯ˧ tɕɑ˩ li˧ ɯ˨
既然是这样，

ŋo˦ ȵy˨ ȵy˦
我新中有舅，

ŋo˦ ȵy˨ li˧ tsʻɯ˧ lɯ˦
我新中也有甥，

ŋo˦ ȵy˨ ly˩ kʻui˧ mɯ˨
我就要回去。

ɦæ˩ ȵy˧ βɯ˩ li˩ lɑ˧
外族的主人，

sɯ˩ li˧ ŋɯ˩ tɕɑ˩ li˧
既然是这样，

ɦæ˩ ȵy˧ bei˧ pʻu˧
外族主人，

tʻui˦ ɦei˧ ȵɯ˦ pʻui˧
成堆的金银袋，

li˧ mɯ˦ pʻɑ˦ doʰ li˧
丝绸如叶层，

zɯ˨ kʻo˦ tɕɯ˩ ȵu˧ ɯ˦
多如云的牛羊，

ɣɯ˩ dɑ˦ a˩ vei˦ bi˦
给伍直阿维。

ɣɯ˩ dɑ˦ a˩ vei˦ ȵi˩
伍直阿维呢，

tʻui˦ ɦei˧ lui˦ dʐa˩ tɕʻui˦
金银堆如叶，

kɯi˧ tʻui˦ pʻɑ˦ doʰ pɑ˦
绸缎多如叶，

肘霍数·畜牧篇

牛羊多如云，

我不要这些。

你既要给我，

不讲住处好坏，

不讲吃香味，

整年不断肉，

市场不穿旧，

我喜欢猎犬。

君长不舍之财，

民要也给他，

取一盘金链，

给于阿局戴上，

给伍直阿维，

由伍直阿维使用。

到巴弟维帕，

在美索布毕处，

住了一夜，

是这样做的。

美索布毕：

这猎犬很好，

金链也很好。

伍直阿维：

此系外族犬，

金亦外族金，

你别要它，

我也不给你，

说完就放下了。

来到米密妥堵，

密额舍省，

启程上路，

山重水复，

抢劫者高兴，

没有说法，

好人有宝物，

到了此地，

我要收藏好。

过了一会儿，

伍直阿维，

牵猛犬于局，

过启吐维补，

局额舍省，

挺立伸手站着，

他开言说道：

禽鸟扑扑飞，

花斑白犬

肘霍数·畜牧篇

hunton tom hui sɿ
见树梢则歇，

hundbun ngai hui tɕʰi
紧紧追獐鹿，

hunton tom los dʑoʔ
见平地冲则停，

fut mut zu dʑət hut
分吃他人吃的，

at fut mut tom hui ȵ
见银就要给，

tou hu zu mit i tɕʰoʔ
等财主给他银。

ȵut dʑət at vei
伍直阿维：

tɕʰut fut dʑət mal vi
分钱财不行，

tʰot ga hit mal tsʰol
妥嘎的房未建，

tsʰot hut hit hut ti
斗笠当房屋。

tɕʰɿ ȵut gɿ tsʰɿ ɕe
菊额舍省：

fut mut dʑət mal vi
分钱不行，

vi hut dʑət hut zaʔ
宝剑当钱用，

tʰot ga hit mal tsʰol
妥嘎房未建，

mut dui mal dzəl lup
能做不可做。

ȵut dʑəl zaʔ vei ȵit
伍直阿维呢，

taʔ hai hiʔ ndɿ dʑoʔ
一夜为此生气，

zaʔ hiəp ȵu vi dʑɿl
将猛犬于局，

tɕʰil tui vei biʔ kɿʔ
拴在启吐维补，

ɕəl ndɿɿ tʰal kʰut
用一盘金链，

tɕʰi lal lui zaʔ dʑəɿ
当钱给启那娄，

sui tʰal dʑəl ȵul ȵut
在半夜之前，

舞 三 次 舞 帕,

奏 三 次 竹 笙,

猛 犬 于 局 睡 了。

将 一 盘 金 链,

当 钱 给 启 吐 腊,

走 到 冲 里 后,

猛 犬 维 局,

不 肯 睡 冲 里,

将 一 盘 金 链,

当 钱 给 期 腊,

但 顶 不 了 钱 财。

伍 直 阿 维:

三 个 局 额 呀,

为 啥 要 盗 犬?

三 个 局 额 呢,

能 人 不 偷 盗,

抽 出 宝 剑,

站 在 一 边。

三 个 局 额,

声 声 叫 嚷 嚷,

拍 着 双 手。

密 地 客 人 问 道:

花斑白犬

肘霍数·畜牧篇

mi˧ mi˧ tʼo˧ tɯ˧
在密米妥度，

ve˧mu˧ve˧ɲɯ˧tʂʰɯ˧
做客要像客，

nɯ˧su˧ve˧ɲɯ˧tʂʰɯ˧
你三人是客，

nɯ˧ɲɯ˧ve˧ɲɯ˧tʂʰɯ˧
你等既是客，

tʂʰɯ˧dzi˧ve˧ɲɯ˧vi˧
就是袭击的客，

nɯ˧su˧tʼi˧tʼa˧dzi˧
你等别袭击。

tʼi˧ di˧ lɯ˧
他说完了，

to˧ɲɯ˧su˧hɯ˧zɯ˧
局额三人说：

ɕɯ˧tʼi˧va˧na˧bi˧
给你黄色猪。

ɲɯ˧dʐa˧a˧ve˧zɯ˧
伍直阿维：

zo˧na˧va˧ma˧lɯ˧
我要你要的，

zo˧na˧tʼɯ˧ma˧lɯ˧
我不要你的银，

hɯ˧dʐi˧ne˧su˧ma˧ɻ˧
我求稀有的，

zo˧na˧va˧ma˧ɻ˧
我不缺你的猪。

li˧ɻɯ˧zɯ˧su˧lu˧
局额等三人：

tɕi˧ nou˧ mei˧
犬固然好，

va˧nou˧dɯ˧li˧la˧
猪就不好吗？

gu˧ɕɯ˧dze˧lu˧tʂʰɯ˧
苟侯祭场大⑧，

va˧na˧su˧tʼɯ˧ra˧
猪列三牲首，

tɕi˧tʼa˧ma˧lɯ˧ɻ˧
犬未列其中。

ɕe˧ nou˧ mei˧
金本是好物，

ɕe˧nou˧dɯ˧li˧la˧
金就不好吗？

制银祖显富,

单金不显富,

曾有此传说,

他是这样的。

后来有一天,

阿局布姆带犬,

转猎于南方,

吃尽南方兽,

只剩大老虎。

转猎于中央,

吃尽中央兽,

只剩大老虎。

后来有一天,

扭铁做辔头,

取铜绳铁鞍,

给鹿子鞴上,

维维鲁侯尼⑨,

他想去那里。

阿局布姆,

冒着白露行,

涉过黑水,

开始去了。

花斑白犬

肘霍数·畜牧篇

veɪ veɪ lux lɿ
维 维 侯 尼，

tʰi˧ ɣa˧ kʰiu˩ lʲi˩ lɯ
他 来 到 了。

lɯa˧ tʰi˧ liɿ˧ lɯ
女子 来 阻 挡，

lɯ˩ la˩ lʲi˩ tɕi˧ lɯ
女 要 来 救 犬，

ɣo˧ ɣɯ˧ kʰiu˩ lɯ˧ ɣo
到 了 后 来，

a˧ tɕo˧ bu˧ mu˧ tʰa˧
阿 局 布 姆：

hɛ˧ tɕi˧ ʑɯ˧ tɕʰi˧ mə˧ tsʰɿ˧ ɣɯ
此 非 鹿 而 是 鲁，

kʰi˧ lʲi˧ to˧ mu˧ vi˧
这 是 朵 呀，

na˧ tʰi˧ tʰa˧ mbɛ˧ lɯ˧
你 别 射 它。

ŋo˧ pʰɯ˧ lɯ˧ ha˧ ɣo
我 位 在 南 方，

tɕɯ˧ o˧ pʰɯ˧ lɯ˧ ha˧ ɣo
猎犬 也在南方，

ʐɯ˧ ɣu˧ tɕa˧ tɕʰi˧ tɕi˧
没 兽 只 剩 我 了。

a˧ miɛ˧ ȵu˧ lu˧ tɕi
现 在 这 时 候，

bu˧ tmu˧ ȵu˧ vi˧ kɛ˧
布 姆 与 维 局，

ȵi˧ mɛ˧ tsʰu˧ lu˧ tɕi˧
两 者 一 同 去，

tɕʰi˧ ɣu˧ lʲi˧ ha˧ ɣo
来 到 了 这 里，

koɛ˧ tɕu˧ ɣuz˧ va˧ ɣo
坝 里 人 放 猪，

kʰo˧ tɕu˧ pʰu˧ lʲi˧ tɕi
全 都 在 这 里。

kʰi˧ veɪ veɪ tɕi ɣo˧
维 维 的 鲁 们，

aɯ˧   ɣa˧   to˧
鲁   和   朵，

ɕi˧   ɣa˧   ʐi˧
斯   和   里，

mi˧   ɣa˧   tɕoɛ
迷   和   觉⑩，

ɕi˧ ʑi˧ gɤ˧ tsʰɯ˧
还有偕和嗕⑪，

ʐi˩ ɢɤ˩ li˧ tɕ'a˧ ɡlɯ˧
兽主来救兽。

t'a˧ gɯ˧˩ lɯ˧ ho˧
过了一会儿，

lɯ˧ mi˧ mi˧ ȵi˧
娄米密尼⑫，

mɯ˧ ɡɯ˩ kɯ˧ ʑa˧ ʈʂʰɯ˧
高处如有雷声，

ʐe˩ ɡɯ˩ mɤ˧˩ i˧ tɕʰɯ˧
低处如闪电，

bu˧ mu˧ tɕi˧ ʑi˧ tɕʰɯ˧
布姆尊斯里，

pʰu˩ ʐe˧ tsʰɯ˧ ɡɯ˩ kɯ˧˩ lɯ˩
作长者而敬之。

a˧ lɤ˩ bu˧ mu˧
阿局布姆，

mbɤ˩ tɕi˧ ɖi˧ tʰɑ˩
开言说道：

tɕʰɯ˧ ɡlɯ˩ ɡɤ˧ li˩ ɡɯ˧
我带着猎人，

tɕ'i˩ mu˩ tɕi˩ ho˧
转到南方狩猎，

mu˧ tɕo˩ ɡɯ˧ kɤ˩ hu˩
公马驮猎物，

bu˧ lɤ˧ ɡɯ˧ ɡɤ˩ tɕi˧
猎人背猎物，

kɯ˧ li˧ dʐə˧ tɕɯ˧
曾做过此事。

tɕi˧ lɤ˧ mi˧ kʰɤ˩ ɡɯ˧
转到北方狩猎，

mu˧ tɕo˩ ɡɯ˧ kɤ˩ hu˩
公马驮猎物，

bu˧ lɤ˧ ɡɯ˧ ɡɤ˩ tɕi˧
猎人背猎物，

kɯ˧ li˧ ɲo˩ di˧ ʑi˧
曾经有此事。

a˩ hɤ˧ t'u˩ hu˩ tɑ˩ hɤ˩
现在的人间，

ɑ˧ dʑy˧ mi˧ lɤ˩ hɤ˩
我的老母亲，

nɑ˩ dy˩ ɡɤ˩ kɯt mu˧
眼看着门口，

295

肘霍数·畜牧篇

zoɿ dzuƻ go˧ liƻ diƻ
愿儿子归来，

loƨ loɿ ho˧ dzoɿ lo˨
在 等 着 我，

ʋeƻ ɣoƨ mɿƨ mɿƨ loƨ
像 等 客 人 样。

ɣoɿ ɡuƻ ʋi˨ dʑeƨ di˨
后来维局呢，

tɕ'iƻ ɣuɿ dzeƨ dzaƨ ʋi˨
它 也 跟 随 着，

ʋu˨ hi˨ k'uɿ loɿ
回 到 了 家 里。

ɣuɿ buƻ naɿ mɿƨ mɿ˨
黑黑面颊的犬种，

nuɿ nuɿ ɕiƻ huƻ toƨ
还 生 了 红 鼻 犬。

naɿ buɿ luƻ mɿƨ loƨ
眉 头 凸 出 的 犬，

naɿ buɿ ŋuƻ mɿƨ mɿ˨
是眉头凸出犬种。

dzeƻ ɣeƻ luƻ buƻ
节 哎 鲁 补，

---

aɿ fuƻ naƻ k'uɿ
阿 辅 那 苦 家[13]，

tɕ'iƻ tuƻ toɿ moƨ i˨ toɿ xi˨
白 狗 竹 斑 花，

xoƨ moƨ tɕ'i˨ ɣuƻ tʂ'i˨
是 竹 斑 花 狗 种。

naɿ buɿ ɕeƻ ɣuƻ toƨ
生 黄 眉 头 狗，

tɕ'iƻ naɿ ma˥ buƻ ɕeƻ
黄 面 颊 黑 狗，

aɿ fuƻ naƻ k'uɿ li˨ xeƻ
阿 辅 那 苦 带 着，

loƻ ʑiƻ t'iƻ ɣaƻ tɕ'uƻ
雾霭笼罩山间，

tuɿ tsʻeƻ ŋɯƻ
许 多 鹿，

tɕiƻ ɣuƻ ɣɯƻ
许 多 熊，

tɕi˥ deƻ ʋaƻ muƻ pi˨ ʑɿ˥
猎 获 无 数，

diƻ mɿƨ ɕiƻ xuƻ pɿƨ lɿƨ
像 堆 裙 子 样，

me˧tɕɯ˧su˧ŋɯ˩tʰɯ˩
要做成腌肉。

ɣɔ˧tʂʮ˧tia˩xɔ˩ȵi˧tʰɯ˩ɑ˩
后来有一天，

pʰi˩lu˩xa˧dʐa˧tɑ˩dɑ˩
经过普鲁旺，

du˩de˩kʰɔ˧ʑe˩du˩bɯ˩
到德罗卓舍⑭。

gu˩li˧dzɯ˩xɯ˩ʑi˩
苟卒侯直家⑮，

po˩dʐa˩su˧ŋɯ˩tʰɯ˩
是富有之家，

nɑɪ˩bei˧ɯ˩tɕi˧
黄眼犬种，

tɕʰi˩nɯ˩ʐɿ˩se˩lo˩pʰo˩dɯ˩
生肝色花猛犬，

tɕʰi˩nɯ˩ʐɿ˩se˩dai˩dɯ˩nɯ˩
肝色花猛犬种，

tɕʰi˧pʰei˧nɯ˩dɯ˩
生灰鼻犬。

tɕʰi˧pʰei˧nɯ˩
灰鼻犬，

gu˩li˧li˧xɯ˩li˩xe˩
苟卒侯直带犬，

du˩de˩ʑei˧ʑe˩
猎于德罗列舍，

tu˩ tse˩ ŋgu˩
猎得许多鹿，

mi˩ ze˩ nɑ˩ lu˩ he˩
猎得许多豹。

gu˩ li˧ li˧ xɯ˩ zɿ˩
苟卒侯直，

po˩dʐa˩su˧ŋɯ˩tʰɯ˩
是富有之人。

tɕʰi˧pʰei˧nɯ˩dɯ˩
灰鼻犬种，

xu˩ʋu˩ɑ˩dʐu˩li˩tu˩
被侯乌阿伍得到，

tɕʰi˩ʑi˧kʰu˩tɕʰi˩ɯ˩
生花斑白犬，

xu˩ʋu˩ɑ˩dʐu˩li˩xe˩
侯乌阿伍带犬，

du˩de˩mi˩ʑi˩du˩
在德罗地四方，

肘霍数·畜牧篇

tɕi˧ kuɿ˧ tɕɿ̃˧ mu˨˩ ɣ˨˩
逐处去狩猎，

tɯ˨˩ tɕe˦ ȵɯ˩
猎获许多鹿，

tɕi˩ ȵɯ˩ ȵɯ˩
猎获许多熊，

mi˩ ze˧ na˧ hɯ˧ me˩
及豹等各种兽。

xɯ˩vɯ˩ a˩ ȵɯ˩ li˩
侯乌阿伍，

bo˩ dʑa˧ su˧ ȵɯ˧ mi˩
是富有之人。

jo˩ ȵɯ˩ tʰa˩ ȵi˩ ɣ˩
后来有一天，

ne˩ pʰɯ˩ vɯ˩ ɕɯ˩ ȵɯ˩
话被传远处，

xɜ˩ Lo˩ʐpʰɯ˩ɯ˩ ɕɜ˩ pɜ˩
赫默珠舍⑯

a˧ tsʰa˩ jɛ˧ tɕʰi˧ hɯ˧ t̠ɜ˩
阿楚益节闻之⑰

tɕi˩ jo˩ hɯ˩ pʰi˩ tʰɯ˧ ka˩
派两个使者来，

xɯ˩vɯ˩ a˩ ȵɯ˩ lo˩
对侯乌阿伍说：

tɕʰi˩ tɕɯ˩ di˩ kɯ˩
花斑白狗，

bo˩ dʑa˧ ȵɯ˧ mɯ˧ ȵi˩ ɣ˩
听说不一般？

xɯ˩vɯ˩ a˩ ȵɯ˩ tɕi˩
侯乌阿伍：

ȵi˩ ȵɯ˩ ma˩ do˩ mi˩
舅不出手之财，

so˩ li˩ ȵi˩ li˩ o˩
甥若要就给。

hɯ˩ ʈʂai˩ ɯ˩ tɕʰi˩ ȵi˩
用一根岩草，

tɕi˩ tɕʰɜ˩ ȵi˩ mɯ˧ li˩
作犬路献烟用，

me˩ na˩ hi˩ pʰi˩ ȵi˩
用八匹黑绸，

k'o˩ hɯ˩ tʰɜ˩ ȵi˩ kʰa˩
作犬睡褥垫，

hɯ˩ ʈu˩ su˩ ʐo˩
派一人随从，

tɕi˧tɕə˧ sɯ˧mɯ˧tɕo˩
专做牵犬人。

mɯ˧to˩ tʰa˧lɯ˩ʐo˩
用一匹公马,

tɕi˧kʼo˩ʂɯ˧hɯ˧tɕə˩
牵来驮犬食。

xe˧me˩ dʑo˧ ko˧kʼɯ˩li˩li˩tʰɯ˩
到了赫默珠舍,

dʑo˩lɯ˩ fɯ˧tɯ˩tɕɯ˩
只 喂 肉 食,

ʐo˩ʐo˩ me˩tna˩tʂɯ˩
睡觉用黑绸,

bo˩dʑɑ˩ sɯ˧ŋɯ˩hɯ˩
是富有之家。

ɣo˩ɣɯ˩ tʰa˩ʐi˩hɯ˩
后来有一天,

ʐɯ˧tɕɯ˩dɯ˩de˩lo˩tɕɯ˩
上至德歹裸吐,

dʐo˩ɣɯ˩kʼo˩ti˩ɣo˩kʼe˩
中至各底妥克,

tʼi˧ʐi˩ nɑ˩˧kɯ˩
在两地之间,

tʼɑ˩kɯ˩tɯ˩ mɯ˩ɻ̍˧
逐处去狩猎。

tɯ˩ tɕe˩ ŋɯ˩
猎获许多鹿,

tɕi˩ ʑɯ˩ mɯ˩
猎获许多熊,

mi˩ʐe˩ na˩mɯ˩li˩ŋɯ˩
及豹等各种兽。

na˩ʐi˩ʐi˩mɑ˩gɯ˩
大江流不尽,

bo˩dʑɑ˩ sɯ˧ŋɯ˩hɯ˩
是富有之家。

ɣo˩ɣɯ˩ tʰa˩ʐi˩hɯ˩
后来有一天,

tɕʰi˧ɣo˩mɯ˩dɯ˩ɖʐe˩nɑ˩tʂɯ˩
纪俄勾笃节那支⑱,

no˩ʐi˩ tʰi˩mɯ˩li˩hɯ˩
全都听到了,

tɕi˧ɣo˩tʰa˩dʐɯ˩kɑ˩
派两个使者来,

a˩tsʰɯ˩ʐi˩ hɯ˩tʂɯ˩
对阿楚益节说,

花斑白犬

肘霍数·畜牧篇

tɕit tʻut dʑil kɯ
花斑白犬，

bol dzut lɯ tɕʻɯ lɯ
听说不一般？

ɣɯ tɕɯ mɑ dot mi
舅不出手之财，

so li tʻo tɯ li bi
甥来要就给。

lɯ ʑɯ sɯ tɕʻɑ kʰɯ
取三根岩草，

tɕʻi ɣɯ hiɛ loɑʔ hiɑ
作犬路献烟用，

me nɑ sɯ pʻe hɯ
取三匹黑绸，

tɕʻi tʰi ɕiɛ hɯ KO
作犬睡褥垫，

ho sɯ tɑ lo ʑɑ
派一个随从，

tɕʻi bɛ sɯ tɕʻɯ ho
专做牵犬人，

tɕʻi tʻut sɯ mɯ tʻi ɣɯ
用三只白犬，

loɑ hɯ ɬɯʔ tɕʻɯ dʑiɑ
加上同类犬。

tɕʻit loɑ gul
纪 俄 勾，

dul dzɛ nɑ tɕʻi li xɛ
笃节那枝带着，

ʔɯ ɣɯ mi tɯ dzɛ
上至米嫩再，

lɑ ʑot fɑ tɕʻɯ ɣɑ
下至色洪，

tʻi li Lɯ ɣɯ kɯ
在两地之间，

tʻɑ Kɯ hɯ mɛ hɯ
逐地狩猎。

tut tɕʻɛn ŋɯ
猎获许多鹿，

tɕʻit ɣut ŋu
猎获许多熊，

mi zɛ nɑ lɯ lɯ
及豹等各种兽。

mɯ jɯ tɕʻɯ no hɯ
公马驮兽肉，

猎人背兽肉，

是这样的呀。

后来有一天，

鲁组鲁卧⑲，

阿勒阿哈听了⑳，

派两个使者，

对笃节那枝说：

花斑白犬，

听说不一般？

笃节那枝说：

舅不出手之财，

甥来要就给。

用九根岩草，

作犬路献烟用，

用九匹黑绸，

赠作犬睡褥，

派九个随从，

专做牵犬人。

洛那阿可㉑，

是富有之人，

只喂肉食，

睡觉用黑绸。

花斑白犬

301

肘霍数·畜牧篇

后来有一天，

洛那阿可带着，

在洛波本热，

逐处狩猎，

猎获许多鹿，

猎获许多熊，

及豹等各种兽，

说的就是它，

是随从者说的。

后来有一天，

在米苟俄维，

只剩下独虎，

猎到嘎娄，

去猎老虎，

虎从后面防着，

白色的狗，

躺在地上。

知道者说，

是嘎娄白头犬。

不知者说，

是嘎娄白头树。

是这样说的。

302

lɯ˦ na˧ a˧˩ kʼo˦tɕi˦
洛 那 阿 可,

tɕi˦ɕi˦ dʑɚ˧ ʝa˦ di˦
为 祭 死 去 的 狗,

mei˧ na˧ kɯ˦ pʼɚ˦ zɯ˦
用 九 匹 黑 绸,

tɕi˦ gu˧ mu˧ mu˧ bi˦
给 狗 作 衾 被,

lɯ˦ ʐɚ˦ kɯ˦tɕʼə˦ zɿ˦
用 九 条 骟 牛,

tɕi˦ dʑɚ˦ mo˦ mu˧ ɖʐɿ˦
作 祭 犬 祭 牲。

tʼi˦ ʐɯ˦ ʐo˦ ʝa˦ tɯ˦
在 此 之 后,

du˦ de˦ pʼu˦ ʐo˦
德 歹 濮 卧[22],

xɯ˦ ʋu˦ a˧ ʝu˦ li˦ dɑu˦
侯 乌 阿 伍 听 了,

tɕi˦ ʐɯ˦ tʼa˦ tɕɚ˦ hɑu˦
扯 一 根 狗 草,

mei˧ na˦ tʼa˦ pʼɚ˦ zɿ˦
焚 一 匹 黑 绸。

ʐɛ˦ mei˧ dʐu˦ ɕei˦
赫 默 珠 舍,

a˦ tsʰu˦ ʝi˦ tɕie˦ li˦ dɑu˦
阿 楚 益 节 听 了,

tɕi˦ ʐɯ˦ tʼa˦ tɕɚ˦ hɑu˦
扯 一 根 狗 草,

mei˧ na˦ tʼa˦ pʼɚ˦ zɿ˦
焚 一 匹 黑 绸。

tɕi˦ ʐo˦ gu˦
纪 俄 勾,

du˦ de˦ na˦ tɕie˦ li˦ dɑu˦
笃 节 那 枝 听 了,

tɕi˦ ʐɯ˦ tʼa˦ tɕɚ˦ hɑu˦
扯 一 根 狗 草,

mei˧ na˦ tʼa˦ pʼɚ˦ zɿ˦
焚 一 匹 黑 绸。

lɯ˦ dʐu˦ lɯ˦ ʐo˦
鲁 作 鲁 卧,

a˦ lɛ˦ a˧ hɑ˦ li˦ dɑu˦
阿 勒 阿 哈 听 了,

tɕi˦ ʐɯ˦ tʼa˦ tɕɚ˦ hɑu˦
扯 一 根 狗 草,

花斑白犬

ꂷꆆꏃꄉꁍ
me˧na˩ta˩pʼi˧mɯ˩
焚一匹黑绸。

ꌦꆹꏂꈌꏿ
ɛ˩tʼi˧a˩hm˧i˩tʂʼ
死了一个猎犬,

ꃅꋋꄷꐚꈌ
mi˩di˩dɯ˧mpʼi˩kɔ˩
在四处地方,

ꍞꇰꂾꀕꈷ
kɯ˩tɔ˧tʼi˧ lo˩ɯ˧tʂɯ˩
四个君长哭了,

ꄜꇤꂾꀕꏂ
tɯ˩hm˧i˩tʼi˧ kʼi˩tʂʼ
招四次狗灵,

ꂷꆆꏃꄉꁍ
me˧na˩ta˩pʼi˧mɯ˩
焚四匹黑绸。

ꇑꆏꀉꈌꌺ
lu˩na˩ta˩ kʼɯ˩hɯ˩
洛那阿可,

ꀊꈪꅐꉷꎎ
a˩ hɯ˩ ɣɯ˩kʼɯ˩hɯ˩
阿努额局呀,

ꃤꐛꊿꊈꑍ
ɣɯ˩tʂʼɯ˩te˩i˩tʂɯ˩sɯ˩
先前生的狗,

ꊿꃀꄉꑣꋠ
te˩i˩tʼɯ˩di˧ kɯ˩sɯ˩
像花斑白狗的犬,

ꊿꏦꄿꍔꁬ
tʂo˩i˩ti˩ma˩di˩ɣɯ˩
不可能再有了。

ꒉꐥꆏꏃꑣ
tʂɯ˩hɔ˩tʼi˧a˩mi˩tʂɯ˩
后来生的狗,

ꑣꄷꍔꐯꁬ
tʂɯ˩ti˩ ma˩dz˩ tʂɯ˩ɣɯ˩
也不可能再有了,

ꄜꅪꄜꉌꃅ
tʼi˧ pɯ˩ tʼi˧ hɯ˩mɯ˩
要祭奠它,

ꉬꃬꒉꃅꌷ
ŋ˩ɯ˩ tʂɯ˩mɯ˩ɬɯ˩
要逐渐往后传,

ꄸꑸꄷꋌꏿ
di˩ ɣa˩ di˧tɯ˩ŋɯ˩
是这样说的。

注释:

①宜米举勾:地名,指今四川盆地到宜宾市、自贡市一带的大片地区。"举勾"即九川、九条河流,是尼能氏的活动中心。

②热米妥度:地名,在云南省昆明市东川区境内。

③凯保:代族名,指两个善于铸剑的氏族。

④热欧：氏族名，此氏族善于制造兵器。

⑤代吐博：山名，在今云南省大理白族自治州境内。

⑥武侯：古彝族支系名称。

⑦武德布：古彝人武氏的一支，与色体、陀尼等氏族有亲缘关系。德布的分布地在今云南省昆明市晋宁区一带。他们最早掌握冶炼、制铜与熬盐技术。

⑧苟侯：又称"举侯"彝族"六祖"中第四支系。

⑨维维鲁侯尼：湖泊名。

⑩迷、觉：古代氏族名称。

⑪偕、唊：古代氏族名称。

⑫娄米密尼：指天上，也指若干时期以来统治阶级和贵族居住的地方。

⑬阿辅那苦：阿芋陡部君长名。阿芋陡是"六祖"中第六支慕辞辞的第二十四代孙，以其名命部名。今云南省昆明市东川区、曲靖市会泽县是其部所在地。

⑭德歹卓舍：古地名，在今云南省昭通市境内。

⑮苟卒侯直：德歹家的君长。

⑯赫默珠舍：地名，在今云南省昭通市镇雄县城一带，古为芒部君长家住地，后成为芒部的代称。

⑰阿楚益节：芒部君长。

⑱纪俄勾笃节那支："六祖"中的第五支慕克克的后裔在今贵州省威宁彝族回族苗族自治县境内所建立的政权称号，即古乌撒部升格后的政权称号。笃节那支是纪俄勾的君长。

⑲鲁组鲁卧：地名，在今云南省昆明市东川区一带，是阿芋陡部所在地，故以地名代部名。

⑳阿勒阿哈：阿芋陡部的君长。

㉑洛那阿可：慕俄勾第五十代君长。慕俄勾是"六祖"中第六支慕齐齐的后裔在今贵州省大方县建立的政权称号。

㉒德歹濮卧：古地名，在今云南省昭通市一带，是乌蒙部的活动中心。